SDETV
名家论坛

北大·周建波

儒墨道法与现代管理

周建波 著

知识产权出版社
全国百佳图书出版单位

图书在版编目（CIP）数据

儒墨道法与现代管理 / 周建波著. —北京：知识产权出版社，2015.10
ISBN 978-7-5130-3692-4

Ⅰ.①儒… Ⅱ.①周… Ⅲ.①先秦哲学—应用—企业管理—研究 Ⅳ.①F270

中国版本图书馆CIP数据核字（2015）第180216号

内容提要

本书讲的是儒墨道法等传统国学思想对现代企业管理的启示。儒家代表的是职业官员（职业经理人）的价值观；墨家代表的是普通百姓、普通劳动者的价值观；道家代表的是不得志者、隐士的价值观；法家代表的是投资者、执政者、领导者的价值观。当下社会的主体基本由这四类人群组成。而企业是社会的缩影，也包含着这四类人。

只有了解了这四类人内心深处的根本想法与关注点，才能找到解决社会问题的关键，才能从根本上发现并解决企业的问题，从而为有效管理打下坚实的基础。本书纵论古今，将儒墨道法思想与典型企业案例相结合，深刻揭示了如何将儒墨道法的思想运用到现代企业的管理中。

责任编辑：杨晓红　　　　　　　　　责任出版：刘译文
封面设计：郭　蝈

儒墨道法与现代管理
周建波　著

出版发行	知识产权出版社有限责任公司	网　　址	http://www.ipph.cn
社　　址	北京市海淀区马甸南村1号	天猫旗舰店	http://zscqcbs.tmall.com
责编电话	010-82000860转8114	责编邮箱	1152436274@qq.com
发行电话	010-82000860转8101/8102	发行传真	010-82000893/82005070/82000270
印　　刷	北京九州迅驰传媒文化有限公司	经　　销	各大网上书店、新华书店及相关专业书店
开　　本	787mm×1092mm　1/16	印　　张	15.5
版　　次	2015年10月第1版	印　　次	2015年10月第1次印刷
字　　数	260千字	定　　价	39.00元
ISBN 978-7-5130-3692-4			

出版权专有　侵权必究
如有印装质量问题，本社负责调换。

推荐序一

尽管我对本系列丛书所涉内容并不精通,没有多少发言权,但我还是十分乐意应作者邀请为之作序。缘由无它,作为周建波先生多年好友和同事,我了解他;也很为他这些年在教学研究领域取得的成就感到高兴。能与大家分享这份感受和喜悦,不敢说对读者一定会有多大助益,但在我看来,这是一份义务,更是一种责任。

你也许不一定完全接受作者提出的每一个论点,及其所做的每一层分析和阐述,事实上作者也从未视己见为不可更改的定论,反而一再表示继续研究思考之意;但你不能不承认他的论述本身富有说服力,如同他讲课极富感染力一样。周建波先生才华横溢、善于表达、富于激情;其文章论点明确、论据充实、旁征博引,这是大家公认的。大凡古今中外、各种学问与史事,以及现实生活的方方面面,无论天文地理、人文社科,还是领袖教导、贤人名句,甚或民间传说、草根习俗等,作者皆可随手拈来,为其所用。其视野之开阔,事理之通达,分析之透彻,让人击掌叫好。读者在阅读之际,能在不知不觉间被他的论述所吸引。没有深厚的学术功底和长期修炼,要做到这一点几乎是不可能的。当然,这同他根植和长期浸润于北京大学的历史和经济学科的深厚学术背景和土壤密不可分。

但这还不是最重要的。如果不是同改革开放的实践相结合,也难以迸发出夺目的思想火花。事实上,只知埋头于故纸堆的历史研究必难有所成就,这是人们普遍认可的事实;但要做到博古通今,古为今用,也不是那么容易的事情。周建波的一大优点正是在于他不拘泥于既定的、熟悉的历史知识框架,而是满腔热情地投入改革开放的实践,深入体验这些年来中国社会所发生的深刻变化,并努力将所学历史知识同鲜活的实践相对照、相渗透、相结合,从而大大加深了他的思想深度及其现实性。这就是为什么人们阅读他的《企业变革》《营销哲学》《营销管理》与《儒墨道法与现代管理》，或者聆听他的讲解，会每每感受到唯物论和辩证法的魅力，以及来自实践论和矛盾论的启发。

　　周建波教学研究成就的意义，早已越出他个人成功的范畴，它是北京大学经济学科这些年来改革发展成果不可或缺的一部分。具有百年历史传承的北京大学经济学科，这些年来逐渐成长为改革开放新时期的精英摇篮、理论阵地和思想先锋。然而走到这一步并不容易，那是在克服了从思想认识到合格人才等各方面的障碍和困难之后才取得的。如何将史论见长的优势转化为现实的成果，就是当初所面临的最艰巨、最迫切的任务之一。直接面向社会、举办企业家培训班，当初也是在争论许久后才取得共识、着手办起来的。缺少合格人才更是当时的一大难题。就是在这个当口，年轻的历史学者周建波走上了直接面对企业家的讲台。在经过一番艰苦磨炼之后，他终于取得了成功，也为北大经济学科的改革和建设立下汗马功劳。

　　我殷切期待并坚信，周建波先生作为中国经济思想史学科带头人，百尺竿头，更进一步，在今后的岁月中取得更骄人的成就。是为序。

北京大学经济学院前院长　晏智杰
2015.7.29

推荐序二

唐太宗在《帝范》序文中曾说："道以光大为功，术以神隐为妙。"我觉得，这句话放在企业经营里也非常合适。对一家企业而言，整合这个企业的经济、运营、管事、用人的技能，都是"术"的层面；而经营理念、战略布局、资源整合、企业文化塑造等，则属于"道"的层面。很多企业家在产生经营管理困惑时，多侧重于寻找经营的"术"，但实践当中，往往"道"才是各类问题的根本症结所在，一个企业在"道"的境界走向通达，才是治本和制胜的关键。

但是，如何学习经营企业之道？北京大学经济学院周建波教授的这四本著作《企业变革》《营销哲学》《营销管理》《儒墨道法与现代管理》给了我们学习的方向！

多年前，周建波教授在山东教育电视台《名家论坛》栏目热播的管理学讲座中，分别开设了《企业变革》《营销哲学》《营销管理》《儒墨道法与现代管理》四个专题。通过一段时间的学习，我确实受益匪浅。当时我就想，这么精彩的讲座应该广为传播，让更多的人知道，让更多的人受益。

两年前，在北京大学光华管理学院的讲堂上，我又聆听了周建波教授的课程。周教授的学识、思考问题的方式和为人处世的方式深深吸引了我，当我将所学知识用于企业的管理和经营之后，更是收到了意想不到的效果。这次周教授邀我作序，我既深感教授厚爱，又弥足惶恐。在周教授的指导下，我和我的企业都受益颇多。因此我希望有更多的有缘人能够受益，遂不揣浅陋，写下一点感悟，是为不算序言的序也。

我个人投身于中国商海二十二年，作为改革开放之后在中国商海博弈的亲历者和见证者，亦算是在企业经营这条路上"求道"良久，我深知其中的辛酸与不易。我们这一代在商海中摸索打拼成长起来的企业家，最渴望的就是能在企业管理和企业经营中有好的理论与方法指引我们前行，希望既有理论又懂实战的领路人来帮助我们这些摸爬滚打的企业家！

经营一个企业的过程就像一场战役，几乎每时每刻都要迎接挑战：政策浪潮的冲击，市场风云的变化，内部管理的症结，人才培养的困惑……企业家们无一不希望自己能遇贵人，为自己的企业增添智囊，用大智慧和大气魄来指导经营，抢占商机，做出最理性的决策与应对。

有幸结识周建波教授之后，终于有了"问道"于贵人的福缘。经历了长久的沉淀，我越来越感触到，现在中国的很多企业，都在学习国外的管理理念和方法，当然，国外先进且优秀的东西我们肯定需要学习，但是，我个人感觉，中国的企业一定要跟中国的文化相契合，这样才能在中国的社会环境中长久地生存、发展、强大。在当代中国，回归社会的普世价值和传统文化，呼唤企业的社会责任与价值共享，把市场经济的规律与民族优秀的文化基因相结合，载以厚德，才是推动中国社会进步和企业发展的根本。

这些，正是周教授所倡导的。周建波教授作为北大经济思想史学科带头人，集历史与经济学科的研究成就于一身，他最擅长将中国历史文化与现代企业经营有机地结合在一起，能够帮助企业经营者迅速理清经营脉络，抓住企业战略制定的重心。

我非常幸运地遇上了周建波教授这位贵人，教授很低调，姿态放得很低，越是这样，越能赢得别人的尊重和认可。他告诉我，成功要靠借力，借别人的梯子，登自己的楼。在这个日新月异的时代，周建波教授这套丛书的出版正当其时，因为这四本书浓缩了万千企业的经营规律。

《企业变革》《营销哲学》《营销管理》《儒墨道法与现代管理》这四本书能够结集出版，对企业家来说，真的是非常珍贵！有缘阅读这套书籍，无异于身边多了一位无形的贵人辅佐，我发自内心地希望周教授的思想与学识能让更多的人受益，希望更多从事经营的企业家朋友能够学习、领悟、贯通、致用。

是为序。

福元运通董事长　孙立文
2015.8.5

推荐序三

首先，祝贺周建波教授把他近二十年的教学、科研、实践、思考和智慧凝聚成《企业变革》《营销哲学》《营销管理》与《儒墨道法与现代管理》系列丛书出版发行，呈献给企业家和企业管理者，共同分享他的智慧结晶。其次，感谢周建波教授邀请我为本书写序，使我也能在忙碌的企业管理工作中停一停脚步，静静地品味一下本系列丛书中的思想火花和智慧光芒，吃一顿思想的盛宴，梳理一下自己的思绪，慰藉一下这颗躁动不安的企业家灵魂。

我是1999年在北京大学经济学院主办的中国企业家特训班第一期学习时结识周建波教授的，他当时是我们的《营销管理》授课教师，他的严谨学术风格、澎湃的教学激情和谦虚的实践精神给我们留下了深刻印象，被公认为最受欢迎的教师之一。他当时说过的一些精彩的话，诸如发现需求，满足需求；只要思想不滑坡，办法总比困难多，等等，直到今天都深深地印在我的脑海里。后来的十几年岁月里，我与周教授不仅仅是师生关系，还成了亦师亦友的朋友。我们在一起的时间，探讨最多的话题就是现代企业管理，这让我受益匪浅，生活中有他一路同行使我深感荣幸。

我们处在一个全球化、瞬息万变、无时无刻都必须创新改变的时代，不管你愿意还是不愿意，经济运行的全球化和国内的营销环境，正在把每位中国企业家榨干、撕碎，企业家不敢有片刻的懈怠，唯有不断地学习、思考、改变、创新和高瞻远瞩，才能使企业踏浪扬帆，乘风破浪出海远航,绽放企业家生命的价值和光彩。

本系列丛书,从《企业变革》中的变革目的,变革方向,如何变革,企业家素质在变革中的重要性,阐述了变革时期的企业家思维和应对之策;到《营销哲学》中的营销本质,顾客和员工需求,利益共同体需求,最大化满足需求,从哲学层面揭示了营销的本质和顾客及利益集团的诉求;再到《营销管理》中的发现细分市场,坚持不懈地开拓市场,从本质和辩证思维的观点,指导营销战略管理和实施;最后到《儒墨道法与现代管理》中的投资人、职业经理人、和谐员工、不和谐员工的价值观,纵古论今地道出了现代企业管理的理念和方法。是一套高品质、接地气、与时俱进的现代企业管理丛书。

本系列丛书立体、全面地阐述了现代中国企业管理的精髓,值得每位企业家认真研读、思考和总结。

是为序。

北京华瑞核安科技有限公司董事长　王伟华

2015.9.9

作者序

本系列丛书是在山东教育电视台《名家论坛》栏目热播的管理学讲座——《企业变革》《营销哲学》《营销管理》与《儒墨道法与现代管理》演讲稿的基础上整理而成的。

《企业变革》讲的是随着企业的发展、内外环境的改变，企业的制度和文化也必须要做相应的改变。至于变革的方向，一是由生存向发展转变。二是由追求眼前利益向追求长远利益转变。三是由游击队向正规军转变。四是由务实向务虚转变。如何做到这些转变？这对企业领导人的素质来说是一个严峻的考验！因而变革成功的保证是企业家素质的提高。本书以实事求是的态度、以变化的观点，从大量的营销案例和企业家管理思维入手，高屋建瓴地提出了市场转型期、企业变革期企业的应对之策。

《营销哲学》讲的是营销从表面上看，是产品和货币的交换，但从本质上看是人和人之间的社会关系。企业要生存、要发展，必须满足顾客的需求。而要满足顾客的需求，必须首先发现顾客的需求。此外，还要满足员工、供应商、经销商、金融机构、新闻媒体、政府、公众等合作伙伴的需求。说到底，企业是带着一个战略同盟来跟另一个企业的战略同盟展开竞争，看谁更能满足顾客的需求。本书将营销的本质上升到哲学层面，揭示营销与人性的根本关系，即如何通过营销各环节中纷繁复杂的表象来把握客户的心智，提高营销的精准度。

《营销管理》讲的是企业要先选择一个最有发展前途、最有竞争优势、与众不同的细分市场，然后坚持不懈地开拓它，利用每一个有利的市场机会，迅速地占领它。营销管理过程包含四个步骤：分析市场机会；选择目标市场，确定目标顾客；确定最能发挥优势的途径，树立企业形象；确定营销组合。营销组合又分4P：产品、价格、渠道、促销。6P：4P+权力+公共关系。10P：6P+探查+分割+优先+定位。11P：10P+员工。本书从管理的本质出发，运用辩证思维的观点，通过大量的营销案例，从企业家优秀的管理思维方式入手，将营销管理的各个环节做了深度剖析，对企业营销管理的具体实施具有战略性的指导意义。

《儒墨道法与现代管理》讲的是儒墨道法等传统国学思想对现代企业管理的启示。儒家代表的是职业官员（职业经理人）的价值观；墨家代表的是普通百姓、普通劳动者的价值观；道家代表的是不得志者、隐士的价值观；法家代表的是投资者、执政者、领导者的价值观。当下社会的主体基本由这四类人群组成。而企业是社会的缩影，也包含着这四类人。只有了解了这四类人内心深处的根本想法与关注点，才能找到解决社会问题的关键，才能从根本上发现并解决企业的问题，从而为有效管理打下坚实的基础。本书纵论古今，将儒墨道法思想与典型企业案例相结合，深刻揭示了如何将儒墨道法的思想运用到现代企业的管理中。

我是1996年由郑学益教授、朱正直教授带入工商管理教学领域的。1995年，我由北大历史系考入北大经济学院，跟随石世奇教授攻读中国经济思想史专业博士。经济学是经世济民的学问，现实性极强。为了取得对社会经济，尤其是经济的主体——企业更深入的认识，我在学业之外，还在经济学院专科班、专升本班教授《营销学》《中国对外贸易概论》，目的是取得对现实经济更直观、更具体的认识。就学员的反馈来说，两门课的评价都挺好，但影响更大的还是《营销学》，我曾先后给东北佳木斯干部班、张家口干部班、东北绥化干部班、中国人寿保险青年干部班、中国财寿保险青年干部班上过课。此外，还跟着郑学益教授去江苏森达、青岛海尔等知名企业上课、调研，去山东莱芜、青岛即墨给党政干部上课、考察。当时晏智杰教授任主任、丁国香教授任副主任、郑学益教授任秘书长的北大市场经济研究中心与天九集团有合作，我还跟着丁国香教授、郑学益教授多次去广西南宁、桂林，给来自全国包括政界、企业界在内的各界人士上课，并第一次踏出国门去越南考察。1997年，共青团中央青工部举办"振兴千家中小企业"活动，我作为特邀专家先后去江苏徐州的维维集团、维爽集团，江阴的三毛集团，以及沈阳、延边、长春的多家企业进行调查，并在《改革》《经济管理》等知名刊物发表调研报告。由于有上述经历,我自感读博期间的眼界比一般的博士生要开阔得多,这要特别感谢北大经济学院提供的平台,感谢郑学益教授、晏智杰教授、丁国香教授、朱正直教授,以及顾琳娣老师、杨贵荷老师、李大庆老师等诸多老师的大力支持。

1999年秋天开始,我担任北京大学企业家特训班、现代经理人培训班的主讲教师,教授《营销学》《企业家学》两门课程,得到学员的高度认同,如此一来,接触企业的机会更多了,这样就引起了山东教育电视台的关注。当时《名家论坛》栏目的制片人侯纲先生、周雨佳先生多次来京跟我商谈将我在北大的讲课搬上电视的事宜。他们说,学员对我的课程反应强烈,这么好的课程不能仅仅停留在校园,还应依靠影响力巨大的电视传媒的力量走向社会,推动中国企业和社会的进步。正是由于他们的信任,我才将在北大讲授的课程逐一搬上了电视课堂。先是于2003年春天开始录制《企业变革》,其后一发不可收拾,又分别录制了《营销哲学》《营销管理》《儒墨道法与现代管理》。如此算来,我在北大企业家特训班、现代经理人培训班讲授的课程,除了《成败晋商》外,全部搬上了电视课堂。

我很感激山东教育电视台给我如此宝贵的传播平台,使我的学术成果能够迅速地在社会上推广。事实上,正是借助山东教育电视台的广阔平台,全国关注我、熟悉我的人更多了,以至于有一段时间去饭店吃饭,经常有人过来敬酒,说在电视上见过我,很喜欢我的讲课,我的单由他结了。走在路上被人拦住打招呼、拍照的就更多了。在机场候机时,还有过拿着经济舱的票却被请入头等舱休息室休息的经历,因为机场工作人员听过我的电视讲课。

然而讲课终究是一阵风,要长久地被人们记住,还得著书。为此,不少出版社找过我,但那几年的注意力主要放在提教授职称上,顾不得整理书稿,这样自然就耽搁下了。其实,2004年、2005年的时候,我的妹夫于洪波先生就整理过我的书稿。当时,他刚刚进入培训业,各方面都还不熟悉,我就让他先听我的讲座,并在此基础上进一步整理,变口头语为较规范的书面语,而这本身就是个学习的过程。为此他听了很多遍,做了非常认真的整理。当然，他从听讲中取得的进步也很大，他后来还在北大昌平校区教授《营销学》《项目管理》等，他最初的学习教科书，某种程度上就是我的讲座。目前，他被很多人认为是培训行业项目管理教学领域的第一人，我很欣慰，既为他的进步而高兴，也为自己能在他前进的道路上出过一臂之力而骄傲。

2014年秋天，知识产权出版社的杨晓红女士与我联系，希望出版《营销哲学》。这之前她在电视上看过我的讲座，感觉受益很大。我与她通电话时，得知她是山东人，亲切感顿生。等见面细聊时，自然而然就谈到了出系列丛书的事情，杨女士一口应承下来，这样就有了这套丛书的出版。

2015年春节期间，我开始整理文稿，发现：第一，于洪波先生已经整理得非常好了，我只是将个别错误改正过来就是。第二，对我来说，修改的过程也是温故知新、进一步加深理解的过程。

在此，我要特别感谢山东教育电视台《名家论坛》栏目制片人侯纲先生，感谢文稿整理人于洪波先生，感谢该书的责任编辑杨晓红女士。正是有了他们的支持，才有了这套书的问世。同时，我还要特别感谢我的家人，正是他们的支持，才让我全身心地投入工作，才有了工作中的一点小成就。俗话讲，学无止境。新的社会实践总是不断产生新的问题，逼着我们进行新的思考。这套丛书，尽管有了较长时间的准备，也经受了差不多二十年的社会实践的检验，但肯定还有许多无法涉及的或者不完整的地方，这只能留待今后的研究工作进一步深入了。希望这套丛书能给各行各业的管理者带来特别的收获和惊喜。

周建波
2015.3.15

目录

第一讲　为什么要研究"儒墨道法"
第一节　中国人没有信仰吗/1
第二节　儒墨道法四家思想对现代管理的启发/3
第三节　从百家争鸣到"独尊儒术"/7

第二讲　变革的时代与"儒墨道法"的产生
第一节　春秋战国时代社会大变革的特点/8
第二节　春秋战国时代社会大变革的原因/12
第三节　社会意识形态的转变/14

第三讲　儒家与法家的思想
——管理者的驭下之道
第一节　儒家和法家的工作方法不同——王道和霸道/17
第二节　制度和文化两种管理方式/18
第三节　儒家和法家的管理方法不同/19
第四节　儒家和法家的管理思想不同/23
第五节　儒家和法家的管理思想对现代管理的意义/23

第四讲　墨家与道家的思想
——被管理者的思想
第一节　墨家和道家所代表的利益阶层/27

第二节 墨家思想和道家思想的异同/30
第三节 墨家和道家思想对现代管理的意义/33

第五讲 儒墨道法四学派之间的关系与政治主张的分歧
第一节 儒墨道法四学派之间的关系/36
第二节 儒墨道法四学派政治主张的分歧/44

第六讲 儒家思想成为社会管理的指导思想
第一节 儒家思想是一个非常具有开放性的思想体系/45
第二节 儒墨道法四学派在对待政府态度上的不同/46
第三节 为什么社会接受了儒家思想/48
第四节 墨道法各学派的不足/49

第七讲 将儒墨道法思想融入现代管理实践
第一节 儒墨道法思想在现代管理实践中的应用/54
第二节 将儒家思想运用到现代管理的过程中要注意的问题/59

第八讲 环境因素对儒家思想传播的影响
第一节 儒家思想的四个发展阶段/61
第二节 儒家思想在东亚社会的传播/62
第三节 中国的环境特点及儒家思想的传播/65

第九讲 儒家思想的基本内容
第一节 儒家的基本主张/70
第二节 儒家的理论范畴/72

第十讲　孔子思想评价中的几个问题
- 第一节　孔子的出身与他取得的巨大成就的关系/77
- 第二节　对孔子思想的评价/79
- 第三节　近代为什么要"打倒孔家店"/82
- 第四节　在什么情况下儒家思想受抨击/83
- 第五节　毛泽东为什么要"批林批孔"/84
- 第六节　孔子是不是一生不得志/85
- 第七节　孔子为什么做官时间不长/86
- 第八节　孔子为什么很欣赏颜回/88
- 第九节　孔子对待财富的态度/90
- 第十节　孔子是不是有愚忠思想/91
- 第十一节　孔子是不是有愚孝思想/92
- 第十二节　为什么孔子能完成大变革时代赋予的任务/93

第十一讲　孔子的义利观
　　——如何处理个人与社会的关系
- 第一节　孔子管理思想的目标/96
- 第二节　孔子管理思想的出发点/97
- 第三节　如何看待贫富差距现象/98
- 第四节　解决贫富差距矛盾的办法/99
- 第五节　顺应人们对利的追求/100
- 第六节　调节人们物质利益关系的原则——见利思义/101
- 第七节　如何在生活中贯彻"义"的思想/103

第十二讲　孔子的领导观
　　——如何提高领导素质
- 第一节　怎样提高领导素质/106
- 第二节　怎样提高领导者的爱心/107
- 第三节　怎样提高领导者的能力/108
- 第四节　领导者怎样发挥领导作用/111

第十三讲　孔子思想中引起争议的几个问题
- 第一节　孔子是不是有平均主义思想/115
- 第二节　孔子的中庸之道是不是要求做老好人/117
- 第三节　孔子是不是不重视经济工作和财政工作/119
- 第四节　孔子是不是歧视妇女/121
- 第五节　孔子是不是没有法制观念/123

第十四讲　孟子的仁政主张和"人性善"思想
- 第一节　孟子生活的时代背景/125
- 第二节　仁政的内容/127
- 第三节　孟子的"人性善"思想/131

第十五讲　荀子的"人性恶"思想
- 第一节　荀子生活的时代背景/135
- 第二节　"隆礼"与"重法"/137
- 第三节　荀子的"人性恶"思想/139
- 第四节　对"人性善"与"人性恶"理论的评价/141
- 第五节　管理社会大规模组织的方法和原则/144

第十六讲 墨子和墨家思想

第一节 墨子生活的时代背景/147

第二节 墨子的家庭出身/148

第三节 墨家思想的主要内容/151

第四节 墨家学说的命运/157

第五节 墨子管理思想的主要内容/158

第六节 对墨子管理思想的评价/167

第十七讲 道家和道家思想的产生

第一节 "道家"名词的出现/169

第二节 道家思想出现的土壤/170

第三节 隐士的两种选择/171

第四节 道家的社会批判精神/175

第五节 道家思想对中国古代社会的影响/177

第十八讲 老子的思想及其影响

第一节 老子其人及其时代/179

第二节 老子思想的内容/183

第三节 老子思想对现代管理的启发/186

第十九讲 庄子的思想

第一节 庄子生活的时代/189

第二节 庄子思想的内容/190

第三节 老子哲学、杨朱哲学与庄子哲学的区别/197

第四节 老子的"无为"与庄子的"无为"/198

第五节 老子的"天人合一"与庄子的"天人合一"/198

第二十讲　法家思想

第一节　法家概况/199

第二节　法家与儒家的联系/202

第三节　法家与儒家政治主张的不同/204

第四节　法家对儒家的态度/205

第五节　对法家思想的评价/205

第二十一讲　商鞅的管理思想

第一节　商鞅其人/208

第二节　商鞅变法及商鞅管理思想的主要内容/209

第二十二讲　韩非子的管理思想

第一节　韩非子其人及其时代/220

第二节　韩非子的法、术、势理论/222

第三节　韩非子的世界观/224

第四节　韩非子的社会观/225

第五节　韩非子的人性观/226

第六节　对韩非子管理思想的评价/227

第二十三讲　对儒墨道法四家思想的总结

第一讲
为什么要研究"儒墨道法"

第一节 中国人没有信仰吗

当前社会有一种舆论,即认为中国人没有信仰。这话有一定的道理,但是如果认真地探究起来,又有些不太合理。我认为就每个中国人来讲,都有自己的信仰。

信仰是一个人的价值观导向,即更信什么、一般信什么、更不信什么。虽然每个人都有自己的信仰,但对于全社会来讲,却没有一种普遍认可的价值观导向,这就造成了当前中国社会的很多问题。一旦碰到一个社会问题,不同阶层的人往往有不同的看法,公说公有理,婆说婆有理,没有一个解决问题的是非标准,这样就大大增加了社会的管理成本。我想,这就是当前社会矛盾比较突出的原因。

如果说现代的中国人没有信仰,那就意味着以前的中国人有信仰。那么,为什么过去的中国人更有信仰,现代人却普遍没有信仰了呢?最根本的原因是什么呢?

以前,中国社会普遍穷,发展就是硬道理。只要能发展,能让中国人民富裕起来,全国人的思想就高度地一致。因此,在20世纪90年代中后期以前,党中央对社会的宣传教育基本是两句话:一句话是"一个中心,两个基本点",即以经济建设为中心,坚持四项基本原则,坚持改革开放;另一句话是"发展才是硬道理",只要能发展,能富裕,就能让中国人民团结在一起,凝聚在一起。

可是现在的问题是什么呢？中国经过30多年的改革开放，社会经济已经有了相当程度的发展，社会组织的资产规模大了，内部一定会分出几个阶层。有了不同的阶层，自然就有了不同的价值观，不同的思想。这就是我们常说的"中国人没有信仰"的根本原因。

不同的阶层，不同的利益，自然就有不同的价值观，就是说社会成员之间出现了价值观的分裂。不同的阶层，不同的价值观，就使得人和人之间的交流、沟通受到限制。加之每个人的交流都有范围的限制，这样也使得随着组织资产规模的扩大，组织内上下左右不可能像过去一样充分地交流。本来不同的阶层就有不同的价值观，交流的不畅又导致思想隔阂的加深。还有一个原因，就是随着经济生活的蒸蒸日上，随着企业、组织资产规模的扩大，人们的自信心越来越强。人不自信干不好工作，人太自信了又会蔑视他人，犯错误。经济不发达的时候，每个人的力量都小，都依赖于别人帮助自己，而要让别人帮助自己，就必须让别人高兴，那就必须研究让别人高兴的是什么，让别人不高兴的是什么。随着经济的发展，人们的自信心增强了，人们觉得不依靠别人也能维持个人的生存。在这种情况下，自然没有动力想办法让别人高兴，人们更多地会看别人的弱点，看自己的优点，这样又导致组织内各阶层之间的矛盾大大加深。这就是20世纪90年代中后期的中国人富裕起来后，却出现了新的社会矛盾的原因。过去，发展就是硬道理，只要发展，中国人民的思想就高度团结。而现在恰恰是发展起来以后，出现了不同阶层之间的价值观的分裂。

可以看一看我们周围的社会现象：家庭穷的时候，天天闹离婚，天天离不成，这是因为每个人都需要别人的支持。随着家庭资产规模的扩大，每个人的自信心都增强了，感到不需要依靠别人了，结果，离婚率就大大地提高了。合伙人刚刚开始创业时，往往高度团结，但随着资产规模的扩大，却往往会散伙。这是因为组织一旦做大了，组织内部的管理成本就会高得出奇。这些都是我们中国现代社会矛盾的体现。

第二节　儒墨道法四家思想对现代管理的启发

尽管儒墨道法四家思想产生在两千多年以前，但是对我们今天的生活仍然有非常大的启发。

儒家代表的是职业官员（职业经理人）的价值观，站在他们的立场上讲话；墨家代表的是普通百姓、普通劳动者的价值观；道家代表的是不得志者、隐士的价值观；法家代表的是投资者、执政者、领导者的价值观。

一个社会，可以说就是由这四种人组成的——领导者、职业官员（职业经理人）、普通劳动者、不得志者。不同阶层的人想的肯定不会一样，物质决定意识，社会存在决定社会意识嘛。我们现在的社会问题是什么呢？每个人自信了，都倾向于把自己的观点强加到别人身上。那么，当老板把自己的价值观强加到员工身上，拿自己的标准来要求员工时，员工能做到吗？这样是不是就增加了组织内部的矛盾冲突？员工也倾向于把自己的价值观强加到老板的身上，老板能做到吗？用各自的观点看问题，大家互相都看不顺眼，社会矛盾自然就加剧了。因此中国人现在的问题，不是吃不上喝不上的问题，恰恰是吃饱了喝足了，人变得自信了，倾向于把自己的意志强加到别人身上的问题。

我讲两个小故事来让大家感受一下今天社会中的矛盾。

北京有一位企业家，曾在北京大学企业家特训班读过书。几年前他邀请我到他的企业参观。午饭后，我和他、他的太太，还有若干个副总经理、部门经理一起走回到他的厂区。部门经理、副总经理走在前面，我和他以及他的太太走在最后。厂区里边有一把铁锹横躺在地上，部门经理、副总经理走过之后视而不见，没有把铁锹捡起来放在一边。那位总经理看到了，把这把铁锹捡起来放在一边。总经理的太太就有感而发，对我说："周老师你看，这就是我们中国人啊，怎么素质这么低呢？难道就我家老白（她的丈夫姓白）看得见吗？难道别人就看不见吗？"

素质太低了——中国的很多企业老总对员工往往有这种看法。我对这个老板的太太是这么讲的：你也用不着生气，本来生活就是这个样子的。用你的眼光来看待他，当然什么都看不惯了。你换一个眼光来看，就什么都看得通了。你家老白为什么会把这把铁锨捡起来？因为你家老白把所有的身家性命都投入到这个企业里边，这个企业和他是血肉相连的关系，他不关心谁关心啊？他自然应该全身心地关心。而副总经理只投资30万元，人家在别的地方还有投资。你说他对这个企业应该关心多少啊？部门经理呢，只投入了10万元，更多的钱投在别的地方。你说他对这家企业应该关心多少啊？工人呢，只投入了一天8个小时的劳动。他的精力应该投入多少啊？工人看到了这把铁锨却没有捡起来，应该说这是他的不合理性。但是，你不仅要看到他的不合理性，还要看到合理性。那么他的合理性在哪里，不合理性又在哪里呢？我们现在没有一个人能单独地生产一个产品，必须大家共同努力才能生产出一个产品。产品卖出去以后，才能进行内部的分配。因此，我们必须有命运共同体意识，树立以厂为家的观念。当然，你要让工人做到以厂为家，从企业方面来讲，必须创造以厂为家的氛围，让工人在这个工厂里有利益，同时又感受到温暖，然后，他才能做到以厂为家。

这个故事说明了老板是如何把自己的观念强加到员工身上去的。你用自己的眼光看问题，当然是越看越不顺眼。

要讲的另一个例子可以让我们看到工人、普通人是怎样把自己的意志强加到领导者、老板身上去的。

几年前，我到山东日照去，当地一家企业的一位车间主任对我讲，某某人有五套房。假如说十年前讲一个人有五套房，纯粹是羡慕的口气，哪怕他是通过歪门邪道赚来的钱。可是十年后社会的观念变了，讲另一个人有五套房子，有羡慕的成分，但更多地是嫉妒、眼红、不服气。

中国人讲究听话要听音，敲锣要听声。不能一个人讲什么你就信什么，要听出那些用文字不能表达的东西。我听出他的不服气了。我跟他讲，你也不要羡慕这个人有五套房，根据我的生活经验，根据我和这些老总、老板的接触，我的看法是，越是房子多的人越不在家里住。越是钱多的人越没时间花钱。为什么？因为他要挣五套房子的钱，他需要付出多大的代价？他需要多大的市场？他需要经常和这些市场保持紧密的联系，而他的精力是有限的，给市场的时间多了，留给自己的时间还有多少啊？他经常出差，四海为家，走到哪里就住到哪里，他哪有时间留给自己玩啊。这就是房子越多的人越不在家里住的原因。同样，越是钱多的人越没有时间花钱。我见过不少老板，裤子一买买五条，西服一买买两套。什么原因呢？一方面，当然是因为他有钱，另外一方面，他的时间成本很高啊，他的时间有限呀，他没有时间精心地挑选，只能碰上了就买。因此，越是钱多的人越没时间花钱。毛泽东曾说："为有牺牲多壮志，敢叫日月换新天。"干革命总得有牺牲啊。为了当老板，"三高"、糖尿病都得了。我在北京大学企业家特训班教书的时候，遇到过四五个三十多岁就得了糖尿病的老板，每顿饭前先吃半小碗药，等把药吃完了，还能吃多少饭？一天得吃四五顿饭，因为每顿饭不能吃得很多。

我对那位车间主任讲，尽管你挣的钱没有他多，但是你的时间很多啊，你能跟老婆孩子在一起享受天伦之乐，另外你的身体很健康，跟他比较起来差不多，可能他还不如你。他也只有一个胃，他也就需要一张床，忙来忙去都是给社会忙的。这个车间主任听了我的话，说："哎哟，看来干什么都不容易呀！"

这就是社会问题，大家都从自己的观点出发来看待别人。在了解了别人吃的亏后，才会明白：哦，别人是这个样子，看来干什么都不容易。因此中国的社会问题，不是吃不上喝不上闹出来的，恰恰是吃饱了喝足了的情况下，由于价值观的分裂，不同的阶层产生了不同的价值观，而人们倾向于把自己的意志强加到别人身上去的产物。

那么，我们为什么要研究"儒墨道法"呢？因为儒墨道法思想对现代管理有重要的借鉴意义。

儒家代表职业官员、职业经理人的价值观。这个阶层在我看来有三个特点：文化素质高，劳动技能高，收入高。由于这"三高"，这个阶层的人流动性很大。自古以来敢讲"此处不留爷，自有留爷处"的，往往是这个阶层的人。由于收入高，这个阶层的人敢讲我给自己放两年假、放三年假，出国旅游去，读书去。史书上记载，汉代的董仲舒能做到"三年不窥园"(《汉书·董仲舒传》),不治理家产,因为他有一定的家产积累,一般人能做到吗?与其他阶层的人相比,这个阶层的人往往走过很多地方,干过很多工作。他们是社会中最有远见、见多识广的一个阶层,他们不承担领导社会的使命,谁来承担起领导社会的使命呢?

墨家代表普通劳动者的价值观。普通老百姓、普通劳动者这个阶层的特点和儒家代表的那个阶层相比,文化素质不高,劳动的技能不高,收入也不高。由于这"三不高",就决定了这个阶层的人资产规模小、不安全感强。为了增强自己的安全感,他们倾向于把自己的命运投入到一个强大的组织中,希望遇见英明的领导者。而大组织的生存状态是与领导者的素质息息相关的,"大海航行靠舵手,万物滋润靠太阳"嘛!老百姓也有类似的说法,叫"兵熊熊一个,将熊熊一窝"。因此,墨家对领导者的要求很高,希望领导者,第一,有能力;第二,很廉洁,廉洁到和老百姓一样吃喝的程度。试想,领导能力很高,给百姓挣来了很多钱,但是领导总是大吃大喝,财富都吃光了,还能分给百姓吗?因此中国的老百姓在一起往往议论领导(包括家庭的领导、单位的领导、社会的领导等)的两件事是:第一,有没有本事;第二,是不是大吃大喝。中国的老百姓对领导的这两件事最敏感。因为只有当领导者既有能力又很廉洁时,才能给老百姓更多的收获,因此从这里也可以看出,墨家代表谁的价值观。

道家代表不得志者的价值观。不得志有两种情况:一种情况是已经到达了某个位置,在社会的竞争中又掉了下来,例如下岗的人、丢官的人;另一种情况是,我预期达到某个目标,结果努力了半天也没有实现,例如失恋的人、高考落榜的人。人不得志了会有什么想法呢?轻则悲观失望,重则自杀,再重了反社会、反人类。道家为什么叫隐士?有隐士就有进士。隐士不愿跟人见面,因为跟别人比都比不上,越比越灰心,越比越丧气,越比越没有活下去的勇气,不如到大自然中去,比比花草,看看小猫小狗,这样才能留恋生活,心中才有一丝光明,才有活下去的勇气。你只要想一想高考落榜生,就能明白道家的价值观和倾向。高考落榜生,不愿意跟人见面,成天把自己关在一个黑暗的房间里。为什么不愿跟人见面?因为害怕跟人比,谁都比不上,甚至感觉连三岁的孩子都不如。

法家代表执政者、投资者、领导者的价值观。这个阶层有两个特点:第一,他们掌握着奖励、惩罚别人的暴力武器;第二,他们有维持社会秩序良性运转的使命。越是要在短时间内维持社会秩序的良性运转,教育文化越不起作用,越倾向于用暴力来解决问题。而暴力又会激化矛盾,因此法家代表着领导者、投资者的眼前利益。谁代表他们的长远利益呢?儒家代表着他们的长远利益。

儒墨道法四家代表着四种人的不同的价值观,而一个社会不就是由这四种人组成的吗?明白了这四种人在想什么,那就为有效地实施管理打下了一个坚实的基础。

第三节 从百家争鸣到"独尊儒术"

战国时期为什么会出现儒墨道法,百家争鸣呢?因为每个阶层都认为自己是正确的,都倾向于把自己的意志强加到别人身上。百家争鸣就是这样引发出来的。那么百家争鸣最后的结果是什么呢?到汉武帝时期,社会终于做出了抉择——"罢黜百家,独尊儒术"。

人们可能会说,这是统治者的选择。不对,这是中国人民的智慧的选择,这是中华民族经过四五百年痛苦的、艰难的社会实践后的一种理性的选择。假如你仍然认为这是统治者的意志,那么你就是倾向于把老百姓当傻瓜。老百姓是有思想、有意志、有判断力的。生活告诉我们,领导者的意志不一定能变成人民的意志。法家思想也曾被秦始皇立为治国的指导思想,但是秦统治者不到十五年就丢了江山。实践证明,强调什么都管的法家不可行。之后,强调尽可能不管事的道家开始登堂入室。道家强调政府尽可能不干预社会生活,让老百姓自由作为。自由竞争一定能带来经济的繁荣,但是竞争也一定会带来垄断,垄断也一定会压抑竞争。如何反垄断呢?这是强调尽量不干预社会生活的道家无能为力的。最后,既强调有政府,又强调对政府进行制约,既强调要管,又强调有所不管的儒家登堂入室,它把这些问题都解决了。这就是历史选择了儒家的原因。

我们今天正在进行企业文化建设、社会文化建设,我们进行文化建设的目的,就是要选择一个全社会普遍认可的价值观。在进行企业文化、组织文化建设时,我们能从两千多年前的儒墨道法四家思想中得到什么启发?这就是我们研究"儒墨道法"的意义。

第二讲
变革的时代与"儒墨道法"的产生

儒墨道法四学派产生的时代跟我们今天所处的时代差不多,都是社会大变革时代。正因为社会的大变革,这时期经济基础发生了变化,人们的价值观发生了变化,才出现了儒墨道法诸子百家,才出现了百家争鸣。

第一节 春秋战国时代社会大变革的特点

春秋战国时代社会大变革的特点是什么呢?用今天的语言表达就是:国有经济衰落,民营经济崛起,公有经济衰落,私有经济崛起。大家可能说了,这不是跟我们今天很相似吗?其实本来就是一样的。人类社会从原始社会到现在,形式上变化很多,本质的东西从来没有变化过。大家有时间可以到博物馆看一看,工具的形状在原始社会就基本定型了,例如石镰、石刀等,我们后来的变化无非是材质的变化,从青铜工具到铁制工具,到把各种工具组合在一起的机器。过去的人也吃饭,但吃的是五谷杂粮,现代的人吃的是大米白面、大鱼大肉;过去的人也穿鞋,但穿的是草鞋,现代人穿的是皮鞋;过去的人留的是长发,现代的人留的是短发;过去的人坐的是牛车、马车,现代的人坐的是汽车、火车和飞机。应该说,这几千年间人类社会变化很多,但变化的都是形式,至于人需要衣食住行的本质从来没有变化过。更重要的是资源的有限性和人的欲望的无限性这个矛盾,从原始社会以来就一直存在着,从来没有变化过。由于资源的有限性和人的欲望的无限性之间的矛盾,人和人之间必定会发生争夺资源的冲突。领导者和管理者的任务就是协调人和人之间争夺资源的冲突,这个自古以来都没有变化过。正因为基本的问题没有变化过,我们才可以向国外学习,才可以向历史学习。正是因为面临的是同一个问题,我们才可以看看别人是怎么解决的,从而为我们今天解决这个矛盾奠定基础,提供更强有力的借鉴,这就是我们探讨历史,花那么大的精力向国外学习、向历史学习的原因。

在历史的长河中,既有公有经济民营化的时间,也有民营经济公有化的时间,这个变化进行过很多次。世界是变化的,你不能光讲公有经济民营化,即公到私的变化,你还得讲私到公的变化。《三国演义》里边有一句很有名的话——"天下大势,分久必合,合久必分。"分和合是一对矛盾,矛盾的特点是相互统一又相互对立,并且矛盾双方能相互转化,"分久必合,合久必分"讲的就是这个意思。合,是把小规模的组织并为大规模的组织;分,就是把大规模的组织分成小规模的组织。因此,"天下大势,分久必合,合久必分",从另外一方面来讲,也可以叫公有经济的民营化和民营经济的公有化的不断进行。

当然了,社会到底是实行公有经济还是民营经济,是有条件的。

一般在什么情况下,社会需要公有化的组织,需要大规模的组织呢?第一,生产力不发达,科学技术落后,小规模的组织没法维持生存;第二,战争威胁、洪水威胁,小规模的组织没法维持生存;第三,商品经济发达,追求物美价廉的产品,如何做到物美价廉?唯有大规模的组织。这就是我们今天企业规模越来越大、"白领"越来越多的原因。

那么社会在什么情况下盛行小规模的组织呢?第一,生产力发达,科学技术进步,小规模的组织也能维持生存;第二,洪水威胁不存在,战争威胁不存在,小规模的组织也能维持生存。在这种情况下，谁还愿意把自己的权利交给大规模的组织，由它来支配呢？人们就要求收回自己的权利。你不让我收回来，我便出工不出力，最后国家出于效率的考虑，不得不分下去。邓小平重新定义了社会主义，他没有说社会主义的企业组织形式是大了好还是小了好，因为传统意义上强调的社会主义企业组织形式是"一大二公"。邓小平讲，合适的就是好的，大了也好，小了也好，就看是不是合适。什么叫合适呀？你也高兴，我也高兴，眼前高兴，未来也高兴的状态就叫合适，这也就是"三个有利于"——符合生产力长远发展的要求，让人民高兴，让国家高兴。换用经济学的语言表达，就是帕累托最优状态。问题是现在合适不见得以后合适，怎么办？那就要与时俱进，进行改革。从这个角度来看，毛泽东时代搞大规模的组织，搞公有制，有没有合理之处？邓小平时代搞民营化，搞小规模的组织，有没有合理之处？我认为都有合理之处。为什么？此一时彼一时也。

链接

帕累托最优状态是由意大利经济学家帕累托提出来的一种资源分配的理想状态，即任何形式的资源重新配置，都不可能使至少有一人受益而又不使其他任何人受到损害的状态。人们通常也把能使至少一人的境况变好而没有其他人的境况变坏的资源重新配置称为帕累托改进，所以帕累托最优状态也就是已不再存在帕累托改进的资源配置状态。

毛泽东时代搞大规模的组织，它的合理之处是什么？共和国独立了，但能不能保证独立还是一个问题。当时世界上除了苏联及少数的国家承认中国之外，以美国为首的大部分国家是不承认中国的。既然不承认你，那就意味着随时可以扼杀你，这就好像一对青梅竹马的夫妻一样，你们两个倒是情投意合，幸福地结合了，但国家不承认你们，社会不承认你们，生了孩子没法上户口，生了孩子被社会歧视上不了学，你有心思搞建设吗？你不打出、闹出个社会的承认，你能安心地进行建设吗？独立了是一码事，能不能保证独立又是一码事。要保证国家的独立，靠小规模的组织是不可能的,只有发挥国家这个大规模组织的规模经济的力量。国家为了保证民族的独立,不得不搞国防现代化。新中国成立以后,毛泽东曾去钢铁企业九次,其中去武汉钢铁公司就有五次。毛泽东为什么对钢铁这么重视?那是因为国防工业是保证民族独立的重要工具。要做到国防现代化,就必须把煤、铁等重工业控制在国家手里,所以典型的国有企业,都是在重工业生产领域。重工业的发展离不开服装、食品等轻工业,国家的资本也是有限的,于是国家投进一部分资本,把轻工业组建起来,这就是集体工业。轻工业的发展离不开农产品,假如不把农村控制起来,一旦农产品的市场价格高了,农民不愿意把产品卖给国家怎么办?于是国家用军队的组织方法,把农村组织起来,这就是"人民公社"。"人民公社"有明显的军事化色彩,像生产大队、生产小队、民兵连等,全是借用的军队用语。共和国就是在这种历史背景之下,用了不到十年的时间,把中国变成公有制的国家。这套体制最大的优点是能够降低生产成本和采购成本,最大的弱点是提高了管理成本。生活中不是有句话叫"一个和尚挑水吃,两个和尚抬水吃,三个和尚没水吃"吗?讲的就是大规模组织管理成本高的事实。但是在新中国成立初期,我们党就是靠着这套大规模的体制,成功地抵御了以美国为首的外国势力的侵犯,取得了抗美援朝、抗美援越等战争的胜利。

尼克松来中国是个伟大的标志性的历史事件,他代表强大的美国对中国的承认,代表着世界对中国的承认。尼克松在来中国前,曾经在报纸上向美国人民解释为什么要来中国,大意是:中国是如此国土广阔、如此人口众多的一个国家,你老不承认他,他老在体制外活动,老搞世界革命,老搞革命输出,搞得你不得安宁,你又剿灭不了他,与其这样还不如把他纳入到体制中来,让中国进入联合国,恢复其联合国常任理事国的地位。

这说明在新中国成立初期,我们就是依靠这套公有体制,最大限度地集中一国的资源,得到国际社会的承认的。

邓小平奠定了我国改革开放的格局,而毛泽东在1972年尼克松来中国时就拉开了改革开放的序幕。这话不是我讲的,我只是有这样的认识而已,后来看史料,发现原国家副主席王震同志也讲过这样的话。大家看,尼克松来中国的第二年,中原地区是不是马上搞计划生育了?是不是提出了"四个现代化"的口号?是不是对欧美国家开放了,开始大量吸取欧美国家的技术,开始向美国派出留学生了?是不是停止输出世界革命了?只不过在军转民的初期,还受到传统的影响、束缚,迟迟转不了轨,是邓小平彻底把中国引向了现代化的轨道。须知,转轨是不容易的,想转轨和成功地转轨不是一码事。我党1927年就发动了反对国民党反动派的武装斗争,但是找到武装斗争的正确道路还是在1935年遵义会议上。正是这次会议,确立了毛泽东的正确路线及其对红军的领导地位,中国革命才谱写了新的篇章。因此我们不能更多地讲毛泽东和邓小平的差别,我们应该更多地讲他们之间的统一,这是共和国的一代领袖和二代领袖的不同使命导致的。

邓小平时代为什么要搞民营化?很简单,第三次世界大战短期内不会爆发。世界承认了中国,和平的、安定的国际局面出现了,中国可以安心搞建设了。

第二节　春秋战国时代社会大变革的原因

春秋战国时代,国有经济解体,民营经济崛起;公有经济衰落,私有经济崛起。国有经济民营化,公有经济私人化,这个变革是由什么引起来的呢?

1. 科学技术的发展

这个变革是由科学技术的发展引起来的,换言之,春秋战国时代铁制农具和牛耕的出现,改变了传统的集体耕作的生产方式。当时在黄河下游的齐国出现了铁制农具。在春秋中期之前,中国社会的农业生产所用的农具都是木头、石头或大动物的骨头做的。在这样的生产条件下,单个家庭无法独立地开荒,不得不投靠大组织,听从大组织的指挥。因此春秋中期之前,中国农村社会的组织形式是农村公社、宗族社会。当时的社会也讲孝,但孝的对象不是活着的父母,而是死去的祖先。因为要保持大集体的地位，就必须创造一个大家普遍尊崇的偶像，这就是祖先崇拜。要保持集体的地位，就不能提高家庭的地位，因为家庭的地位高了，集体的地位就降低了，农村公社怎么维持啊？随着铁制农具的出现，牛耕也得到了广泛的应用。为什么呢？因为铁制农具能做到深耕土地，人的力气没有牛大，就用牛来拉犁。以前人们都是把牛的脑袋割下来，祭祀上天、祭祀祖先，希望他们赐予风调雨顺，现在因为牛的作用高了，人们舍不得杀牛了，而用羊来代替。

随着铁制农具和牛耕的广泛应用，小家庭能独立地开荒，独立地播种，独立地收获了，谁还愿意把权利交给大组织，由它来支配？于是公有经济民营化的序幕就拉开了，宗族社会的农村公社向家庭生产方式转变的序幕就拉开了。所谓家庭生产方式，就是男耕女织，一夫一妻，就像《天仙配》所唱的一样，你种地来我织布，你挑水来我浇园。小两口把什么事都办了，还能进行人口的再生产，做到家庭这个生产组织的长期的可持续性的发展。过去的员工是自己生的，今天的员工是从社会上招聘的，这就是社会化。

2. 生产关系的变革

生产关系的变革，使国家从只对公地征税变为对私田征税。最初，国家是不愿意承认公有经济民营化这种潮流的，千方百计要搞好国有土地。私人土地的分配方式是多劳多得，少劳少得；而国有土地的分配方式，付出的是个人成本，得到的是平均收益。在这两种不同的激励制度下，哪种生产方式更有效率呢？国家搞了半天也没有把国有土地搞好，最后出于提高效率的考虑，出于财政税收的考虑，不得不对私人土地征税。一旦对私人土地征税了，就等于承认了私人土地的合法性，一旦私人土地的合法性被保证了，那么公有经济民营化的速度就大大地加快了。公元前594年，鲁国实行"初税亩"。什么叫初税亩？"初"是第一次，指第一次对私人土地征税，公元前408年，秦国实行"初租禾"，指的也是对私人的土地征税。

一旦国家承认了私人土地的合法性，私人经济崛起的动力就大大提高了。人们不追求财富不行，但一旦追求财富社会又会乱，因为可耕的土地是有限的，而人们追求财富的欲望是无止境的，这样就会引发老百姓之间对土地的争夺，还有家族之间争夺土地的竞争和国家之间争夺土地的战争。老百姓对财富的追求，也会把官员对财富追求的积极性给激发出来。老百姓凭体力追求财富，官员没有体力，但有权力，于是乱摊派、多征税的现象就产生了。而老百姓为了保护自己的胜利果实，千方百计地隐匿资产、拒绝上税，这样上下不和、左右推诿的问题就产生了。

第三节　社会意识形态的转变

孔子对当时的社会现象是怎么总结的呢？一言以蔽之——乱。怎么个乱法？"君子有勇而无义为乱，小人有勇而无义为盗"（《论语·阳货》），"君不君，臣不臣，父不父，子不子"（《论语·颜渊》）。

在这里，要特别讲一下君子和小人的区别。我们现在提起君子和小人，往往会认为君子是道德素质高的人，小人是道德素质低的人，这是我们后来延伸出来的含义。从最初的意义来讲，君子和小人指的是社会阶层的划分，君子是社会的领导者，小人是社会的被领导者。为什么后来延伸为品德高和低的差别呢？因为领导者的资产规模大、文化素质高，看得远，更能够抵制外面的诱惑，不犯错误或少犯错误；老百姓的资产规模小、文化素质低，相比之下，更容易受不住外面的诱惑而多犯错误。一个少犯错误，一个多犯错误，当然是少犯错误的人品德高，多犯错误的人品德低。可是话又说回来，谁是天然的君子，谁又是天然的小人？一方面，人人均可能成为君子，要相信群众，因为人人都有认识世界、约束自己行为的能力；另一方面，人人也皆可能成为小人，因为每个人都有受不住外界诱惑而犯错误的时候。因此对每一个人的行为，都应该加以有效的制约，做到扬长避短。

那么，"君子有勇而无义为乱，小人有勇而无义为盗"是什么意思？这里要特别讲讲"义"的含义。中国人特别崇尚讲义气的人。什么是"义"？"义"是与"仁"

联系在一起的。孔子说，"仁者，爱人"。所谓爱人，从经济学的角度讲就是让利，即给予他人利益。鉴于资源的有限性和人的欲望的无限性之间的永恒的矛盾，人不能光爱自己，还要爱别人。爱意味着付出，意味着让利，爱的本质就是让别人高兴。那么应该爱到什么程度呢？应该爱到合适的程度。"义者，宜也"（《礼记·中庸》），指爱人、让利要做到合适的程度。原因是：爱多了自己不高兴，因为爱别人正是为了爱自己。爱少了别人不高兴，而爱多了别人还会害怕，人们会想，这个人对我这么好，他有什么图谋呀，我怎么老担心啊。所以爱人要爱到合适的程度。换句话讲，"仁"是态度问题，"义"是能力问题，"义"就是指有分寸的爱，要求既要有爱心还要爱得合适。明白了上述词汇的意思，就明白了"君子有勇而无义为乱，小人有勇而无义为盗"的含义，它的意思是说，领导人不安于社会财富分配的现状，又不知道什么该干什么不该干，往往犯上作乱、以权谋私；老百姓不安于财富分配的现状，又不知道什么该干什么不该干，往往杀人、放火、抢劫、偷盗。这讲的是领导者和百姓犯错误的不同表现。

"君不君，臣不臣，父不父，子不子"的意思是，做领导的不像领导样子，见老百姓富了，便竭力修改规则将老百姓的财富转为己有；做老百姓的不像老百姓的样子，挣了钱也不向国家缴税；做父亲的不像父亲的样子，看儿子富了，老是想把儿子的财富占为己有；做儿子的不像儿子的样子，明明有钱也不给老人养老费。"君不君，臣不臣，父不父，子不子"的对立面就是"君君，臣臣，父父，子子"（《论语·颜渊》），指的是要坚持岗位职责，明白该干什么，不该干什么。在该干什么与不该干什么之间，先明白不该干什么，这样才能立于不败之地，保证不犯错误，这是做事情的正确逻辑。孔子为什么强调"必也正名"，而且指出"名不正则言不顺，言不顺则事不成，事不成则礼乐不兴，礼乐不兴则刑罚不中，刑罚不中则民无所措手足"（《论语·子路》）？原因是：有了岗位，就有了岗位职责说明书，这就是"名"；有了岗位职责说明书，就有了他的实际表现，这就是"实"。所谓"名实"相合，或者说"综核名实"，就是今天说的考核。有了考核，才有了奖励或惩罚，表扬或批评。因此,"正名"即制定科学、合理的岗位职责说明书,这正是整个管理的基础,难怪孔子对此高度重视!

  在这里我特别要讲古代家庭和现代家庭的区别。假如我们用今天的家庭观念来看待过去的家庭,是看不通的。过去的家庭相当于今天的企业,过去的家庭首先是生产单位,其次是消费单位,最后是解决社会矛盾的单位。今天的家庭,生产的功能近乎大部分丢失,消费的功能也大部分丢失,家庭成了充分享受精神生活的单位。因此过去讲"家和万事兴",相当于今天讲"搞好企业",过去特别害怕家破人亡,就相当于今天害怕企业倒闭。为什么过去特别讲尊敬父亲?尊敬父亲不仅是尊敬血缘关系上的父亲,更相当于尊敬生产单位的总经理、董事长。大家从这个角度来看待过去的家庭的含义,来看待过去的父亲的含义,就可以理解过去讲尊敬父亲,其实就是尊敬生产单位的权威。"国"代表着宏观,"家"代表着微观,"国家"指的是宏观经济和微观经济基础的结合,"家"是"国"的基础,就相当于今天的企业是社会的基础一样,这是我们在学习历史的时候特别要注意的一个问题。

第三讲
儒家与法家的思想
——管理者的驭下之道

"文革"后期,毛泽东曾说,两千年以来的中国历史就是一部儒法斗争史。这话讲得有没有道理呢?应该说这话讲得比较偏。两千年以来的中国历史内容很多,包含着政治、经济、军事、文化、民族关系、对外关系等很多方面,用一个"儒法斗争"来概括确实很偏。但是从领导哲学、领导艺术、领导方法的角度讲,这句话讲得很深刻,因为儒法斗争本质上就是领导方法之争。我这里讲的领导不仅仅是指生产单位的领导,而是广义的领导,包括家庭的领导、国家的领导、社会的领导,凡是带"长"字称号的人都为领导,不带"长"字称号但事实上也承载着一种领导使命的人也是领导。从这个意义上讲,我们生活中的每一个人都是领导,我们都要学习怎么来做领导。

第一节 儒家和法家的工作方法不同——王道和霸道

从儒家和法家的工作方法角度来讲,儒家倾向于王道,法家倾向于霸道。

什么是王道?王道就是通过给别人利益,或者让人看到未来利益的办法,让人发自内心地追随,从而自觉地工作,自觉地不犯错误。用今天的话讲,就是我要干,指让人高兴地工作,自觉地工作。

那么，什么是霸道？霸道就是通过行政处罚的办法，提高别人犯错误的成本，让人不敢犯错误。用今天的话讲，就是让我干，逼我干，鞭策。

"儒法"的冲突跟我们今天的生活也是息息相关的，比如营销和推销。营销是通过让别人高兴而使其自觉地购买；推销是把自己的意志强加到别人身上从而使其购买。因此尽管是两千年前的思想，却照样影响到我们今天的生活。

这就是我给大家讲的，社会的发展是变中有不变，不变中有变，变化的都是形式，不变的是规律，是本质。资源的有限性和人的欲望的无限性之间的矛盾，自古以来就没有变化过。

在我们的社会生活中，从家长这个角度讲，没有一个家长是不希望儿女好的，天下的家长都是望子成龙、望女成凤的，但是在怎样教育儿女成长的问题上，确实存在着领导方法的不同和对立。有的家长是以表扬为主，表扬、鼓励、激励，培养孩子的自信；有的家长则是责骂、批评、鞭打，结果搞得孩子没有信心。中国的父母和美国的父母在培养孩子的方法上就存在着比较明显的差别。美国的家长老表扬孩子，说"你真能干""你真聪明""你真漂亮"。其实他哪里漂亮？但是父母老表扬，孩子的自信心是不是就产生了？美国的父母更多地看孩子的优点，鼓励优点。而我们中国的父母呢？尽管我们的孩子很用功，很聪明，但家长更多地看孩子的弱点，批评他这也不好，那也不好，老是批评，老是责骂，搞得孩子最后失去信心。

第二节　制度和文化两种管理方式

儒家和法家都代表着社会大变革中新兴地主阶级的利益。所不同的是，儒家代表新兴地主阶级的长远利益，而法家代表新兴地主阶级的眼前利益。换言之，儒家看得远，法家看得近。新兴地主阶级就是春秋时期社会中的领导阶级，用我们今天的话来讲，就是白领阶层、投资家阶层。既然是领导阶级，他们就有一项使命——协调资源的有限性和人的欲望的无限性之间的矛盾。靠什么来协调呢？靠规则来协调。而规则可以分成两个方面——制度和文化。制度是顺应人对眼前利益的追求，讲什么能干、什么不能干，做了不能干的事怎么办；文化是顺应人对长远利益的追求，强调什么该干、什么不该干。

那么制度和文化是什么关系呢？在我看来，制度和文化的关系，可以归结为三个方面。

第一，文化指导着制度。文化是对自然和社会的认识，你对自然和社会有什么样的认识，就决定了你会制定什么样的制度。中国的问题表面上看是制度的问题，其实制度的背后都是文化的问题。如果你认为人人都是坏人，你会定什么样的制度？如果你认为人人都是好人，你又会定什么样的制度？如果你认为在人身上，既有好的地方，又有不好的地方，既有人性光辉的一面，又有动物兽性的一面，你怎样制定一个抑恶扬善的制度？因此不同的文化认识，决定了不同的制度安排。

第二，文化要转化为看得见、摸得着的制度。因为在长远利益和眼前利益之间，人们更看重眼前利益，人们更容易受不住外界的诱惑犯错误。因此需要通过制度来提高人犯错误的成本，让人自觉地不犯错误。

第三，制度也会转变成文化。制度是讲什么能干和什么不能干的，大家把不能干的事情都解决了，都干好了，还用得着领导再讲吗？是不是转化为风俗习惯了？

这就是制度和文化的关系。

第三节 儒家和法家的管理方法不同

在文化和制度的关系上，儒家更强调文化的作用，更偏重人的看长远利益的能力的一面，而法家更强调制度的作用，更偏重人看眼前利益的一面。那么是不是儒家只强调文化不强调制度呢？并非如此，儒家非常强调制度，强调得甚至都有些过分。大家看中国的葬礼、婚礼、成人礼、孩子的生日礼，多么隆重，一丝不苟，甚至座位的安排都一丝不苟、分毫不差。但是儒家更看重制度背后的文化因素，更看重制度背后的人文精神。在儒家看来，制度的目的是让人幸福，制度不是杀人的，但不好的制度杀人比老虎吃人还厉害，孔子有一句话，叫"苛政猛于虎也"

（《礼记·檀弓》），意思是，不好的制度比老虎吃人还厉害。因此，在儒家的观念中制度是很重要的，只是制度有好制度和坏制度之分。我们要争取制定好的制度，避免不好的制度。一个制度一旦设立，可能过一段时间就变成不好的制度，因此制度还要与时俱进，进行变化。

儒家和法家在社会管理上为什么会有强调重点的不同呢？这是与他们对人的认识分不开的。

儒家为什么强调文化教育的作用？因为儒家认为人有认识世界的能力，人们看到了未来会自觉地约束个人的行为，自觉地不犯错误。因为人是追求利益的，人算大账与算小账的结果是不一样的，人看到了未来是算大账，人只看到眼前是算小账。人看到了未来，算了大账，就会自觉地不犯错误，因为他明白，这样做对自己长远是不合算的，算小账虽然能得到利益，但守不住利益。因此儒家特别强调教育的作用。教育的作用是加快人认识未来的速度，让人更好地算大账，从而自觉地工作，自觉地不犯错误。

法家为什么强调制度的作用？法家也认为人有认识未来的能力，但又认为老百姓的财产规模不大，文化素质不高，更看重眼前利益，更受不住外界的诱惑，容易犯错误。怎样让他们不犯错误呢？只好用一个外部的强制力量，这就是制度。制度的背后是官员，官员的最顶层就是君主，君主定制度，官员执行制度。因此法家特别强调制度的作用，特别强调暴力的作用，特别强调政府的作用。

那么，在儒家和法家之间，谁讲得更正确？显然，儒家讲得更正确。因为人，包括老百姓确实有认识未来的能力。法家在这方面至少犯了两个错误。第一，法家否认老百姓有认识未来的能力。其实，哪怕是事后诸葛亮，也是人们有能力认识未来的反映。民间常讲，你一段时间能蒙骗所有的人，你不可能在所有的时间蒙骗所有的人，强调的就是人的认识未来能力的作用。第二，法家割裂了群众跟领导的关系。法家认为群众太愚昧，领导太聪明。领导是群众中的佼佼者，领导比群众更聪明，这个我也是承认的。但是领导来自于群众，有普及才有提高，哪有老百姓都愚昧而官员聪明的？老百姓所犯的错误，官员一个都不少，官员也有能力不高、做不出正确决策的时候,官员也有受不住外界诱惑、老犯错误的时候。这个我们在生活中看到了,官员做出的错误决策也不少,官员犯错误的概率也相当大,而且在老百姓犯的错误和官员犯的错误之间,官员犯错误的代价更大,因此更要加强对官员的制约。

从某种意义上讲,任何制度都表现为民主和权威两大关系的制衡。在民主和权威的关系上,儒家强调民主制约下的权威;法家更偏重权威,强调君主专制的重要性。所以儒家一方面强调权威,一方面要求对权威进行制约。而法家片面地强调权威,不要求对权威加以制约。结果秦始皇靠着法家能统一江山,但不到十五年就丢掉了江山,原因是不受制约的权力走向了腐败。毕竟人是追求利益最大化的,当没有约束的时候,人往往放纵自己的欲望。儒家也强调权威的作用,这是因为民间有办不成办不了的事情,需要政府、需要官员来解决。但是社会生活告诉我们,没有政府不行,有的时候有了政府反而更坏,因此必须对权威加以制约。

那么儒家是怎样对君主(权威)进行制约的呢?根据历史和儒家经典的记载,我们可以总结出,儒家强调对君主的制约有以下几个方面的内容:

第一,民间舆论的作用。古代的中央政府,往往设立一个负责"采风"的机构,承担着调查民间舆论的功能,通过对民间舆论的了解,来修改政策让老百姓更高兴。这种对民间舆论的调查相当于今天大规模的市场调查。第二,老百姓的流动、官员辞职的作用。第三,德高望重的大臣的劝谏。第四,作为"家天下"的家族董事会成员,在必要的情况下可以废黜君主,这对现任的君主是一个有力的制约。第五,人民革命。

当时齐国的齐宣王问孟子,异姓之卿和贵戚之卿有什么差别。贵戚之卿,用今天的话讲就是本家族的人在企业里做干部;异姓之卿,用今天的话讲就是职业经理人。孟子的回答大意是这样的:异姓之卿,和企业没有密切的感情利益关系,你有了问题,他反复地劝,劝了还不听,那就合得来则合,合不来则走;本家族的人和企业有密切的感情利益关系,流动性弱,因此对于君主的错误他反复地劝,反复劝了还不听,往往倾向于运用家族董事会的权力废黜君主,因此中国历史上的封建君主的地位并不是那么稳固的。当家族董事会的人还制约不了君主时，那就只有最后的一个办法——发动人民革命，推翻昏庸君主的统治。比如，商纣王晚年犯了严重错误，他的哥哥微子劝说他，他不听，他的叔叔比干、箕子劝说他，他也不听，在这种家族董事会也制约不了他的情况下，只有发动人民革命才能促使统治者觉悟。

还是这个齐国的齐宣王问孟子，说儒家最强调"君君，臣臣，父父，子子"（《论语·颜渊》），那么按照这个理论，商汤反夏桀、周武王反商纣王，这是怎么回事，这不是犯上作乱吗？孟子回答说，"君君，臣臣，父父，子子"讲的是岗位职责，是我们奋斗的目标，但是由于人的能力的局限性，现实生活中每个人都会犯错误，只要这个错误在大家能容忍的限度内，就是人民内部矛盾，就是非对立性矛盾。可是大家反复劝说，不但不改，反而变本加厉，那么矛盾的性质就变了，就变成敌我矛盾、对立性矛盾。既然矛盾的性质变了，那就是无所不用其极，这就是人民革命。因此孟子说，这不叫犯上作乱，而叫汤武革命，原因是夏桀、商纣王已经众叛亲离。当然了，革命的成本是很高的，因此儒家认为，能不革命尽量不革命，但实在没办法，也坚决要革命，这就是儒家对于权威的制约。

中国古代社会往往把最高领袖叫天子，这本身就是对君主的制约。天子就是老天爷的儿子。老天爷不止一个儿子，有很多个儿子啊，你干好了，继续干下去，你干不好，老天爷再换个儿子，继续来干。那么老天爷代表谁的意志？老天爷代表人民的意志。《易经》说，"天视自我民视，天听自我民听"。意思是说，老天爷的耳朵、老天爷的眼睛，都反映着老百姓的意志。你让老百姓高兴了，老天爷让你留下来，继续做天子；你让老百姓不高兴了，老天爷让你滚蛋。大家看，天子的称号是不是对君主的制约呀？所以孟子说："民为贵，社稷次之，君为轻。"（《孟子·尽心下》）

法家不强调对君主进行制约，因此秦始皇靠着法家能统一江山，但是不到十五年就丢掉了江山，这是因为不受制约的权力会走向腐败。

第四节　儒家和法家的管理思想不同

儒家和法家，在管理思想方面有什么不同呢？

儒法两派都欢呼社会进步带来的人性的普遍解放，但也看到了在社会进步过程中产生的种种无序现象，即不履行岗位职责、犯错误。为解决社会的无序现象，儒家主张通过教育的方式，以义节利，强调民间自觉的力量；法家则主张以暴力消除社会上过分追逐利益的趋向，强调权威的力量。

利和义是个矛盾范畴，假如说利是眼前利益，那么义就是长远利益；假如说利是局部利益，那么义就是整体利益。所谓以义节利，就是以长远利益克服眼前利益的短视，教人算大账，自觉地不犯错误，自觉地工作——我要干。

如果说儒家强调"我要干"，那么法家则强调"让我干"。儒家强调家庭这个"企业组织"的作用，法家则强调国家这个暴力工具的作用；儒家强调家和万事兴，法家则强调国家的利益；假如说儒家强调小河有水大河满，那么法家便强调大河有水小河满。

儒家和法家基本的奋斗目标是一样的，都代表新兴地主阶级的利益，都主张推动家庭生产方式的发展，都要求建立与家庭生产方式相适应的上层建筑与意识形态，都要求让人按岗位职责办事。不同点在于，儒家和法家实现目标的途径不一样，最后的结果自然也不一样。一个是让人自觉地工作，一个是逼人工作，用今天的话讲，一个是激励（儒家），一个是鞭策（法家），一个是我要干（儒家），一个是让我干（法家）。

第五节　儒家和法家的管理思想对现代管理的意义

（一）儒家

儒家思想高屋建瓴，既强调继承民族文化传统，又强调适应时代的变化（时间）；既强调立足本国，又强调适应世界（空间），对组织理念的确立和健全人的思维很有帮助(中庸之道)。

在我看来,儒家思想最有价值的地方,就是中庸之道。

中就是正的意思。什么叫正？正就是合适的意思。合适从空间上讲是你也高兴,我也高兴；从时间上讲是眼前高兴,以后也高兴。换句话讲就是教人算大账,在算大账的基础上,找出社会各方面利益的平衡点。庸就是常的意思,指在矛盾的两端寻找平衡点,这是放之四海而皆准的真理。要找到平衡点,一定要研究两端,即一定得研究自己,研究别人。对企业而言,这个"别人"包含着顾客,包含着代理商,包含着供应商,包含着政府,还包含着银行。只是,知己知彼并不能一定保证百战不殆。只有在知己知彼的基础上,找到大家满意的方案——平衡点,才能做到百战不殆。因此儒家特别重视学习的作用。"知己知彼"的过程就是学习,就是研究,用现在的话讲就是"没有调查没有发言权"。要做到知,前提是承认自己的不足,只有承认自己的不足了,才能产生依靠别人满足自己的动力。要依靠别人,就得让别人高兴；要让别人高兴,就得研究别人高兴的是什么,不高兴的是什么。所谓明白自己的不足,用今天的话讲,就是树立危机意识。在自己和他人之间,你轻了,他人自然就重；你重了,他人一定就轻。只有一定程度地"看轻"自己,才能尊重别人,过分看重自己的人一定蔑视他人,因为他觉得自己强大,不需要别人的帮助。尊重别人的标志就是让人高兴。这样,围绕着儒家的"中"就形成了一个博大精深的思想体系。简言之,要做到中,一定得研究两端。从时间上来讲,既要研究眼前,还要研究未来；从空间上来讲,既要研究自己,还要研究别人,既研究国内,还要研究国外。要研究两端,一定得承认自己的不足,树立危机意识。这就是儒家讲的谦虚,所谓"虚心使人进步,骄傲使人落后"是也。

因此大家看,既强调适应时代的变化,又强调继承民族文化的传统,是不是中庸之道在时间上的反映？是不是传统和现代的协调？邓小平的改革理论,就是既立足于民族传统,又强调现代开放的产物。坚持四项基本原则是不是传统？坚持改革开放是不是现代？毛泽东思想是马列主义中国化的产物,它既强调马列主义这个国际范围的普遍性,还强调中国革命这个特殊性,这是不是中庸之道在空间上的体现?中庸之道告诉我们,考虑问题既要考虑自己还要考虑别人,既要考虑眼前还要考虑未来,只有这样才能做到社会各方面长期的普遍的高兴,这与今天科学发展观所强调的"中国离不开世界,世界离不开中国""实现长期的可持续性的发展",从本质上是一致的,正是中庸之道的体现。

(二)法家

法家的制度建设,偏重人和人之间利益的对立性,主张人性自为,坚持君臣异利、君民异利的观点。从最坏的角度思考问题,对克服人性的弱点,建立完善的组织管理制度很有帮助。

法家的弱点是看问题看得近。从眼前一段时间来讲,人和人是争夺有限的利益的关系。在法家看来,就这点利益,你拿去了,我就没有了,因此要保证我拿到,一定得有力量,这就是为什么法家强调力量,强调暴力的原因——它从眼前看问题。为什么儒家不强调暴力的作用?因为儒家看得远。从长远来讲,人和人之间是什么关系呢?抬头不见低头见,低头不见抬头见。人们得相互依赖,人与人之间是谁也离不了谁的关系。既然谁也离不了谁,怎么处理这个关系呀?那就只能是实行仁义之道。具体来说,一是要树立仁爱之心,即要想自己好,先得别人好,别人好不了,自己也好不了;二是要爱得合适、爱得恰如其分,这就是"义"。

当然了,法家也有它的好处。

首先,法家特别强调人性自为,认为人都是为自己的,都是追求利益的。应该说,儒家、墨家、道家也都强调人追求利益,但是他们看问题看得远,还强调要关心别人,认为只有这样才是真正的爱自己。因此儒家强调仁义,墨家强调兼爱,道家强调无私,都强调不能只管自己不管别人,只是关心别人的方法、程度有所不同而已。但是,过分强调了爱别人,也有它的问题。假如一个领导,老是觉得员工应该为集体而奋斗,为他而奋斗,那么他看谁都不顺眼。因为生活中的人都是为自己而奋斗的,没有人为他而奋斗。法家赤裸裸地强调爱自己,这是它的不足,但也是它好的地方。假如你认为人都是为了自己而奋斗的，那么你看周围的人，看谁都顺眼，看谁都过得去，接下来的事情就是寻找双方的结合点，创造出一个合理的制度安排：不求你为我而干，为你自己也要干，这样是不是皆大欢喜？

此外，法家还有一个好处，就是特别善于从最坏的角度思考问题，即人最坏能坏到什么程度，事情最差能差到什么程度，万一最坏的、最差的情况发生了该怎么办。这对我们建立完善的组织管理制度很有帮助。中国人的一个很大的弱点是做梦娶媳妇，光想好事。辩证法告诉我们，有好一定有坏。你光想到好，不想到坏，一旦最坏的发生了怎么办？如果你想到了最坏并事先做了防范，它还能坏到哪里去？这就是毛泽东所讲的"做最坏的准备，把困难想足想透"。为什么当前企业有好些制度实行不下去呀？就是因为制定制度时没有想到，事情最坏能到什么程度，最差能到什么程度，自然没法防范。既然没有防范，这对于那些想犯错误的人，是不是就是一个诱惑？

这是法家思想中好的地方，值得今天的企业管理者借鉴。

第四讲
墨家与道家的思想
——被管理者的思想

第一节 墨家和道家所代表的利益阶层

(一) 墨家

墨家代表社会大变革中小生产者、普通劳动者阶层的利益,呼吁兼爱、非攻、尚贤、节用。

兼爱的对立面是"别爱"。"别爱"就是光爱自己,不爱别人,光管自己,不管别人。试想,资源是有限的,都你得了,不管别人,别人活不好,你能活得好吗?那么什么叫兼爱?兼爱就是像爱自己的东西一样爱别人的东西,像爱自己的儿女、爹妈一样,爱别人的儿女和爹妈。为什么要这样做?还是一句话,资源是有限的,你不仅要爱你的东西,还得爱别人的东西,你只有爱别人的东西,别人才会爱你的东西。什么叫非攻?非攻就是反对一国侵犯别国、掠夺别国的资源。因此,兼爱、非攻指的都是尊重别人的产权:你的就是你的,我的就是我的,你不尊重别人,别人也不会尊重你。兼爱、非攻是对社会成员的要求。尚贤、节用是对领导的要求。尚是崇尚的意思。所谓尚贤,就是崇尚贤人,崇尚有能力的人。节用是希望领导廉洁,廉洁到和老百姓一样吃喝的程度。

应该说,这个要求是相当高的。谁能像爱自己的爹妈一样爱别人的爹妈?谁能像爱自己的儿女一样爱别人的儿女？人总是爱自己的爹妈更多一些，爱自己的儿女更多一些，爱别人的爹妈和儿女更少一些。因为爱是一种情感，日久生情，你跟自己的爹妈老在一起，当然有感情，跟别人的爹妈不在一起，自然没有感情，或者说没有强烈的感情，怎么能像爱自己的爹妈一样爱别人的爹妈呢？这里面是不是有很大的空想性？同样，墨家希望领导者的能力要高到不犯任何决策错误的程度；希望领导者的品德要好到和老百姓一样吃喝的程度。谁能做到？因此墨子的学说出现之后，即遭到孟子的有力批判。孟子说，领导者付出了那么大的劳动，结果获得的报酬跟老百姓一样，天下的人哪有动力来做领导？毕竟人是追求利益的嘛。有能力的人不来做领导，没能力的人做了领导，是不是对社会的危害更大？领导者拿着低工资做了领导，那么，巨大的权力就是犯错误的巨大的诱惑。因此孟子主张，与其让他在阴暗下得到，还不如让他在阳光下得到。孟子主张高官厚禄，主张让领导者过一个与自己的身份地位相适应的生活。大家可能会说，高薪一定养廉吗？我认为，高薪是养廉的基础，没有高薪绝对养不了廉，但是有了高薪也未必一定养廉，因为人都有受不住外界的诱惑犯错误的时候。因此孟子主张，在高薪之外还得加进两个配套措施，一个是文化，教他算大账，明白什么是对的，什么是不对的，什么是对自己长期有利的，什么是对自己眼前有利的；再一个是通过制度的规范，提高他犯错误的成本，创造他不犯错误的条件。

　　这里有一个问题，为什么墨家的学说有很大的空想性？这与墨家代表的阶层有关。墨家代表了普通老百姓的利益。普通老百姓文化素质不高，劳动技能不高，收入不高，资产规模小，不安全感强，怎么提高自己的安全感呢？必须投靠一个大规模的组织，这样老百姓就希望有一个英明的领袖，希望他英明到不仅能力高，而且生活廉洁，能与老百姓同甘共苦，这就是"尚贤""节用"。老百姓由于资产规模小，很容易受不住外界的诱惑犯错误，但也正由于其生产规模小，无力防御别人的侵犯，就形成了普通老百姓思想中的两面性：一方面，有动力侵犯别人；另一方面，不允许别人侵犯，这就是"兼爱""非攻"。换言之，对自己自由主义，对别人马列主义，对人严对己宽，这样一来还不造成社会成员之间矛盾冲突的激化？大家要理解墨家思想中空想的地方、合理的地方，就必须了解他所代表的阶层的生产状况和特点。

（二）道家

道家代表社会大变革中没落阶级的利益，即社会地位下降，短期内无法回升的阶级的利益，换言之，不得志者的利益。人不得志了有什么想法？轻则悲观失望，重则自杀，再重了，反社会反人类。一把火，把老板的厂房给烧了，同归于尽，尽管犯了罪，要判刑，但毕竟老板的损失更大，比较起来还是他合算，这就是极端不得志的人在极端不得志的状况下的思想状态，也就是破罐子破摔。那么怎么安慰这些不得志者受伤的心灵呢？唯有道家。因为道家代表人物自己就是不得志者，他们顺应人对利益的比较，但不跟比自己强的人比，专跟不如自己的人比，这就叫"比上不足，比下有余"。

为什么道家最喜欢大自然？因为和人比，谁都比不过，到大自然中去，远离人、远离人间，还能跟谁争来争去？和大自然一比，和花和草一比，总比它们好吧，于是留恋生活，有勇气活下去了。因此道家是这么一个学术派别：对社会极端地不满意，还不愿意离开这个世界，于是有点游戏人生的态度，但是它确实能起到安慰受伤的心灵的作用。在我们的生活中，有的人心情不好了，怎么安慰他们啊？我们往往把他们带到公园里去吧？看看花草，看看阿猫阿狗，安慰他们受伤的心。没有人把他们带到黑暗的地道中去吧？他们本来心情就灰暗，再把他们带到黑暗的地道中去，黑暗加黑暗，你还让不让他们活了。

在我看来，思想政治工作就是用语言让人看到长远利益，自觉地克服眼前利益的短视，算大账。那么共产党是怎么做各种竞争中的失败者的思想政治工作的？苦不苦，想想红军两万五，累不累，想想董存瑞炸碉堡，想想死去的革命先烈，我们还有什么想不通的？这样一比，心里还真是想通了，毕竟自己还活着，他们都牺牲了。人不是最喜欢货比三家吗，跟谁比？跟你比，我不如，跟他比，我还不错，于是感觉自己还可以，这样是不是对未来充满信心？因此从价值观导向来讲，道家是崇尚柔，崇尚虚，崇尚弱的。原因有二，一方面自己掉下来了，不得不适应现状；另一方面，自己也要反思为什么掉下来，都是因为统治者感到自己太强大，掠夺人民，引起人民造反。假如统治者明白自己的不足，要依赖人民，会对老百姓不好吗？会掠夺老百姓吗？你不掠夺老百姓，老百姓会把你推翻吗？

第二节　墨家思想和道家思想的异同

墨家站在普通百姓、普通劳动者的立场上，既感叹社会变化给他们带来的改善生活的机会，也恐惧社会变化会牺牲掉他们现存的一切，因而在主张努力奋斗——"生财密"（《墨子·七患》）外，还特别强调"用之节"（《墨子·七患》），强调节俭的作用。换言之，一是强调勤快，二是强调节俭。要求上到达官贵人，下到黎民百姓，都要过一个维持人最基本的生理享受的温饱生活。他们认为，这样人和资源的矛盾就可以消失，社会就可以和谐，这就是普通百姓对于社会和谐的价值观。试想，领导吃的跟百姓一样，这样一来，人和人争夺资源的矛盾是不是就消失了？但是实行不下去：领导付出那么大的劳动，吃的跟老百姓一样，天下谁愿意来做领导？哪有动力来做领导？不稳定就达不到长期的和谐。

道家代表的社会不得志者诅咒社会的发展、财富的重新分配给他们这些原既得利益者带来痛苦。他们主张"废"掉新兴科学技术，但科学技术是废不掉的，于是他们对社会失去信心，悲观厌世，主张退回到原始群的状态，回到人类的幼年时期，认为那才是人类社会的黄金时代。

儒墨道法各家的逻辑推理都是非常严密的，假如他们的逻辑推理不严密的话，各家的思想也不能流传到现在。这说明各家思想都充满了真理的光辉，才能被几千年来的老百姓理性地选择。

那么道家的逻辑推理是什么？既然是不得志者，是从上层社会掉下来的，是隐士，他们就要反思，自己为什么掉下来了？都是因为社会的大变化。世界是变化的，所谓变化，从本质上讲就是向对立面的转化，好变坏，坏变好，高变低，低变高，这就是变化。我们天天讲世界是变化的，但是一回到生活中，我们往往不会运用变化的原理来指导我们的生活：市场一旦好了，就感到会永远好下去；市场一旦坏了，就感到会永远坏下去。这不符合变化的理论。按照变化的理论应该是：市场今天好了，明天会坏；市场今天坏了，明天会好。因为市场今天一旦好了，价格高了，很多人都会尽力进行生产，生产量增加了，在需求量不变的情况下，价格自然要降，市场自然要坏；市场一旦不好了，价格太低了，很多人会选择退出的道路，一旦退出了，生产量减少了，在需求量不变的情况下，价格又会提高，因此我们不仅要会讲变化，我们更要善于把变化的道理运用到我们的生活当中去，这样才能更好地决策，从而指导事物发展顺利地进行。总之，道家认为他之所以会掉下来，都是因为社会变化搞得底层崛起，高层衰落。

那么底层为什么会崛起？道家认为，都是因为统治者太贪婪，对被统治者要得太多，被统治者活不下去，被迫造反。那么统治者为什么跟被统治者要得太多？道家认为有两个原因，一个原因是统治者的欲望太大，贪得无厌。打个比方，已经有一部新手机了，还要买更新种类的手机，这一定需要花钱，没钱怎么办？自然倾向于跟老百姓多要，搞得老百姓活不下去。统治者追求新产品，还会把老百姓对新产品追求的欲望刺激出来，老百姓没钱还要追求怎么办？于是偷盗抢劫的现象就出现了。还有一个原因，依道家之见，统治者的欲望之所以太高，就是因为科学技术发展太快，不断制造新产品，自然会激发起人们越来越强烈的购买欲望。原因找到了，办法自然就出来了。怎么能让人不追求新产品，不跟老百姓多要钱呢？道家认为只有一个办法，就是不让科学技术发展。试想，科学技术不发展了，就出现不了能工巧匠。没有能工巧匠，自然也不会出现新产品。没有新产品了，谁还追求新产品？统治者不追求新产品，就不会跟老百姓多要，社会是不是就稳定、和谐？因此道家恨透了科学技术，恨透了能工巧匠。庄子认为"擺工倕之指"（《庄子·胠箧》），擺是折断的意思，工倕是尧（尧帝）时的能工巧匠，就是说折断能工巧匠的手指。用生活中的话来讲，就是掐断歌唱家的喉咙，打断舞蹈家的腿，折断钢琴家的手指，都怪他们，用美妙的声音、优美的身段，搞得统治者受不住诱惑，老跟老百姓多要，以致百姓造反，天下大乱。所以老子说："绝巧弃利，盗贼无有。"

(《道德经》第十九章)

　　这里要谈一下儒家和道家的一个不同。假如说儒家强调应该文质彬彬的话,那么道家只强调质不强调文,文代表着包装。在道家看来,有了好的包装,谁要差的?大家都追求好的,没有钱怎么办?于是偷盗抢劫的现象就出现了,这就是道家心目中社会混乱的原因。

　　怎么能让科学技术不发展呢?道家认为,只有回到原始社会小国寡民的状态。小国寡民本身就是在科学技术、交通、通信不发达的状态中产生的。试想,科学技术不发展,做不出新产品,谁去追求啊?科学技术不发展,人和人之间不来往,你能感受到外边的诱惑吗?你能产生追求新产品的欲望吗?大家都不去追求,社会是不是就和谐了。但是科学技术的背后是人的认识能力,人总是有认识能力的。人的认识能力从量变到质变的结果是一定会带来科学技术的重大突破。因此老子也明白自己的这套想法行不通,他说:"吾言甚易知,甚易行。天下莫能知,莫能行。"就是说,我的方法很简单,很容易操作,可是大家都不愿意操作。因此,他对现实社会失去信心,希望倒退到原始社会的状态。

　　在道家看来,在人类社会的现代和过去之间,过去伟大;在强者和弱者之间,弱者伟大;在阴和阳之间,阴伟大;在虚和实之间,虚伟大;在男人和女人之间,女人伟大;在大人和孩子之间,孩子伟大;在聪明人和傻瓜之间,傻瓜伟大。为什么?因为这些弱者没有能力多追求。既然没有能力追求,人和人争夺资源的矛盾是不是就消失了?应该说,老子的说法不是没有道理。试想,没有铁制农具和牛耕的出现,能有春秋战国几百年的混战吗?没有哥伦布发现新大陆,没有工业革命出现,能有亚非拉人民几百年的痛苦吗?不能说老子讲的没有道理,但是科学技术发展的步伐,是谁也阻止不了的。我们所能够做的只有像儒家所说的那样,你学,我也要学,通过不断的学习来迎接世界的挑战,因为落后就要挨打。

　　道家的想法虽然很好,但是回不去,不过道家对社会的认识是很有道理的。比如,道家很重视修养,强调要修养到不知道追求的状态,这样,人和人之间争夺资源的矛盾是不是就消失了？道家崇尚"大智若愚"，认为无私的人能得到最大的私，有私心的人最后什么都得不到。因为无私的人都让别人得到了，别人得到了高兴，高兴不能白高兴，也得让你高兴呀。你私心太重，什么东西都被你得到了，别人得不到，还不造反？你最后能活下去吗？所以道家特别强调转化，认为无私的人能得到最大的私，有私心的人最后什么都得不到。总之，道家心目中的大智若愚，就是要把人修养到呆若木鸡的程度。只有呆若木鸡，你对外边的诱惑才不敏感，才能全神贯注，最后赢得事业的成功，这个说法不是没有道理的。在美国电影《阿甘正传》中，阿甘因为"傻"，感受不到外边的诱惑，结果一条路走到底，成了橄榄球巨星，成了国家英雄。聪明人之所以勾心斗角，就是因为他能感受到外边的诱惑，感受到诱惑又受不住诱惑，自然就要勾心斗角。在道家看来，人越傻越善良，因为他感受不到外界的诱惑，保持了儿童的那种纯真。生活中，我们也常听到人们议论，说某某孩子，聪明伶俐，结果哪个大学都没考上；某某孩子，耷拉着两个眼皮，傻乎乎的，结果考上名牌大学。按照老子的辩证法理论，这就对了，你越是聪明伶俐，就越能感受到外边的诱惑。感受到诱惑又受不住诱惑，自然要分心，如何能考得上？这个耷拉着眼皮、傻乎乎的，他感受不到外面的诱惑，自然一条路走到底，全神贯注，聚精会神，最后反倒走向成功。大家看，老子说得很有道理吧！

第三节　墨家和道家思想对现代管理的意义

墨家对小生产者、普通劳动者的认识非常深刻，有助于组织文化的完善和实现对工人的领导。要领导工人，一定得了解工人。因为知己知彼，百战不殆嘛。要了解工人在想什么，请看《墨子》。我认为，中国五千年间，只产生了一个小生产者的伟大领袖——墨子。墨子的文化素质很高，但一辈子不脱离生产劳动，他能把老百姓的痛苦和追求用系统的语言表达出来。

道家思想最大的价值，就是善于在弱点中看到优点，在优点中看到弱点，这样才能安慰受伤者的心灵。比如,生活中的人们都说富人好,可是按照道家的观点,富人有好的地方,也有不好的地方。因为他富,他老被别人惦记着,老被盗贼给盯上,安全感不强。人们都说穷人不好,可是他穷得很安全,没有人对穷人感兴趣。自古以来,绑票都绑富人,哪有绑穷人的?姑娘都喜欢自己漂亮,可是道家说了,漂亮了往往不安全,不漂亮的人很安全。所以大家看,道家善于在弱点中看到优点,善于在优点中看到弱点,更有助于我们认识事物。

第一,这种思想对处于弱势状态的组织或人很有帮助,有助于抚平人受伤的心灵,对医治群体里的不得志分子,医治强者弱势状态下的不平衡心理很有帮助。比上不足,比下有余,攀得高,跌得重。

第二,有利于坚定处于困境中的人们对未来的信心,原因是"柔能克刚""弱能胜强"。套用民间的话讲,就是"三十年河东,三十年河西"。世界是变化的,弱变强,强变弱,你不能永远在台上,我不能永远在地下。这对支持人们度过人生的低潮、度过那段最艰难的岁月无疑很有帮助,有助于坚定人们对美好未来的信心,这就是历史上中国人饱经沧桑却天性乐观的原因。

第三,有助于我们更好地认识世界,包括认识自己和他人,这对主张扬长避短的中庸之道的发挥很有好处。中庸之道主张在矛盾对立的两端,即在长和短的两端寻找平衡点。换言之,既了解自己的长,又了解自己的短,既了解别人的长,又了解别人的短,这样才能找到大家满意的方案。因此,道家最大的作用就是能帮助人们正确地认识问题。

总之,我认为道家的认识论有三大优点:第一,寻找合适的参照物,即优点或弱点是相对于什么而言。生活中,我们常说企业的优点和弱点,人的优点和弱点,可是,相对于什么而言是优点,相对于什么而言是弱点呀?一定要树立起参照物的观念。第二,树立辩证思维的观念,善于在弱点中看到优点,在优点中看到弱点。一个人很强大,强大中一定有弱点;一个人很弱小,弱小中一定有优点。庄子曾经讲过一个故事,说有一个人残疾得特别厉害,脑袋和腿差不多连在一起,大家都说他非常悲哀,可是庄子讲,打仗从来轮不到他,国家发救济补贴从来少不了他,这就叫无用之大用,他有弱点就一定有优点。这就是辩证思维的观念。第三,树立起变化的观念。按照道家的观点,这叫"反者道之动",因为向对立面转化是大自然的运动规律,柔能克刚,弱能胜强,盛极而衰。今天的强就是明天的弱,今天的弱就是明天的强,它鼓励我们对未来充满信心,这就是道家的作用。

我们讲了墨家与道家,了解了普通劳动者和不得志者在想些什么,即被管理者的思想。要做领导,一定得了解被领导者想什么,哪些地方想得合理,要顺应;哪些地方想得不合理,要改造,要教育。知己知彼才能百战不殆,要领导下属,一定得了解下属。

第五讲
儒墨道法四学派之间的关系与政治主张的分歧

第一节 儒墨道法四学派之间的关系

提起儒墨道法四个学派，人们往往感觉，它们之间是尖锐对立的，针尖对麦芒。实际上它们之间还是有很多内在联系的。应该说，所有的学派几乎都与儒家学派有关系，墨家、道家、法家都从不同方面发展了儒家学说。到汉武帝时，百川归海，在新的社会基础上产生了文武一体、霸王道杂之，更切合生活实际的新儒家体系。换句话讲，儒家经过几百年的发展，经过儒墨道法长期的争鸣，到了汉武帝时期已经相当成熟，成为一个既重理想又重现实，既看未来又看眼前，既有理论又有实践操作经验的、可行性非常强的思想体系。

为什么说墨家、道家、法家都与儒家有不同程度的关系呢？

1.儒墨道法四个学派产生的顺序

一个学派的产生往往有两个标志，第一，典型的代表人物；第二，理论性著作的出现。"儒墨道法"，基本上反映了四个学派产生的顺序。儒家最早，其次是墨家，墨家是在批评儒家的过程中产生的代表普通百姓的一个学派，道家是在反对儒家、墨家的基础上产生的一个学派，法家是在批评儒家、墨家、道家，同时又吸取它们合理性的基础上产生的一个学派，《韩非子》一书的产生，表明法家学派的成立。在《韩非子》之前，尽管有商鞅变法、李悝变法，但是他们仅仅是代表人物，有政策，没有形成思想体系的理论性的著作。

2.儒家的产生

儒家是春秋战国时代产生的第一个学派组织，其他的学派，尤其是墨家、法家，是在儒家的基础上产生的。道家不是在儒家的基础上产生的，但与儒家也有密切的关系，我们后边会讲。

为什么从儒家能衍化出好多其他的学派呢？这与孔子"有教无类"（《论语·卫灵公》）的思想有关。我们都知道，孔子教书"有教无类"，只要愿意读书的，愿意交一点拜师礼的，孔子都愿意教。

> 当时有人对孔子的学生子贡讲，你的老师教了些什么学生啊，你看看，什么人都有，有富的、有穷的、有贵的、有贱的。那穷学生穷到什么程度啊？穿的衣服上衣和裤子都接不起来。子贡说，这不仅不能说明我的老师水平低，反而正说明我的老师水平高。为什么呢？好医生面前病人多，无论贵的贱的富的穷的，都来向医生求治。好老师门前学生多，无论贵的贱的富的穷的，只要有思想问题了，都要来向老师请教，这正说明我的老师水平高啊。

但是孔子的学生毕竟太杂了。不同阶级的学生，一旦受到了孔子的教育，得到了孔子博大精深的理论的启发，很容易站在本阶级的立场上，提出代表本阶级利益的思想，从而产生新的学派。墨家就是这样产生的。

3.墨家与儒家之间的关系

墨家是由孔子的平民学生创办的一个学派。其实孔子在世时，跟他的平民学生的冲突就已经出现了。

> 《论语》记载，孔子有一个学生叫宰我，也叫宰予，就是大白天睡觉，被孔子骂为"朽木不可雕""粪土之墙不可圬"（《论语·公冶长》）的那个人，他有一次问孔子："老师，三年厚葬是不是时间太长了？"儒家是主张父母去世以后，要守三年厚孝的。因为过去社会生产力不发达，生活条件差，孩子往

往长到了三岁才能脱离父母的怀抱，表明今后成活的概率大大增加了。孔子对宰我说，父母养育了你三年，你才能脱离父母的怀抱，那么父母去世之后，为父母守三年孝还不应该吗？这就是儒家"义"的原则——合适，你也高兴我也高兴，用现在市场经济的话讲，叫双赢原则。但是孔子的很好的思想，一旦落实到民间，往往会出现好多问题，这是与民众相互攀比的心理分不开的。因此宰我对孔子讲，老师，三年时间是不是太长了？那么孔子就问他，你觉得多长时间合适？宰我说，我觉得一年差不多了。孔子问，你觉得心安吗？宰我说，我觉得心安。孔子说，好，只要你觉得心安就行。宰我走了以后，孔子愤愤不平，在其他的学生面前评论这件事情说，宰我真是不孝，父母养育了他三年，他才能脱离父母的怀抱，现在父母去世了，为父母守三年孝，他竟然不愿意，真是不孝啊。

孔子在世时，由于他的学问非常大，人格魅力非常高，还有能力约束住学生，但去世以后，他的这些平民学生的异端倾向，就没人能够约束得了了。后来的墨子就是在学儒的基础上，站在普通百姓的立场，对儒家学说做了部分的"修正"。换句话讲，墨子和墨家的基本观念都是来自儒家，但是做了一定的"修正"。比如，儒家讲"仁"，"仁者爱人"，墨家也讲"仁"，也讲"爱人"，但是儒家和墨家"爱人"的规则是不一样的。儒家主张"亲亲""贵贵"。在家庭关系上是"亲亲"，主张先爱自己，再爱爹妈，再爱兄弟姐妹，再爱堂兄弟、堂姐妹，一点一点向外扩充自己的爱心。在社会关系上是"贵贵"，主张在普通百姓和领导之间，先爱地位高的领导，再爱地位一般的普通百姓。以叔叔和侄子为例，如在家庭关系中，侄子应该服从叔叔，可是在社会组织当中，就必须按照领导和部下的岗位职责行事。侄子尽管在家庭中的辈分低，但如果在组织中是领导，那么叔叔就要服从侄子的领导。至于叔叔和侄子的这种亲情关系，可以通过双方的相互关心来体现，比如说，叔叔关心侄子，他可以私下里跟侄子讲：你工作中有什么问题，大家对你怎么看，你应该如何改正，等等；侄子体贴叔叔，可以帮助叔叔提高工作技能，提升工作业绩，让叔叔有更高的收入和更大的发展，等等。因此，"亲亲""贵贵"本身就是个相互限制的关系。"亲亲"不能无限地亲下去，必须受到"贵贵"的限制，这也是孔子的中庸之道在这个领域的运用。既要"亲亲",还要"贵贵",在"亲亲""贵贵"之间寻找平衡点,既要强调亲情关系,还要强调社会的等级关系,力图在两者当中寻找一个大家满意的平衡点。而墨家的"爱人"是像爱自己的父母一样爱别人的父母,像爱自己的儿女一样爱别人的儿女,是没有区分的兼爱。

4.法家与儒家之间的关系

法家是由孔子的做了官的学生创办的一个学派。孔子办学的一个主要目的是为社会培养职业官员,充当社会的领导者。因此,孔子办学的过程中,不断地推荐学生到外边做官,但是这些学生一旦做了官了,往往受到官场的各方面的约束,从而背离了师门的原则。

> 儒家规定,原则上,政府向老百姓收税,不能超过10%,即十分之一的税。但当时冉有(冉求,字子有,亦称冉有)和子路跟随季孙氏当官,季孙氏的税已经相当高了,但是冉有和子路仍然帮着他收税,搞得孔子特别不高兴,把他们大骂一顿,说他们违背了师门的原则。冉有解释说:老师,我们没有办法,领导让我们干的,我们总得听领导的话。孔子说:你明知这样不对,可以劝他嘛,劝不听,再批评他,批评还不成,可以辞职啊!你还是很留恋那份俸禄,没有按照岗位的职责("礼")在做事。

应该说,孔子的批评是对的,很有道理,但是一旦丢了俸禄,没有钱花,怎么能养活得起一家老小啊?像孔子那样能够做到合得来则合,合不来则走,"天下有道则见,无道则隐"(《论语·泰伯》)的人,是不多的。所以孔子在世时,还能约束住这些做官的学生,一旦孔子去世了,就没法约束这些学生了。法家就是由孔子的做了官的学生,站在做官的、统治者的立场上,发展出来的一个片面强调暴力的学派。

孔子去世以后,他的弟子向两个方向发展。一个是以曾子(名参,字子舆)为代表的,仍然留在东部发达地区,开创了洙泗学派。另外一个学生子夏毕业后到了中西部地区——河南、河北、山西地区,开创了一个西河学派。洙泗学派和西河学派都尊崇孔子,但两派也有不同点。

洙泗学派更多地在发达地区活动，由于经济发达，追求精神生活，所以更强调民主自由，因此洙泗学派更多地强调用和平的途径来解决问题，强调家庭这个当时的"企业组织"的力量，强调修身、齐家、治国、平天下，家和万事兴。西河学派主要在中西部地区活动，由于中西部地区经济落后，欲短时间内提升综合国力，必须强调国家政权的暴力的作用；另外，由于当时中西部地区的经济不发达，周边的游牧民族还比较多，游牧民族经常侵犯他们，要保住自己国家的利益，也必须动用武力的手段，发挥国家这个大规模组织的力量。因此后来以曾子为代表的洙泗学派和以子夏为代表的西河学派，就走向两个发展方向。这正如马克思主义后来在欧洲发展成了第二国际，强调和平途径的议会斗争，在不发达的俄国、亚非拉地区，形成了一个第三国际，强调武装暴力斗争，因为这些国家落后，不存在用议会斗争和平夺权的条件，只能强调使用武力。

法家学派，就是由子夏的西河学派发展而来的。子夏在中西部地区——西河（指黄河在河套平原由北向南流动的这一段河流）办学的时候，当时魏国的国君魏文侯拜子夏为师，聘请李悝（儒家的学生，子夏的学生）为"总经理"，又聘请了吴起、西门豹等儒家学者，在魏国当"职业经理人"。李悝、吴起、西门豹等儒家学者在魏国的全面掌权，可谓儒家思想第一次在一个国家大规模地实践，儒家思想的基本主张可以说普遍实现了。这主要体现在两个方面：一个是按照才能品德来选官，这是上层建筑领域的改革；一个是促进家庭所有制经济的发展，这是经济基础领域的改革。只是这两个方面的改革都是依靠国家政权的力量强行推动实现的，社会还没有达到充分的和谐。

魏国变法后，国力增长很快，领土自然也扩张了不少，这对周边国家影响很大。于是南边的楚国开始变法，西边的秦国也开始变法，一时间，各国都纷纷进行变法，希望依靠国家的力量强力推动封建生产方式的发展，实现富国强兵的目标追求，这就是席卷战国的变法运动。在这种兵荒马乱、不断强调武力的社会环境下，儒家的做了官的学生，自然也不断强调武力的作用，这样就发展出一个为武力而武力，为统一而统一，片面强调暴力的法家学派。

以商鞅变法为例。商鞅在变法前和秦孝公见面时，先谈帝道，即三皇五帝的治国之道，后谈王道，即夏商周的治国之道，最后谈的是霸道，即春秋五霸的治国之道。帝道更多地是运用说服教育的办法；王道是先礼后兵，即先以说服教育为主，说服、教育不成后，再用武力；霸道是先用武力，再行谈判，或者打着冠冕堂皇的旗号来行武力之实。这说明了什么？商鞅受过全面的儒家的教育，自然明白儒家的治国学说和文武之道。史书记载，商鞅的老师是当时有名的儒家学者尸子。在变法的初期，商鞅还保留着比较浓厚的儒家色彩。

商鞅刚到秦国时，人生地不熟，如何树立权威呢？他没有靠暴力树立权威，而是搞了一个"立木为信"的宣传，用现在的话讲，叫广告策划。他在城门前立了一根木杆子，说谁能把这个木杆子搬到另外一个城门，就给十金的奖励。因为悬赏的报酬太高了，自然引起了社会的注意。尽管当时没有现在的广告媒体的手段，但是口头传播也大大提高了他的知名度。大家都在议论这件事，但没有人付诸行动，于是商鞅又把奖励提高到五十金，终于有一个人搬了，商鞅当场兑现。这下子商鞅的名声传遍了全国，人们都说从魏国来了一个空降兵，这家伙说话算数。当然了，说好话算数，说坏话也算数，我们得听他的。

这个例子说明，商鞅最初是有着通过和平的手段树立权威的想法的。

变法进行了十年之后，收到了很大的成效，这时，过去反对变法的一些人对商鞅讲，变法确实很好，商鞅把这批以前说坏现在说好的人，通通赶到边疆去了。这说明什么？此时的商鞅羽翼丰满，开始显现出明显的法家倾向——把人当成工具，迷信暴力的作用。在商鞅看来，老百姓不过是做事的机械的工具，我让你干什么就干什么，不要有议论，没有任何借口。

韩非子也是学儒出身，他是当时儒家大师荀子的学生。但是韩非子生活的环境是战国后期，兵荒马乱，他生活的韩国又是最弱的一个国家。如何让国家崛起呢？要想让国家在短时间内崛起，必须强调国家政权的暴力的作用。韩非子就是在这种时代环境下，批评儒家的王道主张、和平统一思想的。

这就是片面强调武力，为武力而武力，为统一而统一的法家学派产生的背景。《韩非子》一书的完成，宣告了法家学派的产生。

5.道家与儒家之间的关系

应该说道家不像法家和墨家那样，与儒家有典型的师承关系，但是它们之间也是有关系的。

道家是隐士建立的一个学派。孔子在世时就碰到过很多隐士。孔子对隐士的态度是，一方面很赞赏他们的高尚的情操——合得来则合，合不来则走；另一方面又对他们过分消极的人生态度看不惯。孔子对社会也不满意，但认为还可以改造，因此"知其不可而为之"。他说，人应该跟人在一起呀，物以类聚嘛，人怎么能老跟动物在一起呢？

春秋战国时代的隐士，基本上是两种类型，一种是从统治阶级掉下来的人，老子可以说是这种人的代表；还有一种属于读书人，因长期就不了业而成为隐士，庄子可以说是这种人的代表。春秋战国期间，文化下落到民间，儒家学者大量办学，培养了大批读书人。读书人需要就业，而随着封建化国家的规模越来越大，对读书人的需求并没有相应地提高到那么多，这样很多读书人就不了业。因此在整个春秋战国时代，有两种类型的隐士，一种是失势的统治者，一种是失业的读书人。春秋战国时代，由于这两种类型的隐士的存在，不得志者的思想就长期地弥漫在人间，道家思想就是在这个基础上产生的，因此道家与儒家也有一定的关系。

郭沫若就说过，道家的一派与颜回有关，因为颜回强调隐居。孔子对颜回的看法是什么呢？一方面很欣赏这个人，但另一方面又觉得他有这么高的学问，怎么能不为社会服务，老待在家里呢？颜回就有一个观点，做官和不做官一个样，生和死一个样，隐居和为社会服务一个样。这跟后来的道家思想就有很多的相似之处了。

大家可能会说，老子不是道家的创始人吗，怎么道家的产生反在儒家、墨家之后？前面已经讲过了，一个学派的产生需要两个条件：一是公认的领袖，二是代表性理论著作的产生。老子是道家公认的创始人不假，学术界也普遍认为《道德经》是老子所写。但老子是隐士,他的思想不像孔子的思想那样是通过大规模的宣传在社会上产生影响的,而是在民间不自觉地传播中产生影响的。根据考古发掘,《道德经》在传播过程中有过两个版本,一是竹简本,二是帛书本。竹简本《道德经》中,儒家和道家的冲突不大,基本是融合在一起的。原因是儒道两派都主张统治者要谦和,反对其过分自信,压迫民众;都主张统治者要节俭,反对其一味地追求享受,欺凌民众。当然在谦和、节俭的程度上,两者有差别,这也是后来两者分化的基础,不过在竹简本《道德经》中,两者的冲突还不明显。到了帛书本《道德经》时,两者的分歧就公开化了。帛书本《道德经》中有不少批评儒家的语言,如"绝圣弃智,民利百倍;绝仁弃义,民复孝慈;绝巧弃利,盗贼无有"(《道德经》第十九章),"绝学无忧"(《道德经》第二十章)等。我们知道,儒家是重视学习、智慧、仁义的,"圣"在儒家学说中更是非常神圣的字眼。道家之所以猛烈地批评儒家的核心价值观,那是因为道家主张无为,要求顺应大自然的规律。在道家看来,儒家的学习、仁义、修养等,仍属于有为的范畴,是社会混乱的源泉,自然要大加抨击了。我们今天所看到的《道德经》和帛书本的《道德经》基本没有什么差异。据郭沫若考证,今本《道德经》是楚国人环渊在齐国的"稷下之宫"编辑而成的。

《道德经》是用当时的韵语,也就是今天说的"顺口溜"的形式写成的,朗朗上口,非常好读。这些思想、语言在民间不自觉地传播了上百年,它经过了众多人的、长时期的、千锤百炼的检验,语言非常凝练、简洁,思辨性很强。《道德经》在民间缓慢地传播,直到孟子的时代还没有成为社会上有影响的著作。孟子生活的时代,百家争鸣已经展开,但孟子在自己的著作中批评了很多学派,在批判过分消极的道家思想时,只是把批判的锋芒对准了杨朱学派,没有提到《道德经》,说明《道德经》在当时社会上的影响和作用还不大。这就是郭沫若说今本《道德经》产生在孟子之后的原因。

以上所讲,就是儒墨道法四个学派之间的关系。

第二节　儒墨道法四学派政治主张的分歧

要了解儒墨道法四学派政治主张的分歧，就要了解它们在学术上的不同。

要了解儒家，记住三个方面就可以了。一是克己复礼，礼是制度体系，表现在每一个人身上就是岗位职责，克己复礼就是按岗位职责做事，拒绝外边的诱惑。二是中庸之道，人在社会中经常碰到很多矛盾，干也不好，不干也不好，怎么办呢？在干和不干之间寻找平衡点，成功地解决矛盾，这就是中庸之道。中庸之道的另一个表达，也可以叫："持经达变"，"经"是原则，"变"是灵活，在原则和灵活之间寻找一个平衡点。三是"知其不可而为之"。儒家为什么"知其不可而为之"？因为他们在黑暗中看到了光明，在绝望中看到了希望，在不利中看到了有利，在社会混乱中看到了走向秩序的萌芽，他们才"知其不可而为之"。换句话讲，他们看到了阴阳的相互转化，有大乱一定有大治，有黑暗一定有光明，积极地创造条件，为实现这个目标而奋斗。

要了解道家，记住两点就可以了，一是"尚柔、尚虚"，即崇尚柔、崇尚虚。为什么崇尚柔、崇尚虚呢？因为道家是不得志者，他要适应现状，安慰自己。另外，他掉下来了，他要反思为什么掉下来，都是因为统治者太自信、太贪婪，迷信自己的武力，不断地掠夺被统治者，搞得被统治者活不下去。二是"柔能克刚，弱能胜强"，强调相互转化。

要了解法家，记住一个暴力强制就行，用强力把人稳定在自己的岗位上。

要了解墨家，记住"兼爱""非攻""尚贤""节用"就行。"兼爱"是像爱自己的爹妈一样爱别人的爹妈，尊重别人的产权；"非攻"是国家要尊重别的国家的产权；"尚贤""节用"是对领导的要求，一要有本事，二要节约，领导是很有本事，但大吃大喝，把钱都花光了，怎么能留给百姓？

了解以上内容，就了解了儒墨道法四学派政治主张的不同。

第六讲 儒家思想成为社会管理的指导思想

汉武帝时期"罢黜百家，独尊儒术"，有的人说，这是统治者的选择。我说不对，这不是统治者的选择，它是中华民族经过四五百年的社会实践后的一种理性的选择。

第一节 儒家思想是一个非常具有开放性的思想体系

儒家思想最终成为社会管理的指导思想，原因在哪里？

儒家学说至中至正，讲中庸之道，关键在这个"中"字上。"中"就是正，正就是合适，即上面高兴，下面也高兴，你也高兴，我也高兴，上下左右普遍均衡、和谐的状态。要找到"中"，一定要研究两端，因此《孙子兵法》讲"知己知彼，百战不殆"。从这个角度来讲，儒家思想是一个非常具有开放性的思想体系，它可以不断地向别的学派学习。在过去它要向墨家、道家、法家学习；在现代社会，它要研究西方，研究科学技术。做不到知己知彼，就找不到处理各方面关系的平衡点。因此从本质上来讲，儒家思想也是一个非常具有开放性的思想体系，它可以不断地向别人学习，而不改变自己。比如说，它研究了墨家，学习了墨家，会更了解老百姓，会更爱人民；它研究了法家，会更明白领导者的烦恼，了解领导者这个岗位的痛苦，为做好领导这个岗位奠定基础；它研究了道家，会更明白人在不得志的时候会想什么问题，怎么安慰人受伤的心，怎么能让人在不利的情况下，继续坚持高尚的情操和志向。

为什么儒家可以不断地向别的学派学习，而不改变自己呢？因为儒家最终的目标就是社会的和谐，而社会就是由这几种人组成的，你只有了解了这几种人的思想，你才能成功地领导他们，才能找到解决问题的平衡点。

第二节　儒墨道法四学派在对待政府态度上的不同

儒家学说的"至中至正"，可以在与墨、道、法各学派在对待政府态度上的不同中表现出来。

儒墨道法四学派的一个共同点是都主张国家由一个政府来行使其权威。儒家主张有政府不用说，墨家主张有一个政府，法家主张有一个政府也好理解。道家也主张有一个政府，只是要求这个政府对社会实行最小限度的干预，让老百姓自己来安排自己的生活。道家希望统治者最少地干预，说明还需要统治者存在，还需要一个政府，只是要求这个政府别太相信自己力量的强大而蔑视老百姓。道家代表不得志者，它的主体是从统治阶级掉下来的人，那么它自然要反思为什么会掉下来。它的理论就是在反思的过程中建立起来的。所以，道家对统治者的要求是"圣人常无心，以百姓心为心"（《道德经》第四十九章），意思是，统治者要关心民众，只有关心民众，让民众高兴，才能得到民众的爱戴。"为无为，则无不治"（《道德经》第三章），"治大国若烹小鲜"（《道德经》第六十章），这说明，统治者要按照大自然的规律办事，该干的干，不该干的坚决不能干，不能凭自己的主观意志胡作非为、胡乱作为，违背大自然的规律，这是要遭到大自然的惩罚的。总之一句话，不要太相信自己力量的强大。另外，要求统治者不要贪婪，"圣人之道，为而不争"（《道德经》第八十一章），不要贪婪，要让老百姓得到，老百姓得到了高兴，自然最后也会让统治者高兴。统治者还要有社会责任感，"受国之垢是为社稷主，受国不祥是为天下王"(《道德经》第七十八章),就像越王勾践一样卧薪尝胆。因此,道家不是说不要政府,而是希望政府对社会最小限度地干预,让老百姓自己来安排自己的生活。因此儒墨道法四学派都主张由一个政府来行使国家的权威。

儒墨道法四学派在对待政府态度上的不同点是什么呢?

第一,对政府权威的要求不同。法家对政府权威的要求最高,因为法家产生得晚,产生在兵荒马乱的战国时期,要取得战争的胜利,就必须发挥国家这个大规模组织的力量。墨家代表普通劳动者的利益,普通劳动者的资产规模小,承受不了天灾人祸的打击,要提高自己的安全感,必须投靠一个大规模的组织,而大规模的组织就要由一个强有力的权威来领导,来建立一个良好的社会秩序,来打击社会的各种破坏分子。儒家对统治者权威的要求也很高,因为民间一旦发生不能办或者办不好的事情,一定需要一个强有力的权威。道家对政府权威的要求最低,希望政府最小限度地干预社会生活,让老百姓自己来安排自己的生活。

第二,对政府权威约束的程度不同。法家几乎不对政府权威进行任何约束,尽管它也对政府权威提出很多道德上的要求,但它找不到一种实实在在的力量来约束最高领袖的权威,这样不受制约的权力终归要走向腐败,这是法家的不足。墨家对政府权威的约束比较大,规定政府必须要干什么,一旦政府不按照岗位职责做事该怎么办?墨家找不出一种实实在在的力量来约束他,只好搬来老天爷来约束他,这就是墨家强调"天志""明鬼"的原因。在墨家看来,政府应该按岗位职责做事,不然老天爷晚上就会派一群小鬼来折磨他,让他睡不好觉,让他看看不按照岗位职责办事的代价有多大!谁见过老天爷呀?谁见过鬼呀?这些都是软约束,起不到真正的制约作用。道家希望政府最高领袖有社会责任感,要关心民众,要按规律办事,那如何能让他按规律办事呢?道家更多地是讲一种自律、一种修养,可是人的自律性总是有限的,万一做不到自律怎么办?道家也找不到一种实实在在的力量来约束他。而儒家能够做到有力地约束政府的权威。在第三讲,我们讲过儒家是怎样约束政府的权威的,第一,民间的顺口溜、社会舆论的约束;第二,老百姓的流动和官员的辞职;第三,德高望重的大臣的劝谏;第四,家族董事会废黜君王；第五，人民革命。儒家有一套约束政府权威的办法，在儒家看来社会没有权威不行，但是这个权威不受到有力的制约又会犯错误，商纣王犯了这样的错误，夏桀也如此。

第三节 为什么社会接受了儒家思想

儒墨道法各家都强调有政府，但是如何让政府在有相应权威的同时又受到必要的制约，儒家讲得最为正确。儒家既强调权威，还强调对权威加以制约。换言之，一要有权威，没有权威不行；二要有制约，没有制约也不行。怎样在权威和制约当中寻找平衡点呢？在这方面儒家谈得最好，这也是儒家思想能被社会所普遍接受的原因。

那么通过上面的论述大家可以看到，儒家、道家都崇尚柔，不过相对来说道家更柔，儒家还强调刚柔相济。崇尚柔的政策就是，能用和平的途径解决的，绝不用暴力的途径解决。那么墨家、法家特别崇尚刚，当然了，在崇尚刚方面法家最厉害，但是太刚了，太压榨民众，往往遭到民众的报复，导致政权被推翻。这就是社会接受了儒家而没有接受别的学派的原因。

大家可能会说，儒家这么好，为什么孔子时的儒家没有被社会所普遍接纳？在我看来，孔子时的儒家是大局观明确，但是还有细节上的弱点，还需要在实践中不断发展、完善。

从哪里讲儒家的大局观明确呢？就在于至中至正，中庸之道。从哪儿讲它还有弱点呢？比如，儒家特别强调爱人民，主张轻徭薄赋，但是人民的具体要求是什么，人民的痛苦是什么，人民的烦恼是什么，人民思想中的合理的地方和不合理的地方是什么，《论语》和《孟子》在这方面几乎是一笔带过，略而不详。墨家在这方面弥补了儒家，发展了儒家，但又走偏了。光讲爱人民，忘了爱领导，社会不和谐呀！你光讲爱人民，不讲爱领导，大家都不愿做领导，社会怎么能够平衡呀？孔子特别强调士要以天下为己任，认为"士而怀居，不足以为士矣"（《论语·宪问》），要培养承载天下责任的职业官员、职业经理人，强调官员应该做什么和不应该做什么，但是做一个领导的苦恼是什么，痛苦是什么，陷阱、诱惑、风险是什么，孔子在这方面略而不详，这就为法家留下了发展的空间。法家在这方面弥补了儒家，发展了儒家，但又走偏了，光讲爱领导，忘了爱人民，社会还是不稳定。孔子确实讲了人得志时应该怎么办，人不得志时应该怎么办，主张"天下有道则见"——为社会服务，"无道则隐"——退隐山林，不与社会恶势力同流合污。用孟子的话讲，"穷则独善其身，达则兼善天下"（《孟子·尽心上》）。但是怎么个隐法孔子没讲，孔子只讲了四个字——"安贫乐道"，但怎么个"安贫乐道"法呢？没有俸禄，没有钱花，怎么养生，怎么安慰受伤的心呀？儒家在这方面略而不详，但是道家在这方面弥补了儒家，发展了儒家。道家讲，不跟比自己强的人比，专跟不如自己的人比，崇尚柔、崇尚虚、崇尚弱、崇尚阴，比上不足，比下有余，安慰自己受伤的心，使自己度过那段最难熬的岁月。但道家也走偏了，光讲爱自己，忘了爱社会了，一退再退，退到原始社会的境地，忘了人的社会责任感。

因此我们说孔子时的儒家，大局观明确但略显薄弱，还需要不断地在实践中丰富自己、发展自己。比如说，儒家学了墨家后，会更好地爱人民；儒家学习法家后，会了解领导的烦恼、痛苦和风险，会为如何做好领导奠定基础；儒家学了道家后，会为如何在不利的情况下坚持自己的情操奠定基础。儒家可以不断地向别人学习，而不改变自己，而别的学派一旦向儒家学了，最后就不是自己了。比如说，墨家一旦学了要爱领导，还是墨家吗？法家一旦学了要爱人民，还是法家吗？道家一旦学了不仅要爱自己还要爱社会，还是道家吗？

儒家可以不断地学别人，又不改变自己，这就是社会最终接受了儒家思想，而没有接受别的学派的思想作为统治思想的原因。

第四节　墨道法各学派的不足

在我看来，墨家学说有三大弱点。第一，兼爱学说不切实际。像爱自己的爹妈一样爱别人的爹妈，谁能爱得过来？我们前面讲过了，爱是一种情感，情感是建立在活动的基础上的，跟自己的爹妈老在一起自然有感情，跟别人的爹妈都没见过面，没有感情，怎么能爱得起来呀？当然了，这不是说光爱自己的爹妈，不爱别人的爹妈，我们可以进行爱心的扩充，爱天下人，但做不到像墨子那样，像爱自己的爹妈一样爱别人的爹妈。第二，节用学说也难以实行。墨家特别强调节俭，主张人富了还要过穷人一般的生活，那活着还有什么劲，奋斗还有什么意思？第三，墨家强调一旦发现有能力的人，要当场提拔、越级提拔，但是当场提拔、越级提拔，在特殊时期可以，在社会的和平时代难以贯彻。为什么？因为领导者是要领导人民的，只有先了解人民，做到知己知彼，然后才能领导人民。你是坐直升机上去的，你都不了解社会各岗位的人，不了解社会各个领域的人，怎么做领导？被老百姓吃掉了都不知道。俗话讲，"柿子专拣软的捏"，你好捏，谁不愿意捏两下？领导固然会利用手中的权势欺负下级，但下级也会利用手中的力量欺负上级。因此，要提高自己的领导能力，必须了解下级，做到知己知彼，这就是强调从基层提拔干部的原因——他了解老百姓。

　　法家学说有四大弱点。第一，认为百姓愚昧，只能看到眼前利益。老百姓也有看长远利益的能力，也有认识世界的能力，法家太蔑视百姓。第二，认为统治者无限理性，可不受制约。我们前面讲过了，统治者也有能力不高、做不出正确决策的时候，也有品德素质不高、受不住外界诱惑的时候，因此也要防范领导干部犯错误，也要弥补领导干部能力的不足。第三，法家认为暴力万能，强调老百姓怕死。须知"民不畏死，奈何以死惧之"。老百姓确实怕死，但是辩证法告诉我们，有怕死的时候就有不怕死的时候，怕到极点就是不怕，等把老百姓逼到了不怕死的程度了，那就是豁出去了。因此老子说："民不畏死，奈何以死惧之。"第四，漠视民众的力量，认为统治者天然地统治人民，忘了水能载舟也能覆舟的道理。水能载舟也能覆舟，这句话强调危机意识，强调权力的基础是百姓，得让百姓高兴，你这个政权才巩固得下来。因此我们说法家的最大不足是看得近，看得近了，往往强调老百姓怕死的一面。而看得远了，就会强调人和人之间是山不转水转、抬头不见低头见的关系,在这种情况下又会如何处理关系呢?

那么道家学说的弱点是什么呢?道家学说的弱点是,第一,太偏重"阴""虚""柔"的作用。道家为什么很崇尚虚、崇尚柔、崇尚阴呢?从统治者的地位掉下来了,不得不适应现状,另外,要反思为什么会掉下来,都是统治者太迷信个人的力量,过分自信造成的,因此道家崇尚阴、崇尚虚、崇尚柔。但是,"阴""虚""柔"的使用也要有度。人不虚心不行,但人太虚心了是虚伪,人太虚心了没有自信。为什么道家一退再退,要退到原始社会的境地?因为太讲"虚"了,没有信心了。人不仅要虚心,还得自信,因此儒家强调自信而谦虚,在虚心和自信之间寻找平衡点,不知道该干什么,先明白不该干什么。哪些地方要虚心?明白自己力量的渺小,需要别人帮助自己的方面要虚心。哪些地方要自信?承认自己有认识世界的能力,能够找到解决问题的方法方面要自信。法家是不是太自信?道家是不是太虚心?儒家主张自信而谦虚。道家强调政府最少地干预社会生活;法家强调政府最大限度地干预社会生活;儒家强调既有要干预的地方,还有不干预的地方,既要有政府,还要对政府进行有效的制约。第二,太强调转化,认为弱能胜强,柔能克刚,但忽视转化的条件。须知,要由弱变强,就要积累力量,扩大规模;要扩大规模一定得让老百姓高兴,一定得让利,为此就要"积德"。德是"品德"的"德",这个"德"在过去是"得到"的"得"的意思,主张让别人得到想要的利益。所谓品德好的人就是不断地割舍自己对财富的贪求,而让别人得到的人,即有德的人。什么叫缺德的人?光管自己不管别人的人就叫缺德的人。那么你要积德,你就必须有爱心,必须关心人。而道家不强调爱,道家强调无私,"天地不仁,以万物为刍狗,圣人不仁,以百姓为刍狗"(《道德经》第五章),刍狗就是祭祀祖先的时候,桌子上摆着纸扎的那些猪和狗之类,祭祀前特别隆重,祭祀后往往放在一边不去理睬它。组织是靠制度来维系的,而制度是无情的,如果领导者太讲感情就会徇私舞弊,所以道家不强调仁,认为"绝仁弃义,民复孝慈",就是说,假如社会不强调仁和义,那么老百姓的品德就会变得纯朴、自然,这就是道家强调无私而不强调感情的原因。可是制度无情人有情。毕竟人是有感情的动物,假如一个领导太无情的话，谁愿意跟着这样的领导？这是不是道家违背人性的地方？第三，道家太强调"退""隐"的作用，但忘了分析其消极的地方，退到什么程度不能再退，退的风险是什么。为什么社会上会出现"59岁现象"？人们光讲退不讲进了。应该是退中有进，进中有退的。哪怕年龄大了要退休，也当坚持革命的晚节，也当进行传帮带，不能光讲退不讲进，而应该是进和退的结合，这又是儒家中庸之道的体现。孟子讲，"士穷不失义，达不离道"（《孟子·尽心上》）。意思是，作为一个读书人，应该是得志了不猖狂，失败了不失志。这句话就讲明了儒家跟道家、法家的区别。法家是得志便猖狂，蔑视他人；道家是失败便失志，对自己、对未来、对社会失去信心，隐居起来，忘了人的社会责任感。

　　道家强调以德报怨，这符合道家的一贯观点。那么儒家呢？儒家强调"以德报德，以直报怨"（《论语·宪问》）。什么叫"以德报德"？"德"是得到，让别人得到。你对我好，我也要对你好，这叫双赢原则，人不能忘恩负义，因此叫"以德报德"。假如我对你好，你对我也好，另外一个人对你不好，你还对他好，这就是"以德报怨"，那么天下的人都会对你不好，这样不能形成一种良性的社会秩序。因为对你好是需要付出的，而对你不好，会把你的东西拿来归于自己，这符合人的利益最大化的天性。因此大家看，为什么道家思想不能成为社会的主流，原因就在这里，它的主张不能形成一种良好的社会秩序。他对你好，你对他好，他对你不好你还对他好，那么天下人都会对你不好。儒家的"以直报怨"有两个意思，该以德报怨的时候以德报怨。假如一个人无意中冒犯了你，也承认了错误，也作了赔偿，就别得理不让人了，得饶人处且饶人，这就是儒家讲的"恕道"，指宽恕的意思。"以直报怨"还有一个意思，该以怨报怨的时候以怨报怨，因为别人有意识地冒犯你，你反复警告后他不但不停反而变本加厉，那么到这个时候矛盾的性质就变了，就要以暴制暴。"雄赳赳，气昂昂，跨过鸭绿江，打败美国野心狼"，这是什么？以暴制暴，以恶去恶。抗日战争时期，国民党跟共产党闹摩擦，毛泽东制定了十六字方针："人不犯我，我不犯人，人若犯我，我必犯人。"这是什么？是不是以暴制暴，以恶去恶？据说，阎锡山看了以后很不舒服，提出能不能把最后一句改成"我必自卫"。毛泽东说：不行，一个字都不能改。侵略者必须为自己的行为付出代价。这反映了儒家的"勇道"。

假如说，"恕道"相当于儒家的"文"的话，那么"勇道"便相当于儒家的"武"。"恕道"和"勇道"的统一，正是儒家文武之道的体现，这是不是又是中庸之道的体现？因此，儒家主张"无可无不可"（《论语·微子》），它不讲争一定是对的，也不讲让一定是对的，而是主张争和让的统一。换言之，该争的争，该让的让。如何判断是该争还是该让？一切取决于社会实践的检验。用经济学的话讲，或者既定成本下的利润最大，或者既定利润下的成本最小。

假如说道家强调不争，法家强调争的话，那么儒家便强调争和不争的统一；假如说道家强调柔，法家强调刚的话，那么儒家便强调刚柔相济；假如说道家强调文，法家强调武的话，那么儒家便强调文武之道；假如说墨家强调兼爱，道家强调为我的话，那么儒家便强调为己和为人的统一。中庸之道正是儒家解决复杂社会矛盾的方法论。

第七讲 将儒墨道法思想融入现代管理实践

第一节 儒墨道法思想在现代管理实践中的应用

明白理论是一码事,如何运用理论又是一码事,学习了还要不断地运用,不断地练习,不断地实践,达到熟能生巧的程度,把理论和实践相结合,光学不实践是不行的。

那么,我们明白了儒墨道法各家的思想,怎么把它贯彻到现代管理实践中去呢?我认为有这么几个要点:

第一,年轻人更喜欢法家,中年人更喜欢儒家,老年人更喜欢道家。

为什么?因为年轻人血气方刚,经历的事情也少,感觉不到有求助别人的必要,因此年轻人往往爱发脾气,拿得罪人不当回事,因为他不觉得有让别人高兴的必要,因此年轻人更喜欢法家。法家就是很自信,太自信了,往往蔑视他人,因此《史记》形容法家代表人物的性格为"刻薄寡恩",也叫冷酷无情。人太自信了肯定是要蔑视他人的,年轻人最爱讲的话是"我不信",年纪大的人是不怎么讲这句话的。年纪大的人很多事都信,因为经历的事情多了,明白了自己力量的渺小。

中年人更喜欢儒家,因为儒家不仅强调要干事,还强调以和平的方式来达到自己的目的。要想以和平的方式达到自己的目的,就必须创造性地解决问题,因此采用中庸之道。运用中庸之道对一个人的要求是很高的，要求他有社会阅历，有文化素质，不然他做不到知己知彼，而做不到知己知彼，他就找不到解决问题的方案。所以儒家为什么重视学习？要找到中庸之道的"中"，必须知己知彼，找到解决问题的平衡点。而中年人呢，一方面经历的事情多了，对个人力量的不足有了更深刻的认识，他谦虚；另一方面，中年人由于经历多，个人不断地进步，他的能力增强了，自信了。就是说，中年人更容易做到自信而谦虚。法家太自信，道家太谦虚，儒家是自信而谦虚，自信在于自己有研究世界、研究他人的能力，有找到解决问题方法的能力；谦虚在于明白自己力量的不足，需要通过让别人高兴来使别人帮助自己，让别人发自内心地来帮助自己，因此中年人的心境，往往与儒家联系在一起。中年人在家里上有老下有小，中间是一大群兄弟姐妹；在工作单位呢，往往是各个方面的骨干，也是上有领导下有部下，中间有同事，要把工作做好，一定得周边各方面来支持他。你不能要求别人一定支持你，你得创造条件让别人愿意支持你，那么你就得让别人高兴，你就必须研究别人高兴的是什么，不高兴的是什么。

　　老年人更喜欢道家，因为老年人年龄大了，年老体弱，耳聋眼花，明白了自己力量的不足，需要靠别人养活，就得让别人高兴，因此我们看老年人，往往很慈祥、很包容，这与道家的性格是一致的——谦虚包容。为什么谦虚包容呢？明白了自己的不足，需要别人帮助啊，需要让别人高兴啊。你就是让别人高兴了，也不见得能得到别人的帮助，何况你让别人不高兴。因此我们看老年人往往很慈祥。但老年人也有老年人的弱点，就是太包容了，包容到原则性不强。让老年人带孩子往往会带出问题来，什么原因呢？太包容了。孩子的弱点在老年人看来也成了优点：你看这个孩子还会骂人了，这个孩子还会打人了！哎，这个孩子成长了。老年人就是这么包容，包容得近乎没有原则。当然，不是所有的老年人都这样，但是老年人确实容易出现这方面的问题。

　　所以大家从这就能看出来，在人们的心目中，是不是提起法家来，你感到是个年轻人的形象？提起道家来，你感到是个白发苍苍的老者的形象？提起儒家来，你感到是一个四五十岁的中年人的形象？年轻人太自信，老年人太谦虚，中年人呢？自信而谦虚，这又是一个中庸之道的"中"吧。老中青三者结合，原则上以中年人为主，当然了，必要的情况下可能以年轻人为主，这主要表现在更需要创新和冒险的场合，某些情况下更需要以老年人为主，这主要表现在更强调稳重的场合。

第二，管理员工要多学点法家，中层干部要多学点儒家，高层干部要多学点道家。

为什么管理员工要多学点法家？因为一般的员工，由于文化素质各方面相对低，更看重眼前利益，更容易受不住外边的诱惑犯错误，因此需要强化制度。制度就是顺应人看眼前利益的需求的，制度是讲什么能干和什么不能干的。

为什么说中层干部要多学点儒家？因为中层干部是协调上下左右的桥梁，你不要指望着别人一定帮助你，你得创造条件让别人愿意帮助你。怎样创造条件呢？了解别人，了解上下左右。了解的过程就是知的过程：知道他们能力的长和短，知道他们性格的优点和弱点，然后扬长避短，找出一个解决问题的方案，让方方面面都高兴。中层干部是从员工发展起来的，是员工中的佼佼者，一方面，年龄的原因使他明白自己的不足，更需要别人的帮助，因而更谦虚；另一方面，他是群众中的佼佼者，能力更强，因而更自信，这使他成为组织内自信而谦虚的一个阶层。

为什么高层干部要多学点道家？因为高层干部不需要亲自工作，高层干部的任务重点是两个，一是决策，明白干什么和不干什么；二是用人，明白用谁和不用谁，明白怎么用。要做到这些，你一定要谦虚，明白自己的不足，虚心研究，然后才能明白能干什么和不能干什么，这是个知的过程。另外，为什么要研究别人？因为领导干部抱负远大，但能力和精力有限，不得不借助社会的力量，实现自己的远大抱负。怎样借？你得让别人高兴，别人才愿意借给你。不仅要让别人一时高兴，还得让别人长期高兴。你不知己知彼，怎么能找出大家满意的方案来？当然了，我们说管理员工要多学点法家，高层干部要多学点道家，不是讲不要儒家，儒家永远是指导思想，为什么？管理员工难道光靠制度吗？就不需要文化教育吗？员工也有认识未来的能力。对高层干部而言，一方面要明白自己的不足，需要借别人的力量，实现自己远大的抱负；另一方面，不能光看到自己的不足，还得有自信，还得明白自己身上强的地方，然后才能扬长避短，避实击虚，这又是一个中庸之道吧！因此儒家思想永远是指导思想，墨家、道家、法家的思想是对儒家思想的一种补充和发展，是丰富儒家思想的。

第三，被统治者更喜欢儒家，统治者更喜欢法家。

我在很多地方讲学，都问别人，是统治者更喜欢儒家，还是被统治者更喜欢儒家。人们往往会说，统治者更喜欢儒家。不对！被统治者更喜欢儒家。为什么？

统治者力量强大，由于他的资产规模大，能分离出一定数量的脱产官员，能制定制度，能进行考核，能实施制度。另外，国家本身就是暴力工具，它能杀人，能把人从工作岗位开除，能把人关到监狱里去。当然了，作为国家，也不能光用这套手段。如果你老用这套手段，也会把老百姓逼反的。陈胜、吴广为什么造反？不就是被秦始皇逼反的嘛！进也是死，退也是死，怎么都是死，那就索性反了吧。因此儒家就是看到了统治者的这个不足才提出，能用和平的手段解决的问题，尽量用和平的手段解决，轻易不要动用武力。暴力的手段解决问题速度快，但是会激化矛盾，引起老百姓的反抗。这也是春秋战国几百年以来，统治者最后选择了儒家的原因，因为儒家代表社会的长远利益，更有助于解决问题，更能做到社会的和谐。

被统治者——老百姓的资产规模小，他不可能在家庭里分离出脱产官员来，也没有能力开除员工。现在的企业还能做到开除员工，过去的家庭里儿子就是员工，无法开除，也不能杀掉，杀人是违法的，因为他不仅是你的儿子，也是国家的百姓，你没有权力杀掉他。在和平年代，人的生命得到了保证，人口不断增多，而家庭的规模一旦扩大，相互攀比的倾向就大大地加剧，管理成本也会大大地提高。俗话讲，一个和尚挑水吃，两个和尚抬水吃，三个和尚没水吃，就是相互攀比造成的。在这种情况下，如何把家庭这个组织的管理成本降低，就成为这个时期家庭管理建设的一项任务。那么，当你没有力量行使一种制度性的安排时，自然就要更多地寄希望于人们能够自觉地工作，自觉地不犯错误，而儒家思想恰恰是讲这个问题的。儒家要求人们坚守岗位职责，教导人们怎样做父亲，怎样做儿子，怎样做婆婆,怎样做媳妇,怎样做哥哥,怎样做弟弟,怎样做嫂子,怎样做弟媳,怎样做小叔子,怎样做小姑子,怎样做叔叔,怎样做侄子,等等。一个家庭的关系,无非就是这些关系。明白每个岗位该做什么和不该做什么,就形成了一个自我监督与互相监督相结合的环境,提高了犯错误的心理成本。当人们认为犯错误不合算时,谁愿意犯错误啊!这样就能自觉地工作,自觉地不犯错误。因此被统治者、老百姓更喜欢儒家,因为儒家更能解决他们的问题。

为什么儒家思想能够长期地影响中国社会直到现在,今后还将长期地影响中国的未来?因为它有广泛的社会基础,越是和平年代,越是大规模的组织,越是要运用儒家思想,因为没有儒家就办不成事情。法家太刚,蔑视人民,这不成;墨家光爱百姓不爱领导,这也不成;道家光讲爱自己,一退再退,忘了爱社会,还是不成;唯有儒家重视岗位职责,要求克己复礼,主张"君君,臣臣,父父,子子"(《论语·颜渊》),让人自觉地工作。因此我常讲一句话,说中华民族五千年干了很多很多的事情,但是把中华民族做事情的经验教训归纳到一句话,就是"孔孟之道"。我们五千年改造世界、改造人类社会的经验教训,全集中到"孔孟之道"四个字当中,你把孔孟之道毁掉了,中华民族这五千年就白干了。孔孟之道体现在哪里?一是体现在四书五经这些经典著作和中华民族改造世界、改造人类社会的理论著作当中;二是体现在二十四史、《资治通鉴》当中,这些书记载了中华民族自觉不自觉地运用孔孟之道,在生活实践当中的一些经验教训的概况。大家把这几本书给毁掉了,五千年就白干了,你再也写不出这样的书来了。因为实践出真知,那是当时社会实践的肥沃土壤导致他提出这个问题,导致他解决这个问题的。现在不存在这个土壤了,你怎么能写出当时人写出的那种书来呢?著名的哲学家梁漱溟先生曾讲过这样的话:谁说中国古代没有宪法,四书五经就是中国古代的宪法,它是被社会各种人所共同承认、共同认可的价值观导向,是用来约束一切人的,包括皇帝。人们过去用来劝谏皇帝,或者跟皇帝做斗争时,使用的最大武器就是四书五经。因此,我认为"孔孟之道"作为中华民族改造自然、改造社会的一个经验的结晶,今后将长期地影响中国人的生活。

第二节　将儒家思想运用到现代管理的过程中要注意的问题

将儒家思想运用到现代管理的过程中，需要注意什么问题呢？

第一，儒家思想是指导思想，其他学派的思想是对儒家思想的补充和深化。换言之，要更深刻地理解儒家思想，必须同时研究其他学派的思想，因为儒家思想是一个非常开放的思想体系。

儒家特别讲中庸之道，儒家思想最有价值的地方就是中庸之道的"中"，要找到"中"就一定得研究两端。儒家的奋斗目标是要让社会和谐，要让社会和谐，就必须研究老百姓，研究官员，研究不得志者。而要研究他们，就莫过于研究《墨子》《道德经》《庄子》《韩非子》这几本书，因为墨家、道家、法家这几个学派就是代表社会上不同群体的利益的。因此我们今天学习儒家思想，光看《论语》和《孟子》是不够的，它讲了一个原则，但是光讲原则不讲实际情况，就做不到理论的普遍性和实践的特殊性的结合。在我看来，光讲原则的人是干不成事的，还必须讲灵活，具体情况具体分析。

第二，读书人常犯的错误是：顾了理想忘了现实，顾了未来忘了眼前。一般人常犯的错误正好相反：顾了现实忘了未来，顾了眼前忘了长远。这是一般人的不足和读书人的不足。

愚与智相对，指不是全面地而是片面地认识问题。愚有两种情况：一种是读书人的愚，一种是老百姓的愚。读书人的愚就是刚才所讲的顾了未来忘了眼前，顾了理想忘了现实；老百姓的愚是顾了眼前忘了未来，顾了现实忘了长远。什么叫智？智就是理想和现实的结合，长远和眼前的结合。它既讲长远还讲眼前，既研究未来还研究眼前，这样才能从现实走向未来，这才叫智。理想和现实的结合，长远和眼前的结合，就是中庸之道的体现，是在长远和眼前之间寻找平衡点。那么，怎么改造读书人的不足，怎么改造老百姓的不足？改正之法是毛泽东所讲的"知识分子工农化，工农分子知识化"。知识分子更多地强调未来，忘记现实，强调长远，忘记眼前，那么弥补之法就是"知识分子工农化"，通过让知识分子研究现实、了解现实，做到理想与现实的结合，使知识分子聪明起来。老百姓是顾了眼前忘了长远，顾了现实忘了未来，那么纠正之法就是"工农分子知识化"，让工农通过向前人学习，站在前人的肩膀上，站得高看得远，了解未来，这样才能使他们聪明起来。"知识分子工农化，工农分子知识化"也可以表达为读万卷书，走万里路。读万卷书与走万里路，一个是向前人学，一个是向生活学。单单应用哪种学习方法都是有弱点的，需要二者的结合。走万里路是对读万卷书的补充，读万卷书是对走万里路的补充。因此共产党称自己是知识分子和工农相结合的产物，原因是知识分子看得远，工农看得近，这两者的结合既是长远和眼前的结合，又是未来和现实的结合，还是智力和体力的结合，无疑更能发挥组织的规模经济的优势，这也是中庸之道的体现。

第三，特别注意中庸之道的运用。据《论语》记载，孔子的形象是"温而厉"（《论语·述而》），"温"是温和，"厉"是严厉。一个人太温和了不行，原因是太温和了，下属往往觉得这个人好讲话，不敢对别人讲的话，敢对他讲，不尊重他的权威；太严厉的话，下属害怕领导，不愿跟领导见面，这样就无法领会领导的意图，怎么干好工作？因此"温而厉"就是温和与严厉的结合。如何做到这点？办法就是：不知道什么时间、什么地点该严厉，就先明白什么时间、什么地点不该严厉；不明白什么时间、什么地点该温和，就先明白什么时间、什么地点不该温和。先把该干的和不该干的找出来，保证立于不败之地。儒家特别主张"自信而谦虚"，这就划清了跟法家、道家的界限。法家太自信，蔑视人民；道家太谦虚，忘了人的社会责任感；儒家的"自信而谦虚"，就是主张在自信和谦虚当中寻找平衡点。毛泽东给抗日军政大学的题词是"团结、紧张、严肃、活泼"，这也是中庸之道的一个运用。老活泼不行，没有纪律，老紧张也不行，谁受得了呀！正确的办法是：不知道什么时间、什么地点该活泼，先明白什么时间、什么地点不该活泼；不明白什么时间、什么地点该严肃，先明白什么时间、什么地点不该严肃。不能走极端，要研究两端，力求在两端中寻找平衡点，做到知己知彼，百战不殆。儒家强调"温故而知新"，也是要求既了解过去，还要了解未来，做到未来和眼前的结合，理想和现实的结合。

第八讲 环境因素对儒家思想传播的影响

第一节 儒家思想的四个发展阶段

按照新儒家的说法,儒家思想从两千多年前的春秋后期到现在经历过四个发展阶段。第一个发展阶段是在鲁国附近传播的时期;第二个发展阶段是汉武帝"罢黜百家,独尊儒术"时期,使儒家思想得以在整个华夏大地传播;第三个发展阶段是隋唐以后,儒家思想开始在整个东亚、东南亚广泛传播,人们称这些地区为"中华文化圈",包括日本列岛、朝鲜半岛和东南亚广大地区,此时的儒家思想开始走出国门,走向了国际社会,产生了非常大的影响;到了现代,新儒家的代表人物认为,儒家思想要走向全世界,这是儒家思想发展的第四个阶段。理由是,从20世纪中叶以来,在中华文化圈中,日本崛起了,"亚洲四小龙"崛起了,现在中国崛起了,整个东亚文化圈的经济都在蒸蒸日上,随着东亚经济在全世界影响的扩大,东亚的文化也要传播到全世界,作为东亚文化主体的儒家思想,自然也要走向全世界。这个说法是有道理的。

第二节　儒家思想在东亚社会的传播

去过韩国、日本、新加坡，包括中国香港、台湾地区的人会有个体会，这些地方往往存在着很多世界级的大企业，包括进入世界500强的，像三星、现代等。好好挖掘一下，我们就会发现，这些世界级大企业的文化基础，正是经过实践不断检验的、得到大家广泛认可的儒家思想，包括怎样做领导，怎样做下属，怎么处理上下左右的关系；不知道该干什么，先明白不该干什么等。儒家思想有一套规范来约束人，来解决资源的有限性和人的欲望的无限性之间的矛盾。所以我认为，新儒家的"儒家思想要走向全世界"的说法是可信的。我相信随着中国经济的崛起和整个东亚经济的崛起，中华文化也会走向世界。过去，我们更多地是吸收别人的文化，随着我们经济的崛起，我们的文化也会向外传播，这也算是为世界所做的一个贡献吧。

经常出国的人，或者不经常出国但是常在家里看电视的人会有一个普遍的体会，就是中国内地对儒家文化的保存，远不如港台地区和越南、新加坡、韩国、日本等，这是大家公认的。现代中国人，为什么特别喜欢看韩国电视剧，形成"韩流"现象？因为韩国电视剧讲的全是家长里短，这恰恰是我们过去拥有而后来丢失了的儒家思想的一个表现。儒家思想讲忠和孝，先孝后忠。人在年轻的时候、小的时候，应该更多地讲孝，因为他的年纪小，生活空间有限，大部分时间处理的是家长里短、远亲近邻的关系，其实，这也是在学习如何处理资源的有限性和人的欲望的无限性之间的矛盾。随着年龄的增长，他逐渐走向社会，走向世界，开始学习如何在一个更广阔的范围内解决人和人争夺资源的矛盾。因此，在忠和孝之间，应先孝后忠，这是符合人认识世界的规律的。我们之所以爱看韩国电视剧里面的家长里短，那正是因为它反映了孝的内容，反映了应该如何处理家庭关系、邻里关系，而这正是我们国家的教育中所缺乏的。这是我们的社会应该重视却恰恰忽视了的内容。

这里有一个问题，为什么那些地区保存的儒家思想比我们更多？这个问题并不难回答。社会普遍的看法是（包括我，我也是这个看法），因为我们有一个"破四旧"的阶段，他们没有。我们"破四旧"，把儒家的东西都破光了，书被烧了，寺庙被毁了，书院被砸了，而这些恰恰是传播传统文化的渠道。而那些地区没有"破四旧"的阶段，自然就保存了古老的传统。所以你到越南，到韩国、日本，甚至到中国港台地区去，你会发现自己小时候玩的很多东西，这些地方还能找到，你会有一种亲切感。

但我觉得仅仅这个原因还不够，我们还应该从地理环境和风土人情的角度，来研究儒家思想在中国社会的传播。

前边我讲过了，儒家思想最有价值的地方就是中庸之道的"中"，要找到"中"，一定得研究两端，知彼知己。"中"就是平衡点，这个平衡点的内容是什么？——制度、合同、政策。社会是靠制度、合同、政策来协调人和人之间争夺资源的矛盾的。那么这个平衡点在哪里？可能正好在中间，二一添作五，你五十我五十，也可能在两边，或者你多，或者我多，只要大家都满意，它就是平衡点。生活的经验告诉我们：工人赚得太多了，老板要撤资；老板赚得太多了，工人要跳槽。总得有一个大家普遍满意的方案，才能让双方的协作更好地进行下去。这个平衡点还有可能正好在矛盾的两端：只有革命，才能让我们大家都得到解脱；只有革命，才能让绝大部分人过上一种幸福的生活。从这个角度来看，一段时间的崇洋媚外，也有它的合理之处。对于崇洋媚外的不合理之处，我们讲得非常多了，主要是对社会强烈地不满，会倾向于破罐子破摔，从而闹出很多社会问题来。在20世纪80年代的中国，这种崇洋媚外的思潮影响比较大，严重影响社会的安定。但是，万事万物在不合理中一定有它的合理性，崇洋媚外也有它的合理之处，这正是人们承认自己的不足，虚心向西方学习，要求不断地改革、进一步改革的反映。那么，等改革到一定程度，人们对西方了解得多了，对西方的弱点看得自然也就多了。另外，改革还使得人们不断地进步，等人们发展起来，他们的自信心也在不断地增长，到了这个时候，人们看待东西方文化的平衡点又在发生变化。在20世纪80年代、90年代，看中国的电视频道，往往看到的是日本的影视剧、美国的影视剧，或者港台地区的影视剧，国产电视剧是不多的，但最近几年再看中国的电视频道，尽管也有外国的影视剧，但充斥在荧屏上的更多的还是本国的电视作品，尤其是古装戏，更是受到人们的喜爱。原因在哪？这正是经济发展，人们的自信心增强，开始看到国外文化的弱点，看到自己文化的优点的反映。因此，在如何对待平衡点的问题上，一方面它是双方都比较满意的稳定的均衡状态，另一方面这个平衡点的位置是不断变化的。换言之，平衡点今天在这里，明天可能在别处，后天可能再换位置。具体到老板和员工的关系来讲，如果他是个新员工，你怎么管理？如果他是个老员工，你又怎么管理？以家长而言，当孩子小的时候怎么管理？孩子大了又怎么管理？等儿子娶媳妇了再怎么管理？这种协调双方矛盾的方法，也是在寻找平衡点，也叫"中"，它是不断地变化的。这是儒家思想最有价值的地方。毕竟要找到"中"，一定要研究两端，知彼知己，一定要广泛地学习，不然他在时间上找不到眼前和未来的平衡点，在空间上找不到中国和外国的平衡点。但是大家可以看到这样一个社会现实，即中国人和国外的人相比，更没有动力研究别人，或者说这方面的动力更缺乏。

早在两千年前孔子就讲了，"中庸之为德也，其至矣乎！民鲜久矣"（《论语·雍也》）。中庸，作为一种在矛盾的两端寻找平衡点的思维方法，是非常高明的，但是它在民间的应用并不广泛。孔子说过这样一句话，"君子中庸，小人反中庸"。中庸就是要考虑到矛盾的两端，寻找平衡点；反中庸，就是走极端，即一旦好了就认为永远好，一旦坏了就认为永远坏。为什么会出现这种现象？因为没有动力研究别人，不能做到知己知彼，就无法找到平衡点。

没有动力研究别人，做不到知己知彼，自然就找不到解决问题的方案，自然就找不到"中"。应该说，孔子中庸之道的思想非常好，用经济学的话讲就是，人的欲望是无限的，但是人追求利益的最大化，是要受到资源条件的约束的。如何在现有的资源条件下，做到既定成本下的利润最大或者既定利润下的成本最小呢？这就需要中庸之道的思维。既然中庸之道非常伟大、非常高尚，为什么很难在民间推广下去呢？为什么跟日本、韩国等国外的人相比，我们更没有动力研究别人？

在我看来，中庸之道也可以称为唯物辩证法，它可能没有唯物辩证法讲得全面，但是绝对有这方面的思想。知己知彼的过程不就是唯物主义的体现吗？优点中有弱点，弱点中有优点，优点和弱点的相互转化，矛盾双方平衡点的不断变化，不就是辩证法的反映吗？辩证法的对立面是形而上学。生活中的人普遍应用形而上学的思维。为什么？这与环境因素是非常有关系的。生活中有句话叫"一方水土养一方人"，要了解儒家思想在中国的贯彻情况，你就不能不研究中国的环境特点和中国的风土人情。而风土人情与环境是息息相关的，因为物质决定意识，环境也是一种物质，生活方式毕竟是在这个环境基础上建立起来的。因此，要更好地了解中国人，就得了解中国的环境特点。

第三节　中国的环境特点及儒家思想的传播

中国的环境有什么特点？大家把这几根粗线条把握了，就了解了中国环境的特点：西部高山，东部大海，南边是相对柔和的民族，北边是强悍的游牧民族。

为什么南边是柔和的民族？因为南边阳光充足、雨水充足、资源丰富，人们不用争夺就能得到资源，因此中国历史上的战争，来自南边的不多，基本上都是来自北方的大草原。大草原的生存环境很严酷，一旦气候发生变化，游牧民族活不下去，自然就要南下抢掠。换句话讲，中国的环境是三面安全，东部大海，西部高山，像两道天然的屏障，隔绝了对外的交往，这是弱点，也是优点，它隔绝了战争爆发的危险。1840年以前，战争很少从海上打来，战争也很少从西部高山打来。

为什么两河文明、印度河文明、尼罗河文明后来纷纷毁灭了？为什么中华文明能一脉相承，生生不息？这与环境有关。由于外部的敌人很难打进来，你的文明自然就保持了。如果周边的地理环境比较平坦，像两河流域、印度河流域、尼罗河流域，地势比较平坦，各国的经济、文化交流方便，战争的交流也方便，老打仗，一旦战争爆发，文明自然毁灭。因此我们要讲中华文明一脉相承，还得讲为什么一脉相承,地理环境的因素占很重要的方面。

中华民族历史上的外患,主要是来自北方的游牧民族。第一,大草原的生活环境特别恶劣。大草原是一块只长草不长庄稼的地方,一旦温度持续地下降,水结冰、草木不丰、牛羊成群地死亡,人活不下去,为了生存就有动力南下。游牧民族南下,其他人就要抵抗,但抵抗不住,别人越富他越穷,他侵犯别人的动力就越强。第二,游牧民族打仗是无后方作战。一个战士骑着一匹马,带着两匹马,渴了喝马奶,饿了吃马奶自然发酵的食品。换言之,马奶既可以被当作饮料又可以被当作食品,不需要后方运输。而农耕民族作战是兵马未动,粮草先行,后勤供应的压力很大。在这种情况下,农耕民族是很难同游牧民族长期较量的。他们只好也往南跑,这样就去了长三角,去了珠三角,把南方开发出来了。南方一旦开发出来,就使中原农耕民族具备了最后解决游牧民族侵扰问题的经济基础。那么南北方怎么联系?通过运河来联系。为什么运河的地位那么重要?就因为它是联系南北方交通的大动脉。自宋元以来,中华民族就形成了政治中心在北方,经济重心在南方的地理格局。这就是由游牧民族南下形成的。政治中心往往在北方,历代都城往往都建在长城沿线。这样就可以抵抗北方的游牧民族。都城在哪里,国家的战略重点就在哪里。北方经济落后,需要靠南方的经济来支撑,大运河就是联系南北方的国防要道。

当然了,游牧民族也不是老南下,根据竺可桢先生的《近五千年来气候变迁的初步研究》,在中华民族五千年的历史上,有四个时间段的气温最低。哪四个时间段?西周向东周转折之交,魏晋南北朝,唐末宋初,还有明末清初。由于这四个时间段的气温最低,游牧民族南下的动力也最强。因此,大家不了解北方的大草原,就不了解一部五千年以来的中华民族历史——这是农耕民族和游牧民族不断冲突、融合的一部历史,也不了解中国的海外关系——海外的很多中国人是怎么去的?游牧民族南下,中原农耕民族不得不往南跑。那些失去政权的遗老遗少去哪里呀?只能跑到海外去。

当然,游牧民族也不是老南下。一旦温度高了,大草原生机盎然,"此间乐,不思蜀",他们也不愿南下抢掠。因此,相比较而言,中国的地理环境,在古代世界是相当好的,绝不亚于今天的美国。美国为什么能逃脱两次世界大战的威胁?——太平洋、大西洋像两道天然的屏障,隔绝了世界大战爆发的风险。

中国的地理环境还有个特点:西部高山,地势比较陡峭,因此中国农业发达的区域,都是在长江中下游、黄河中下游地区。西部高山的环境,外加地势的陡峭,使得治水成为大问题。而在技术落后的情况下要治水,非得靠众人的力量不可,因此中国很早就形成了多子多孙的传统。人多有什么优势呢?人多能成功地治水,把东亚世界变成一个发达的农业世界;人多能建造大规模的水利工程,建造大规模的军事工程——长城,能够有效地抵御游牧民族的侵略。在古代世界,假如中国不能抵御游牧民族的侵略,别的民族就更难了,为什么?我们人多,能够发挥规模经济优势。蒙古铁骑那么厉害,花了三十多年的时间就是打不下四川,连蒙哥大汗都葬身在此,最后还是靠着征服了中亚、欧洲后,对南宋形成的大迂回态势,才最终把南宋政权灭亡的。

中国自古以来的冒险家不多,因为环境好,已经到了天堂,还往哪里走?都是外国人到中国来冒险,到了中国不愿意回去。这就是中国的地理环境对人的行为的影响。

总之,东部大海、西部高山的地理环境,像两道天然的屏障,隔绝了人们与外部的交流,也隔绝了战争爆发的风险。而人多的条件也使其能够成功地治水,有效地抵御游牧民族的侵略。环境好了,人的安全感就强,人的安全感强了,危机感就弱,人的危机感弱了,就不觉得需要别人的帮助。既然我不需要你,为什么要让你高兴?自然更多地倾向于看人的弱点,看自己的优点,这样一来社会成员的矛盾是不是就更尖锐?我们经常讲中国人不团结,为什么不团结?团结就是合作。既然不用团结就能过得挺好,谁愿意去团结?还要付出一个团结、合作的成本。在我看来,中华民族不是不能团结,一旦外国人来侵略,中国人感受到外部压力了,也能在短时间内创造出合作的形式。换言之,中国人不是不能团结,而是需要创造团结的条件。只有人们的危机感增强了,感到自己渺小,需要别人了,才有动力研究别人，才能找出彼此满意的方案。因此，自古以来管理中国人与管理西方人、韩国人、日本人是不一样的。你想拿着日本、韩国那套方法管理中国人是不成的。

为什么我们常说日本人、韩国人有强烈的民族主义？民族主义就是强烈的集体主义，而集体主义的形成是与危机感强的环境密切联系在一起的。

以日本为例，日本是一个多地震、多火山爆发、多台风、多海啸、资源相当贫乏的国家。在这种环境下，一旦发生问题靠谁？靠家庭吗？不够，你得靠社会。既然靠社会，得不得让社会高兴？得不得研究社会？既然每个人都需要别人，是不是就要创造出一种合作的方式？所以我们看，在日本，人们下了班往往在外面喝酒吃饭，那是合作的一种方式，不在于吃饭，而在于相互交流，相互理解。既然我们都需要对方，自然就要体谅对方，因为每一个人都有弱点。

韩国也是一样，韩国的地理环境跟中国的山东半岛差不多，但是盛产大米，属于中国南方的气候特点，但和中国的南方相比又不热，环境应该说不错吧？可是，环境好了就往往引起外部的觊觎侵犯。韩国的东边恰恰是资源非常缺乏的日本，历史上韩国的北边是生存环境恶劣的游牧民族。游牧民族打中国很难，那就打韩国。在这种情况下，韩国怎么才能保卫自己？第一，要自立。所以，韩国人无论男女都很自强。第二，需要合作。所以大家看，韩国人是不是成群结队地走路？这就是团结的形式。第三，需要大国的支持。因此，在历史上韩国跟中国结盟，现在又跟美国结盟，目的是得到大国的支持以弥补它力量的不足。我们都知道韩国姑娘特别能打扮，韩国的小伙子也能打扮，只是姑娘的打扮更突出而已。什么原因？我的分析是不自信。即明白自己力量的渺小，需要别人支持，而要让别人支持就一定需要让别人高兴，于是发自内心地尊敬别人。而打扮得漂漂亮亮的，就是让别人高兴的一种形式，只有别人高兴了，才会让自己高兴啊。我到韩国时，他们韩国人对我讲，你们中国姑娘真幸福，不用怎么打扮就敢上班，他们韩国姑娘不打扮一个小时都不敢上班的。我怎么回答的？我也开玩笑地讲，我们中国姑娘更自信！我们不需要让别人高兴就能过得不错，为什么要花那么多的打扮成本让别人高兴？

这就是环境对风俗人情的影响。日本人、韩国人的特点是安全感弱、危机感强。安全感弱、危机感强的民族，有动力研究别人，因为它需要别人支持。当然了，安全感弱、危机感强的民族，防范心也强，因此中国的产品出口到日本、韩国是很难的。

那么，像中国这样安全感强、危机感弱的民族也有一个好处，就是防范心弱，张开臂膀，迎接世界各族人民的到来，因此世界各国的产品，只要有竞争力，都能在中国找到它的市场。但是这样的民族也有一个弱点，就是我不觉得需要依赖别人，因此没有动力让别人高兴。我们中国人讲话经常是"我""我认为"，韩国人讲话则是"我们"。我们中国人是"各扫自家门前雪，莫管他人瓦上霜"。

因此，怎么管理中国人？要树立危机意识。到现在共和国的国歌还唱着一句话："中华民族到了最危险的时候。"已经不危险了，为什么还唱"到了最危险的时候"？就是要树立危机意识。

中国是怎么改革的？以开放促改革。中国开放的力度是相当大的，通过让西方人来到中国，让中国人感到和外边的差距，从而产生发自内心的改革的动力。由于安全感强、危机感弱，感觉不到需要别人，自然没有动力研究别人，经常是"不见棺材不落泪""不见鬼子不拉弦"。因此，中国企业里现在讲得最多的就是危机意识，这也是针对中国人的弱点而提出来的。

总之，有了危机感，才有研究别人的动力，才能做到知己知彼，才能找到解决问题的平衡点，才能成功地实现中庸之道。

第九讲 儒家思想的基本内容

第一节 儒家的基本主张

孔子、孟子、荀子是儒家前期的三位大家,他们的共同主张,亦即儒家这个学派的共同主张。其主张有如下几条。

第一,建立高效、廉洁的政府。社会需要一个政府,因为民间一旦发生不能办、办不好的事情,一定需要一个强有力的社会力量来解决。社会生活告诉我们,没有政府不行,但是有的时候,有了政府反而更糟,因为不受制约的权力会走向腐败。那么,儒家要求建立什么样的政府呢?一要能力高、高效。能力不高解决不了社会问题,知己知彼本身就是个能力问题,中庸之道作为方法论的范畴,本身也是指能力问题。中庸之道的目的是解决社会中各种复杂的矛盾,这就需要提高我们解决矛盾和问题的能力。二要廉洁。廉洁到符合岗位职责需要的程度。简言之,该给我的一分不少,不该给我的一分不要,拒绝外边的诱惑。孔子主张克己复礼,"克"是动词,指克制自己,按岗位职责办事。换言之,"非礼勿视,非礼勿听,非礼勿言,非礼勿动"(《论语·颜渊》),就是按岗位职责做事。孟子的"贫贱不能移,富贵不能淫,威武不能屈"(《孟子·滕文公下》)讲的都是如何抵制外边的威胁利诱，坚持岗位职责。这就是儒家对政府的要求。

第二，强调教育。儒家特别重视教育，承认人有认识世界的能力，认为人看到了未来会算大账，就会自觉地不犯错误。我们常说群众的眼睛是雪亮的，就是从人有认识世界的能力、会算账的角度来讲的。但是生活又告诉我们，群众的眼睛从本质上讲是雪亮的，但在一段时间又会亮不起来。原因是人们认识世界是一个由近到远、由浅到深、由具体到抽象的过程，因此群众的眼睛一段时间亮不起来很正常。另外，人人都会算账，但算账有大账和小账的差别，教育的作用就是提高人认识未来和算大账的能力，从而自觉地工作，自觉地不犯错误。

第三，强调民营经济的基础作用，但不排斥国家的干预。由于儒家特别强调民众力量的作用，自然非常强调民营经济的基础作用，但不排斥国家的干预。在儒家看来，老百姓能干的尽量让老百姓去干，老百姓不能干或干不好的，再由国家来干。那么老百姓今天干不了、干不成，明天干得了、干得成的，国家应该怎么办？国家要退。这实质上是国家和民众在开发社会经济资源上的职责划分，指出国家应该干什么，老百姓应该干什么。我们现在讨论国有经济的作用和地位，主要讲它的职责是什么，而不能一味地讲国有经济挣了多少钱。国有经济的作用在于弥补老百姓的不足，干老百姓干不了、干不成而为社会长远需要的事情。老百姓现在不能干、干不好但未来能干的，国家要退。

上述就是儒家的基本主张，一是主张建立高效廉洁的政府，社会需要一个权威，但对权威要加以制约；二是强调教育的作用；三是要求发挥民营经济的基础作用，但不排斥国家的干预。凡是老百姓干不了、干不成的事情，由国家来干，老百姓现在干不了、干不成，未来干得了、干得成的，国家要退，这是国家和老百姓岗位职责的划分，也是中庸之道的体现。在国家和民众之间寻找经济方面的平衡点，仍然要按照中庸之道的原则办事。

第二节　儒家的理论范畴

首先是中庸之道。"中"是正的意思，正是合适的意思，什么叫合适？从空间上讲，指你也高兴我也高兴的状态；从时间上讲，指眼前高兴未来也高兴的状态。它要求在空间和时间的范围内来选择做事的平衡点。我国现在非常强调这个问题，从空间上讲中国离不开世界，世界离不开中国；从时间方面来讲，强调现在和未来的协调，主张长远的可持续性的发展。我们就是要在时间和空间两个方面的变化中寻找平衡点。"庸"是"常"的意思，指在矛盾的两端寻找平衡点，使双方都满意，是放之四海而皆准的真理，不如此就做不到和谐，做不到长期稳定的和谐。"道"是规律，儒家"五经"之一的《易经》讲"一阴一阳之谓道"。何谓阴，何谓阳，都是相比较而言的。三比二大，三大二小，但三相对于四就是小的，你跟谁比？必须有一个参照物才好进行比较。"道"的原始含义是道路。道路就要有个边界，左不能到哪里，右不能出哪里。所谓一阴一阳之谓道，就是明白了能干的和不能干的，该干的和不该干的，才算明白了规律。用生活中的语言表达，就是明白了正反两方面的经验教训。中庸之道是解决生活中复杂矛盾的方法论，但方法要服从于原则，中庸之道的基础是仁和义，指既要爱人，还要爱得合适，这样才能实现和谐社会的目标追求。

其次是仁、义、礼。仁、义、礼的核心是礼，儒家特别重视礼的作用。礼用今天的话讲就是制度，其作用为"别异"（《荀子·乐论》）或"辨异"（《礼记·乐记》）。为什么要特别强调制度的作用呢？资源是有限的，人的欲望是无限的，要协调人和人之间争夺资源的矛盾，非得靠制度不可。制度将决定什么能干、什么不能干，做了该干的事如何奖，做了不该干的事如何罚等。儒家希望通过制度来协调人和人之间争夺利益的矛盾，因此，说儒家是制度大师，是一点也不为过的。但是制度有好制度与坏制度之分，儒家一方面讲德政，这是好制度；一方面讲刑政，也叫苛政，这是坏制度。什么叫德政？"德"，也是"得到"的"得"，指让别人得到。德政就是不断给老百姓以好处，不断给老百姓以利益，目的是通过让老百姓高兴来换取自己的高兴,用现在市场经济的话讲,是双赢原则。企业不让客户高兴,而想换取自己的高兴是根本不可能的。什么叫刑政?就是提高别人犯错误的成本,通过行政命令的办法让人不得不服从。但是,一个人的力量有强大的时候,一定有弱小的时候,当你的力量衰弱时,老百姓照样犯错误。孔子讲过一句话,"苛政猛于虎也"(《礼记·檀弓》),认为不好的制度吃人比老虎吃人还厉害。这句话是怎么来的呢?

> 孔子周游列国,经过泰山,遇到一个哭得特别伤心的妇女,孔子就让学生问她为什么哭得这么伤心。这个妇女回答说,她的公公被老虎吃掉了,她的丈夫也被老虎吃掉了,她的儿子又被老虎吃掉了,一家三个壮劳力都被老虎吃掉了,这还得了啊,还活不活了?因此哭得是伤心欲绝。孔子就问她为什么不搬到山下没有老虎的地方去住。这个妇女回答说,山下没有老虎的地方税收太重了。孔子听了以后非常感慨地对学生讲,同学们,你们今后就是做职业官员的,这个岗位不是让你们干具体事情,而是通过政策、制度这个杠杆调动老百姓的积极性的。办法就是让老百姓看到利益,从而自觉地工作。记住"苛政猛于虎也",不好的制度吃人,比老虎吃人还厉害。老百姓为了避免不好的制度,宁肯冒上山被老虎吃的危险。

儒家强调制度的作用,但把制度分成好制度和坏制度。好制度的基础是两个字——仁和义。"仁者,爱人。"所谓爱人,就是不断地给别人让利,让别人得到利益,或者得到物质利益,或者得到精神利益。像表扬、夸奖之类,也是让别人得到利益的表现,只不过给予别人的是精神利益罢了。"义者,宜也。"意思是说,让利不是越多越好,而是要让到大家满意的程度。把这个满意的内容归纳下来,就是合同,就是政策,就是制度,这就是"礼"的范畴,因此礼是很具体的。从这来看,仁义的原则是不变的,即爱人、爱得合适的原则是不变的,但爱得合适的内容是变化的。要爱人,就要既了解别人也了解自己,这样才能找到大家满意的平衡点——具体的方案。问题是一段时间好的制度,到了另外一段时间,很容易变成不好的制度。因为制度总是与特定的环境有关,环境变了,意味着以前让人们高兴的制度，现在变得不能像原来那样让人高兴了，在这种情况下，制度就得改变，做到与时俱进。

对现阶段的企业和组织来讲，我们应该努力做到的是如何将制定制度的形式制度化。换言之，起码每三个月或每半年，相关方面的人能在一起开个会，讨论一下应不应该修改旧制度制定新制度，哪怕是对现有的制度不修改，也要保留这种形式，就是说制定制度的形式也得制度化，目的是通过这种形式做到制度的与时俱进。儒家为什么爱回顾历史？回顾历史的目的是了解制度背后的经济基础是什么，制度是怎样变化的，为什么不好的制度难以改变，怎样订立好制度，怎样废除不好的制度等，目的是让社会方方面面都满意。

我为什么特别强调中庸之道？不了解实际情况，不能做到理论的原则性和具体实践的特殊性的结合，是不可能找到大家满意的平衡点的。所以共产党的三大作风中，第一大作风就是理论联系实际，这是指普遍性和特殊性的结合；第二大作风就是密切联系群众，这是指最终让老百姓满意，老百姓满意了才会拥护政权，让政府满意。

再次是忠和恕。曾子说，孔子的理论一以贯之，就是忠和恕两个字。忠是尽心的意思，是从自己的角度讲的，指无论外界怎么变化，怎么威胁利诱，我都按岗位职责做事，这就是"己欲立而立人，己欲达而达人"（《论语·雍也》）。意思是说，我富了，我也希望周围的人跟着我富裕起来，我有大房子住了，我也希望我身边的兄弟们能有大房子住，这叫爱心的扩充。中国现在一些富人达到了这个境界，他们挣的钱足够自己几辈子花了。他们不干活，钱几辈子也花不完，他们继续干活，说不定哪一年血本无归，他们为什么还要干？很多老板讲是责任感驱使他们继续干。他们说，我不干了可以，但兄弟们怎么办？因此现在很多老板常讲"领导是给员工打工"之类的话，这就是责任感的作用。领导的责任感升华到一定境界就跟父母一样。父母的责任感是什么？让儿女们幸福，盖房子，娶媳妇儿，不仅管这一代，还能管下一代，领导的责任感也应该是这样——让员工幸福，这是领导岗位职责的要求。那什么是恕呢？传统的解释是：恕就是宽恕、饶恕的意思，具体的表达为"己所不欲，勿施于人"（《论语·卫灵公》）。就是说，我不希望别人这样对待我，我也不这样对待别人。比如说，我讨厌领导不了解情况就乱发脾气，那么我做了领导我也不这样对待下属。这是传统的解释，我觉得忠代表着原则，恕代表着灵活，生活是原则和灵活的结合。忠代表的原则一方面表现在，无论外界怎么变化，我按岗位职责做事，忠于党、忠于人民、忠于企业、忠于合作伙伴；另一方面也表现在，当别人犯了原则性错误的时候，我要坚决地批评、坚决地制止，因为不制止他，组织好不了，我也好不了，我即使不是为了关心别人，哪怕是关心自己，我也要大胆地批评。因此儒家人物的特点是，一方面很谦和，尊敬他人，一方面很刚强，对别人的不好的行为加以坚决地批评，因为它会侵犯你的利益，会侵犯人民的、组织的利益。恕是宽恕、饶恕的意思，指的是灵活。怎么对待别人的非原则性错误？原则性错误当然要坚决批评，非原则性错误，就要宽恕、饶恕。人的天性是爱看别人的弱点，你老看别人的弱点，你肯定不高兴，你不高兴，别人也不高兴，最后形成恶性循环，而你的工作要开展，一方面需要你的努力，另一方面还需要别人的配合。因此如何对待别人的非原则性错误，我的看法是，多看优点，少看弱点。

　　我的一个亲戚大学毕业后在北京工作，最初他到我家里的时候，经常讲单位的人这个不好，那个也不好，总之没有一个好的。听多了我就听不下去了，就批评他：难道大家都不好就你好吗？人家就没有优点吗？你就没有弱点吗？你老看别人的弱点你肯定不高兴，你不高兴了会感染别人，他也不高兴，大家都不高兴了，工作还怎么开展？你怎么能够得到别人的帮助？你要知道你是有弱点的，需要别人来帮助你，而要让别人帮助你，就一定得让别人高兴。他有弱点也一定有优点，你看到了他的优点心里高兴，你高兴他也高兴，良性循环嘛！因此幸福是一种主观感觉。

　　后来，他到我家去，只要看到我在，就有意识地不讲别人的弱点，刻意地讲别人的优点，时间久了就变成了生活的一部分，开始不自觉地跟我讲谁谁谁不错。我表扬他成长了，因为他能看到别人的优点了。这样你高兴，他也高兴，是不是良性循环？就人的天性而言，都是爱看别人的弱点的，你能看到别人的优点，你就会扬长避短，这说明你进步了，能够客观地、辩证地思考问题了。

另外要正确地理解弱点。在这里也给大家讲一个故事。

好多人都看过《辛德勒的名单》这部电影。辛德勒是一个德国人，非常有爱心，但是也特别能花钱，大手大脚，是个花花公子。他看到犹太人很可怜，就花大把大把的钱贿赂德国军官，把这些人转移到他的工厂里工作，然后再想办法转移出去。他就是靠这种办法，救了七八千个犹太人。德国战败后，他的企业自然也垮掉了，于是他的后半辈子就靠这些被他帮助过的犹太人的赞助来维持他的生活。但是这个人太能花钱了，无论给他多少钱老是不够花，搞得犹太人很不高兴，说这家伙太能花钱了，整个一花花公子。但是年老的犹太人怎么讲呢？你知足吧，没有他那样能花钱你能活下来吗？正因为他舍得花钱，他才能大笔大笔地贿赂德国军官，相对你死掉和现在花钱相比，哪个合算？你不能说过去别人花钱是对的，现在别人花钱就是不对的，这不是辩证地认识问题的态度。再说了，他年龄已经很大了，再花钱，又能花几年啊？

总之，不能正确地认识世界，就不能正确地改造世界，这真的是至理名言。

那么，能够做到仁义与礼的结合，能够做到忠与恕的结合，社会的上上下下就会充满和谐呀。和谐并不是绝对的统一，而是指在承认别人思想的差异性基础上的必要的统一。具体来说，允许老板想的跟员工不一样。因此孔子讲"君子和而不同，小人同而不和"（《论语·子路》）。"和"是承认差异性基础上的必要的统一，"同"是绝对统一。组织和谐了，上下级之间就会相互信赖。而要做到这一步就必须通过教育让人看到长远利益，通过教育让人正确地看待自己的不足，正确地看待别人的优点，知己知彼，百战不殆。

这就是我们所讲的儒家思想的基本内容。

第十讲 孔子思想评价中的几个问题

孔子是对中华民族影响最大的历史人物，只要是中国人，都多多少少受到过他的影响，但是在近百年来的中国，孔子的地位经历了大起大落的变化，从近代的"打倒孔家店"到"批林批孔"，到现在他的地位的回升。《百家讲坛》的"于丹《论语》心得"节目引起轰动，本身就是大家对孔子的思想又产生了需求，孔子的地位又开始回升的情况的反映。因此，今天的中国人对孔子的评价，往往是最不容易一致的，这是与孔子的地位在近代中国大起大落，现在又在回升的特定的历史情况分不开的。下面我就讲一讲孔子思想评价中的几个问题。

第一节 孔子的出身与他取得的巨大成就的关系

孔子（公元前551年—公元前479年），字仲尼，鲁国陬邑人，生活在春秋时代（公元前770年—公元前476年）后期，是商王朝的贵族。司马迁在《史记·孔子世家》中写道："叔梁纥与颜氏女野合而生孔子。祷于尼丘得孔子。鲁襄公二十二年而孔子生，生而首上圩顶，故因名曰丘，字仲尼，姓孔氏。丘生而叔梁纥死。葬于防山……孔丘，圣人之后。"

孔子的祖上是著名的商末三贤人之一微子的后人（其他两位贤人是比干、箕子），现在山东有个微山岛，就是微子去世后埋葬的地方。商王朝灭国后，周武王、周公把商王朝的遗老遗少组成了一个国家叫宋国，微子就是宋国的开国君主，河南的商丘就是宋国的都城。

孔子是商王朝贵族的后代，但是他最喜欢周王朝的文化，为什么？因为周王朝的文化特别体现了文武之道，以文为主的原则。同时也反映周王朝对于他们这些商王朝的遗老遗少的关照是很好的，因此他们安于现在的生活，拥护周王朝的统治。但孔子的六世祖孔父嘉在宋国贵族的政治斗争中失败了，被杀了头，他的后人为了避难，就跑到了鲁国，所以孔子是在鲁国出生的，这是他的祖先的情况。

再讲讲孔子的父母的情况。

孔子的父亲叔梁纥是当时一位非常有名的武士，据说叔梁纥曾经带领军队攻打一个国家的城池，这个国家的统治者耍了一个诡计，把城门拉起来了，孔子父亲的军队赶紧跑进去，结果对方忽然要把城门放下，准备把孔子父亲的军队拦腰斩断，各个击破，孔子的父亲一看不好，一个箭步冲上去，一只手举起了城门，里边的军队跑出来了，军队打了一个大胜仗，孔子的父亲也成了远近闻名的大英雄。

孔子的父亲在娶孔子的母亲之前，曾经娶过两个妻子，第一个妻子生了九个女儿，第二个妻子生了一个儿子，但是腿瘸，那么按照当时的礼制是不能继承家业的，孔子的父亲就非常着急，于是就向孔子的母亲家里求婚，后来就跟孔子的母亲结合了。孔子父母的年龄差距是相当大的，孔子的父亲当时是六十多岁，而他的母亲当时是十七八岁，因为年龄相差太大，不合社会习俗，不合礼制，因此被称为"野合"，这是大部分学者的一种观点。台湾地区的史学家钱穆也有一种观点：孔子的父母是"野合"，并不是对孔子的贬低，是说孔子不是一般的人物，是伟大的人物，他的出生跟一般人也不一样。大家看刘邦的出生，人们说是他的母亲在河边，一条大蛇缠绕在她的身上，她就这么怀孕了，意思是说他不是一般的人物，是形容他的伟大。但不管怎么讲，父母年龄相差很大，这是事实，由于年龄相差大，不合礼制，得不到社会的承认，这使孔子的童年过得比较艰难，在一定程度上，他有被人看作私生子的意味。

《史记·孔子世家》记载，孔子十七岁时，季孙氏举行款待士及其子弟的宴会，孔子前往参加。季孙氏的家臣阳虎对他说："季氏飨士，非敢飨子也！"于是孔子愤而告退。这正是社会一般人不承认孔子的"士"家庭出身，认为其是私生子的反映。

当然了，我们说这类家庭出生的孩子，有什么特点呢？穷则思变，特别地发奋努力。为什么？因为社会地位低，所以特别有发愤图强的动力。要崛起，就要得到社会的承认；要得到社会的承认，就必须让社会高兴。因此，孔子年轻的时候做过很多杂七杂八的卑贱的事情，当过委吏（管仓库的小官），做过乘田（负责看管牛羊的小官），所以孔子说："吾少也贱，故多能鄙事。"（《论语·子罕》）换句话讲，他之所以讲"克己复礼"，指出"克己复礼为仁，一日克己复礼，天下归仁焉"（《论语·颜渊》），是因为他自己也是这么做的，干一行，爱一行。因为他做到了，他才要求别人、提倡别人也这样去做，正所谓"正人先正己"。

这就是孔子的出身，家庭的背景，包括祖上的背景对他一生的影响。既然是贵族，当然就得受教育；既然是一个破落贵族，自然特别想崛起，那就得发愤图强，赢得社会的承认，这样才能够让人高兴，最终实现自身价值。因此，孔子很强调修身的作用，主张"克己复礼"。

第二节　对孔子思想的评价

孔子在世的时候，或者在他很年轻的时候，社会影响就比较大。他三十岁时被称为圣人，凡属天上、地下的事情，几乎没有他不知道的。"圣人"可不是一般的评价，说明孔子的学识、为人、能力得到了社会的高度认可。

孔子后来为什么办学？就是因为向他请教的人太多了，时间久了，就慢慢形成一个规模化的组织。换言之，孔子是在别人向他请教的基础上开始办学的。孔子办学以后声名更大了。他为什么能做到周游列国十四年财政不发生问题？他是天下知名的大学者、社会名流，他到哪里去，都有人愿意给他钱——不仅给他钱，还给他的学生钱，因此孔子尽管周游列国十四年，财政却没发生问题。当然了，这当中也包含着好多的坎坷，如匡地被围、陈蔡断粮等。

孔子办学后，声名更大，影响更大，他的学生对他佩服得不得了。

孔子的弟子颜回对孔子的看法是，"仰之弥高，钻之弥坚，瞻之在前，忽焉在后"（《论语·子罕》）。意思是说，孔子法力无边，影响无处不在，感到整个生活都充满了孔子学说的影响。

被孔子骂为"朽木不可雕"的宰我，尽管被骂，还是对孔子佩服得不得了，他说，"以予观于夫子，贤于尧舜远矣"（《孟子·公孙丑上》）。意思是说，用我（宰我）的眼光来看，孔子比尧、舜都要伟大得多。因为尧、舜是靠自己的行动来影响人，孔子则是建立了一套理论，并且身体力行，不断地推广这套理论，而且这套理论确实是能正确地解决问题的。

那么子贡是怎么讲的？子贡说，"见其礼而知其政，闻其乐而知其德；由百世之后，等百世之王，莫之能违也。自生民以来，未有夫子也"（《孟子·公孙丑上》）。意思是，看到这个国家的规章制度，就能了解这个国家的政治情况。因为规章制度是讲怎么解决问题的，总是这个社会有了问题，才会制定相应的规章制度，因此根据规章制度就能判定企业或社会的情况。根据听到的音乐，就能判定社会民风民俗的情况，因为不同的音乐——无论是靡靡之音还是激昂慷慨的音乐，都反映了不同的民风民俗，不同的民风民俗对人的行为的影响也是不一样的。哪怕是过了一百代后的君王，他的所作所为也违背不了孔子的理论，自从有人类以来，没有比孔子更伟大的。

有若（字子有）也是孔子的学生，他讲，"麒麟之于走兽，凤凰之于飞鸟"，都是同类呀，"圣人之于民"，也是同类呀，但是圣人能够"出乎其类，拔乎其萃，自生民以来，未有盛于孔子者"。（原文："麒麟之于走兽，凤凰之于飞鸟……类也。圣人之于民，亦类也。出乎其类，拔乎其萃，自生民以来，未有盛于孔子者。"——《孟子·公孙丑上》）

孟子怎么讲的？"自有生民以来，未有孔子也"（《孟子·公孙丑上》）。就是说，自从人类产生以来，没有比孔子更伟大的了。

到了宋代，朱熹讲，"天不生仲尼，万古如长夜"（《朱子语类》卷九十三），意思是说，假如没有孔子，我们到现在还在黑暗中摸索。

明嘉靖九年，孔子被尊为"至圣先师"。清顺治二年，孔子更被尊为"大成至圣文宣先师"（《清史稿·礼志三》），后多省称为"大成至圣先师"。历史上第一个称孔子为"至圣"的是史学家司马迁，他在《史记·孔子世家》中说："孔子布衣，传十余世，学者宗之。自天子王侯，中国言六艺者折中于夫子，可谓至圣矣！"

孔子之所以受到时人和后人那么高的评价，根本原因就在于他的思想适应了社会和民众。

孔子提出了一个人应该怎样为人的标准，围绕社会应该怎样、处于不同岗位的个人应该干什么和不应该干什么等问题，孔子提出了一整套的规则，这套规则是具有可操作性的，是能让人类社会普遍幸福的。我们为什么称孔子为"万世师表"？孔子不是一个普通的老师，不是单教化学、物理、历史、地理的老师，他是整个人类社会的老师，他提出了在资源有限而人的欲望无限的情况下，人和人之间处理矛盾的一整套规则，而且具有可操作性，所以他是整个人类的老师，因此被称为"万世师表"。历史上第一个称孔子为"万世师表"的人是清朝的康熙皇帝。康熙皇帝亲自写了隶书的匾额"万世师表"，下诏挂在孔庙大成殿梁上，从此，人们便称颂孔子是"万世师表"。

尽管孔子这套学说，这个标准，我们很难每时每刻都做得到，但这正是我们努力的方向。通过这个标准来看自己，哪里做得不够，就在哪些方面不断地修正自己。孔子给我们指出了人生的阳光大道，确实是指导我们在黑暗中前进的一盏明灯。

社会中的那些伟大的人物、大学者，为什么对孔子这么发自内心地佩服？这是因为孔子的理论，满足了社会的普遍需求，当然也满足了他们的需求，能解决问题，他们才发自内心地对他做出这么高的评价。就像我们过去讲"东方红，太阳升，中国出了个毛泽东"一样。因为毛泽东给人民带来了幸福，"他为人民谋幸福，他是人民的大救星"，人民是发自内心地尊敬他，发自内心地佩服他，这不是做作，是人民发自内心地尊敬。还是一句话，人民是有选择、判断、辨别能力的。秦始皇立法家为指导思想，不是不到十五年就丢了江山吗？不要把老百姓当傻瓜，老百姓不是傻瓜，是有认识能力的，因此要相信群众。正如毛泽东所讲，"人民，只有人民才是推动历史前进的动力""群众是真正的英雄，我们自己一无所能"。

根据上面的讲解，大家就能理解了，孔子为什么能得到世世代代普遍的尊重？因为他满足了社会的需求，他能解决问题，人们才发自内心地尊敬他。

第三节 近代为什么要"打倒孔家店"

大家可能会问，既然孔子这么伟大，为什么近代还要"打倒孔家店"？

我觉得这里有一个问题，要把儒家思想与根据儒家思想建立的制度区别开来。

孔子的思想是没有问题的，他的思想最有价值的、核心的地方就是中庸之道的"中"，当然"中"是建立在仁义的基础上的。要找到"中"，就一定要研究两端，一定要广泛地研究现实生活，广泛地研究现在和未来，因此儒家是一个开放性非常强的思想体系。儒家思想是没有问题的，好制度的基础确实是仁义，"仁者，爱人""义者，宜也"，既要爱人，还要爱得合适，用现在的话讲是双赢原则，这没有问题。

但是根据儒家思想建立的制度是有时效性的。制度是与特定的环境相适应的，在这个环境下是对的制度，到了另外一个环境下可能就有问题了，因为环境变了。所以，邓小平对社会主义制度进行了改革，他没有讲社会主义的企业组织形式是大了好还是小了好，他只讲了合适的就是好的。什么叫合适？指现在高兴，以后高兴，人民高兴，国家高兴的状态。问题是现在好了，以后不见得好，还要与时俱进，还要不断地完善制度。李大钊讲，"打倒孔家店"不是要打倒孔子的思想，而是要打倒根据孔子的思想在过去的环境下建立的那套制度，要用一套新的制度来取代旧的制度。因此我们要把儒家思想与根据儒家思想建立的制度区别开来。

那么"打倒孔家店"有没有道理？有道理的。为什么要打倒？因为在1840年以后中国和西方的交锋当中，中国和西方的差距越来越大，几乎是打一仗败一仗，人们感受到了自己的不足，于是强烈地要求学习西方。我前边讲过，在一段时间内，有些崇洋媚外的思想也是合理的，这是人们明白自己的不足，强烈要求向国外学习的反映。一旦学习国外的时间久了，了解了外国的弱点和自己的优点，自信心就增强了，在这种情况下，人们对中西文化认识的平衡点肯定要变化。那大家可能会说了，"打倒孔家店"的代价是很大的，它让一代人几乎和传统断绝。但是，不破不立，这就是辩证法，也叫否定之否定。没有当时的破，就不会有现在的立。要向西方学习，就必须承认自己的不足，就必须激烈地破坏过去。"物竞天择，适者生存"，这句话说明了什么？为了活着，什么好用用什么。既然我们明显地感到了自己的不足，那就要向西方学习，待学到一定程度后，你自然会感受到西方文化的不足，感受到祖国文化的优点，这样就会在新的基础上找到一个新的平衡点。

第四节　在什么情况下儒家思想受抨击

当社会兵荒马乱，更讲武力、更看眼前利益的时候，儒家思想就要受抨击。

那么，儒家思想在未来社会中的地位越来越高，这是什么原因？共和国成立了，一个打破旧世界的时代过去了，一个建立新社会的时代开始了。以企业而言，随着企业规模的扩大，决策的风险也随之增大，怎么降低决策的风险？现在的企业之所以特别强调民主制度建设，就是要通过董事会来弥补领导班子能力的不足。企业做大了，资产规模大了，贪污的机会也大大增加了。要防范领导干部受不住外界的诱惑犯错误，也需要加强民主制度建设，比如通过监事会来制约领导干部。企业的规模大了，产生了不同的阶层，产生了不同的价值观，交流自然也不方便了，在这种情况下如何做到上下一致？唯有教育。企业做大了，领导就是一位老师，通过对员工不间断的教育，做到上下的统一。

那么，在什么情况下，更适合用儒家思想管理社会？——和平年代，企业规模做大了的时代。兵荒马乱的时代，可能靠法家也行，但是一旦法家把组织做大了，离了儒家就玩不转，这就是古人强调从霸道向王道转变，从法家向儒家转变的原因。

第五节　毛泽东为什么要"批林批孔"

我认为毛泽东之所以要"批林批孔"，最关键的原因是，毛泽东非常相信公有制的作用，非常相信大规模组织的作用。公有制和计划经济建立起来后，必定要建立与之相适应的文化形态、上层建筑，这就是毛泽东把"文化大革命"看得特别重要的原因。"文化大革命"的目的是建立与公有制相适应的上层建筑，尤其是文化形态，而要建立与公有制相适应的文化形态，就必须打倒私有制最大的代表——孔子。

前面讲过，春秋时期以前的社会，父母的地位是不高的，社会也讲孝，但孝养的对象不是活着的父母，而是死去的祖先，以一个大家共同尊崇的祖先，来维持组织的团结。试想，在集体经济的社会里，如果父母的地位高了，是不是就等于小家庭的地位高了？小家庭的地位高了，是不是就等于集体的地位低了？孔子顺应春秋以来社会大变革和小家庭出现的趋势，把孝养的对象改变了，使孝养的对象由死去的祖先改变为活着的父母，并且讲了孝养的一整套的准则。

为什么要孝养父母呢？第一，父母是组织的权威，部下需要尊敬领导的权威。问题是领导下错了命令时，部下怎么办？既不能一味地反抗，也不能一味地顺从，而是要根据领导的决策对组织危害的程度，在顺从和反抗之间寻找平衡点。第二，父母是组织的元老，虽然年龄大了，能力差了，但你得记住他们对组织的贡献。须知，忘记过去就意味着背叛，人不能忘恩负义。从这个角度讲，孔子在当时是不是一个革命的思想家啊？

到了毛泽东时代呢，毛泽东相信公有制的作用，要建立与公有制相适应的文化形态。为此,就必须破私立公。当时的私有制指的就是小家庭。家庭的地位高了,集体的地位自然就低了。所以毛泽东时代,不许烧香磕头,不许祭拜祖先,亲戚之间联系的时间也大大缩短,这一切都是为了降低家庭的地位,提高集体的地位。毛泽东的这套做法在特定的时间内是有道理的。当准备打仗的时候,唯有大规模的组织才能发挥出规模竞争优势,才能取得战争的胜利。一旦大规模组织的使命完成,进入和平年代后,大规模组织管理成本高的弱点就充分暴露出来了,这就是人民公社要向联产承包责任制的家庭生产方式转变的原因。我认为孔子今天的社会地位得到了提高,也是与这个经济基础分不开的。

第六节　孔子是不是一生不得志

我过去读过的教科书,都一致讲孔子一生不得志,一生坎坷。

是不是不得志,那要看跟谁比。跟一个人的理想比,没有人是得志的,因为最高的理想往往实现不了。一句话,你想考100分,能考95分就已经不得了了,因为社会生活还有很多意外的、我们想不到的情况,这就需要对结果打个折扣。民谚云:人生不如意处十之八九,如意处十之一二。和一个人的理想比,没有人是得志的。可是和周围的人比呢,孔子可谓太得志了。

前面讲过,孔子的家庭出身并不高贵。他的父母年龄相差太大,其婚姻得不到社会的认可,被看作"野合",因此在当时社会上的人看来,孔子有私生子的色彩。有这样家庭背景的人,假如没有社会的大变革,他能崛起吗?孔子三十岁时被称为圣人。所谓圣人,在人们看来就是天上地下无所不知、无所不晓的人。其后,孔子周游列国十四年,财政几乎不发生问题,年老了被尊为国老,国家大事跟他商量,在他去世后,鲁国国君亲自主持葬礼,这是一般人能够得到的尊荣吗?孔子做过鲁国首都市长(中都宰),做过司法部长(司寇),做过建设部长(司空),做过代理总理(宰相),也算位极人臣了吧?去世后,更是流芳百世,永垂不朽,孔府还被人们称为"天下第一家"。大家看,和一般人相比,孔子是不是生前得志,死后更得志?

因此我们考虑问题时，必须有个参照物，即相对于什么而言。孔子相对于他的理想而言，是不得志的，可是，相对于理想而言，谁得志啊？孔子的伟大在于他在混乱中看到了秩序的萌芽，在黑暗中看到了光明的萌芽，因而才"知其不可而为之"（《论语·宪问》），勇往直前。

第七节　孔子为什么做官时间不长

孔子是一个很伟大的人物，他的思想主张，正好能解决千百年以来资源的有限性和人类欲望的无限性之间的矛盾，堪称"万世师表"。而且在当时，他也确实有很大的影响。前面讲过，孔子做官做得很大，做过鲁国首都市长（中都宰），做过司法部长（司寇），做过建设部长（司空），做过代理总理，可以说位极人臣。但是，他做官的时间是不长的。有人做过一个统计，说孔子做官的时间满打满算不超过九年。

那么，孔子为什么做官时间不长？我想主要有两个原因。第一个原因是他不愿和统治者同流合污。在孔子看来，合作是有前提的，你觉得我行，还得我觉得你行，合得来则合，合不来则走，做到"天下有道则见，无道则隐"（《论语·泰伯》）。这是很重要的一个原因。换言之，我愿意做官，愿意为社会做贡献，但这是有原则、有前提的，只有你觉得我可以，我也觉得你行时，才构成双方合作的基础，不然那就辞职，那就离开。第二个原因是别人的猜忌。孔子的声名很大，这是个好事，但一定情况下也是个坏事，因为"名之所至，谤亦随之"。因此，普天之下没有绝对的好，也没有绝对的坏，总是好中有坏，坏中有好。在这里我举两个例子来说明。

一个例子是，孔子在鲁国做代理宰相的时候，做得很好。据史书记载，鲁国在半年之内就做到了路不拾遗，社会秩序相当好。应该说，孔子确实具有非凡的从政才能，水平确实高，用不着暴力手段，仅仅靠着和平的途径，靠着嘴巴讲，就能让人看到长远利益，自觉地算大账，从而自觉地工作，自觉地不犯错误。而且，他是在很短的时间内做到的。孔子说，一般的人治理天下，需要花三十年（"一世"）的时间，才能达到天下平稳的局面，如果让他治理天下，只要三年时间就能实现天下大治。这不是他的自我吹嘘，他的政治才能确实很高。但也正因为他的才能太高了，把鲁国治理得太好了，因而引起了鲁国的邻居——齐国的猜忌。齐国是公认的地区大国，它要做天下的领袖，首先必须要做地区的领袖，而半路杀出个鲁国，那对齐国的影响和威胁肯定很大，连地区领袖都做不了，还怎么做天下的领袖？那么，怎么才能让鲁国衰弱下去？只有一个办法——让孔子下台。怎么才能让孔子下台？那就是要破坏孔子和他的领导——鲁国国君的关系。于是，齐国的君臣就利用人在长远利益与眼前利益之间，更贪图眼前利益的弱点，送给鲁国国君八十个漂亮姑娘和三十四匹好马，鲁国国君高兴地接受了，从此沉迷于声色，不上朝，不理朝政了。孔子当然要劝说他，但一劝不听，再劝国君有点恼火，第三次劝国君感到很不开心了，孔子一气之下决定辞职。当然了，孔子不是真的要辞职，他是以辞职作为一种让国君觉醒的手段，以退为进。孔子带着学生在边境线上等待了三天，就等着国君觉悟，把他再请回去，结果三天过去了，国君还不觉悟，还不请他回去，孔子这才彻底失望，从此离开鲁国，走上了周游列国的道路。这一走就是十四年。

大家看，孔子在鲁国做官做得很好，为什么不做了？因为声名太大，因为社会、别人的猜忌。

后来孔子在周游列国的过程中，也碰到过几次这样的情况。其中有一次是到了楚国，楚国国君看好他，准备用他，但是这引起了楚国大臣的反对。因为相对于楚国的大臣来讲，孔子是一个空降兵，而且还不是一般的空降兵，他带着一个团队——那么多的学生来了，这一下子要影响多少官员的命运啊，自然会引起大臣的反对。但是反对总要有冠冕堂皇的理由。于是楚国的大臣就对楚王讲：陛下，你和孔子相比谁的水平高啊？楚王说：当然孔子的水平高啊。大臣说：那么你的大臣和孔子的学生相比谁的水平高啊？楚王说：当然孔子的学生水平高了。大臣说：那么你不如孔子的水平高，你的大臣也不如孔子学生的水平高，你就这样把江山给了他，你不怕江山变色，你不怕他篡夺政权？楚王说：不会吧，孔子的道德水平这么高，不至于吧。大臣说：陛下，那也未必，万事万物都是相互变化的，品德有高的时候，就有不高的时候。楚王一听，不敢用孔子了。因此，天下的万事万物，没有绝对的是，也没有绝对的非，都是好中有坏、坏中有好的，就看是在什么情况下来说，相对于什么来讲。孔子的名声很大，有三千学生，在当时好比创造了一个党派，他是国际知名大学者、国际知名政治家。但是，正因为名声大了，别人对他的猜忌也大。我想这就是孔子一心想寻找为国为民、拯救天下的平台，却始终做官时间不长的原因。

第八节　孔子为什么很欣赏颜回

关于孔子欣赏颜回的故事，看《论语》就能看出来。我想孔子之所以很欣赏颜回，最根本的原因是，颜回是职业官员、职业经理人的好榜样。

孔子培养学生是想让其成为君子的。君子最初的含义就是社会的领导者。当然了，要做社会的领导者，必须有才能、有品德。品德涉及人和人之间关系的处理，才能涉及做好岗位工作的基本功。孔子大量办学，就是为了培养德才兼备的、能为社会服务的职业经理人，而颜回就是他心目中的职业经理人的榜样。

首先，颜回这个人特别聪明，聪明就是才能高的体现。我们讲两个例子来说明。

《论语·公冶长》中有这样一段对话。孔子对子贡说，你跟颜回相比谁的水平更高？子贡回答说，我怎么能跟颜回相比？颜回能做到举一反十，我只能做到举一反二。换句话讲，老师讲的一个理论，我能在两个方面运用，而颜回能做到在十个方面运用。(子谓子贡曰："女与回也孰愈？"对曰："赐也何敢望回？回也闻一以知十，赐也闻一以知二。"）

子贡就是一个非常聪明的人，子贡能做到举一反二，而颜回能做到举一反十。这就说明颜回的想象力很丰富，他的实践执行的能力很高，他运用的地方越多，就越能做到熟能生巧。从这个例子可以看出颜回这个人的能力有多高。职业经理人必须能力高强。另外，像孔子这样水平高的人，他的眼里不容沙子，一般的人，是进不了他的眼里的，他欣赏的人一定也是水平很高的人。孔子的学生也是水平很高的人，能被孔子的学生很敬重的人，一定是各方面非常出色的人。

当时的鲁国国君，有一回对颜回说，他的一个部下，一个叫东野毕的人，非常善于赶马车，非常善于驯马。颜回说，他哪会驯马，你看着吧，过几天马就跑丢了。当时搞得鲁国国君心里很不高兴。颜回是公认的品德素质高的人，品德素质高的人，也在背后讲人的坏话。"君子成人之美，不成人之恶"，这不是儒家所讲的吗？但是几天过去了，马确实跑掉了。这时鲁国的国君就想到了颜回，真是见微知著啊，明察秋毫啊，就把颜回请过来，问他，你从哪里知道东野毕训练的马要跑掉的？颜回说，你看他平时是怎么训练马的？老是鞭打马。马虽然是动物，但也是有感情的，你老是鞭打它，打急了，把它打得不高兴了，实在受不了，肯定是要逃跑的。

那么对人的管理也是一样，你用逼迫的办法，人们也会工作，但是逼迫是让人不高兴的，逼迫到了极端，老百姓一定要造反。所以大家看，颜回是不是借着驯马的事情来给鲁国国君讲管理的道理？总之，在颜回看来，不仅在训练马时要强调感情，能用和平的途径解决的，就不要用暴力的途径解决，管理人类社会也是一样。这恰恰讲到了儒家的价值观。

其次，颜回这个人不但很聪明，而且非常好学。孔子说，你看看颜回上课时的表现，好像很木讷的样子，也不问问题，但是你看他课后的表现，你会发现他把老师的理论都给实践了。就是说，这个人不但会学，而且会用。学习最重要的是运用。《论语·子路》中孔子说："诵诗三百，授之以政，不达；使于四方，不能专对；虽多，亦奚以为？"意思是，学了那么多学问，让你理政不行，让你做外交还不行，学得再多有什么用呢？所以颜回这个人不仅会学，而且会用，他真正实践了孔子的教导——"学而时习之"。学习了还要运用，在运用当中达到熟能生巧，成为生活中的一部分，这叫真正的学习——理论和实践相结合。"学而时习之"讲的就是要做到理论和实践的结合。今天人们对这句话的理解普遍是：不仅仅要学习，还要不断地温习。当然，温习也有实践的含义，不过按照孔子的中庸之道的理论，它更多的是强调理论在生活中的运用。不会运用那就是书呆子。

再次，颜回不但能力很高，而且品德很好，能坚持岗位职责，更能实践孔子的克己复礼的精神，是我的一分不少，不是我的一分不要，能拒绝外边的诱惑。孔子对颜回的这一点很欣赏。孔子说："贤哉回也！一箪食，一瓢饮，在陋巷。人不堪其忧，回也不改其乐。"（《论语·雍也》）颜回能够安贫乐道。要做到安贫乐道是很不容易的，你想想，一旦从岗位上下来了，没有钱花，没有俸禄，怎么生活啊？怎么安慰受伤的心？只有具有相当自制力的人才能做到安贫乐道。所以孔子说，颜回真是不简单啊。

所以大家看，孔子之所以很欣赏颜回，是因为在他身上寄托着孔子对职业官员、职业经理人的一种盼望——能力要高，品德要好。能力是干好工作的基本功，品德涉及处理人和人之间的关系，包括是不是谦让，是不是有原则，是不是能做到合得来则合、合不来则走、安贫乐道，这就是孔子很欣赏颜回的原因。

第九节　孔子对待财富的态度

孔子对财富的态度，应该从两个方面来讲。

一方面，孔子承认人追求财富的欲望的合理性。

孔子说，"富与贵，是人之所欲也"，"贫与贱，是人之所恶也"，人一辈子忙来忙去，就追求两件事——富与贵。"富"可理解为物质利益，"贵"可理解为精神利益。孔子跟学生开玩笑地讲，"富而可求也，虽执鞭之士，吾亦为之。如不可求，从吾所好"（《论语·述而》）。执鞭就是赶马车，赶马车在当时是一个很普通的事务性工作，但赶马车也属于正当致富的一个路径，也没什么丢人的，因此孔子对学生开玩笑说，如果能让他富裕起来，赶马车的工作他也愿意去做。

另一方面，孔子又讲，追求财富要通过正当的途径来追求，不能无原则地去追求，是我的我要，不是我的我不要。他说，"富与贵，是人之所欲也，不以其道得之，不处也；贫与贱，是人之所恶也，不以其道得之，不去也"（《论语·里仁》）。什么意思？富与贵是人所追求的，但如果不是通过正当的途径得到的，那么我便不去追求；贫与贱是人们所厌恶的，但如果不能通过正当的途径去摆脱，那么我也安于这种局面。孔子不是让人安于贫贱，他说："天下有道则见，无道则隐。邦有道，贫且贱焉，耻也；邦无道，富且贵焉，耻也"（《论语·泰伯》）。问题是机会没来，情况不利，你怎么办？你总不能通过偷盗抢劫的办法来得到想要的富贵吧。我们所能努力的，就是不断地修养自己，做好准备，一旦机会来了，自然就能做到有利情况下的利润最大化。如果机会没来，那只能是耐心等待，同时不放弃努力，做到不利情况下的损失最小化。

因此，孔子没有教人安于贫贱的思想。假如他有教人安于贫贱的思想，就不是人类伟大的导师了。他顺应人们对财富的追求，主张通过教育的方式，让人们通过正当的、合理的途径来追求财富，并提高追求财富的能力。但是他又说了，能不能得到财富是不以自己的意志为转移的，要受到社会机会、运气等很多因素的影响。因此儒家不以成败论英雄。在儒家看来，人们之所以要提高修养，不断地努力，目的是一旦机会来了，要逮住机会，做到利润的最大化，如果机会没来呢，也能做到损失的最小化。儒家认为，能做到这一点就可以了，因为外在的运气是我们把握不了的，但提高内在的品德修养是我们可以做到的。

第十节　孔子是不是有愚忠思想

有人说，儒家是不是提倡"君要臣死，臣不得不死"？

这不是儒家的思想，这恰恰是统治者渴望人民做到的，是统治者的一种心理需求的表达。其实，就是最反映统治者意志的法家也不完全提倡这种思想。孔子完全没有这种思想。

孔子思想的前提是什么呢？资源是有限的，人的欲望是无限的，人和人之间不断地爆发争夺资源的冲突。怎么协调这一矛盾呢？孔子主张，一方面要顺应人们对财富的追求，另一方面又要提倡见利思义，也就是"克己复礼"。具体来说，凡事要有克制，不能顺着自己的性子恣意妄为，是我的我要，不是我的我不要。要做到这一点，除了自我约束外，还要通过社会的力量来规范。孔子认为，国君也要规范。因为假如不对国君的权力进行制约，那么国君就会无限制地贪婪下去，就会逼得老百姓造反，从长远来讲，无论对国君还是对整个社会都是不利的。

《礼记·礼运》篇中，孔子曰："父慈子孝，兄良（友）弟悌，夫义妇听，长惠幼顺，君仁臣忠，十者，谓主人义。"《论语·八佾》篇中，孔子曰："君使臣以礼，臣事君以忠。"就是说，国君对老百姓、对部下，要以礼相待，知道哪些能做哪些不能做；部下对国君要忠诚。这是一个相互交换的关系。换句话讲，君使臣不以礼，那么臣对君也可以不忠，可以离开，可以辞职。

孟子讲得更为直率，"君之视臣如手足，则臣视君如腹心；君之视臣如犬马，则臣视君如国人；君之视臣如土芥，则臣视君如寇仇"（《孟子·离娄篇下》）。意思是，你对我好，我也对你好，如果你对我不好，就不可能换来我对你好。用老百姓的话讲，叫"你敬我一尺，我敬你一丈"，将心比心、将心换心。国君要想得到老百姓的拥戴，必须对老百姓好，他只有对老百姓好，才能换取老百姓对他的拥戴和发自内心的感恩戴德。所以荀子讲，君子"从道不从君"（《荀子·子道》）。

第十一节　孔子是不是有愚孝思想

孔子是否提倡"父要子亡，子不得不亡"的愚孝思想？

儒家没有这种思想，儒家强调的是人和人之间的相互依赖，以及相互克制、相互制约。孔子一方面讲"君仁臣忠"（《礼记·礼运》），国君、领导对人民好，人民就对领导忠诚拥戴；另一方面讲"父慈子孝"(《礼记·礼运》)，父亲对儿子关心，帮助儿子发展，那么作为儿子要孝顺老人。人不能忘恩负义，何况对自己的父亲。如果父亲一般不慈祥，那么儿子仍然要孝顺，毕竟矛盾的性质还没有转化。假如说父亲严重不慈祥，那么在这种情况下，怎么能让儿子将来回报自己呢？过去对儿女不好，指望儿女将来对自己回报，怎么能做得到？你不积德，你不让人高兴，谁来让你高兴啊？父亲和国君一样，都是社会的领导者，荀子讲君子"从道不从君，从义不从父"(《荀子·子道》)，都讲了一种相互的制约。那么这里讲一个故事。

孔子的学生曾子（曾参）是非常孝顺的一个人，他的父亲有点诗人性格，脾气来得快消得也快。有一次，两个人在田里劳动，曾子锄地的时候不小心把瓜蔓给锄坏了，他的父亲特别不高兴，结果用生产农具——锄头打曾子，而且打得特别重，把曾子给打昏了。曾子醒了之后，为了表示自己对父亲不怨恨，故意装作没有事的样子，还在家里弹琴。孔子知道这件事后找来曾子，把他大批了一顿，说，你这样做，是陷你的父亲于不仁不义呀，他万一把你给打死了，你让社会怎么看待你的父亲？你的父亲还不进监狱？你固然是他的儿子，也是国家的子民啊，他毕竟是违背国家法律的。父亲打你轻了，你就在那儿让他发一下火，父亲打你重了你就赶紧跑。为什么？他现在正处在一种不理性的状态，正处在疯狂的状态，你跟他一般见识？

这个故事就说明孔子没有愚孝的思想，"父慈子孝"讲的是一种相互的制约。

第十二节　为什么孔子能完成大变革时代赋予的任务

第一，天时条件。在社会大变革时代，一定要求产生一种能反映社会大变革及其未来意志的思想，即使产生不了孔子，也会产生别人。

第二，地利条件。这种思想一定由发达地区的人产生。因为发达地区最先碰到问题,他不先解决问题,谁来解决问题?为什么诺贝尔奖多在美国?因为美国最发达,最先碰到问题,它不先来解决谁来解决?当时中国最发达的地区就是黄河下游山东半岛一带。中华民族对大自然的改造,从黄河上游开始,上游开发了,人多了,住不下了,便向中游进发,待中游也开发得差不多了,人多了,便去下游开发,当然这是建立在科学技术的发展和相应的开发能力基础上的。因此,当时伟大的思想家,一定产生在黄河下游地区的山东一带。

第三,人和条件。应符合以下三个条件:

首先,特殊的家世使孔子受到商周两种文化的深刻影响。换言之,孔子的学术渊源深厚。要做一个大思想家,他一定要看得远,为此他一定得学术渊源深厚。孔子是商王朝贵族的后代,对商王朝的文化他了解。他的六世祖孔父嘉在政治斗争失败后,其子孙逃到鲁国。鲁国是周公的封国,周公是周文王的儿子、周武王的弟弟、周成王的叔叔。周武王打下江山不久就去世了,周成王年龄小,周公就代理他治理天下八年,把国家成功地安定了。因为周公有很大的贡献,去世后享受天子的待遇,所以当时的鲁国首都曲阜的政治地位很高,它虽然不是西周王朝的首都,但西周所有的典章文物、图书等,它那里都有。后来游牧民族南下,把西周的政权给打倒了,西周不得不迁都,从镐京(今陕西长安县地区)搬到了洛邑(今河南洛阳)。在搬迁的过程中,典章文物丢了不少,看管文物的文化人也跑掉了很多,当时人称"周礼尽在鲁矣"(《左传》昭公二年),也就是说,要了解周王朝的文化,得到鲁国去了。因此孔子受到商周两种文化的深刻影响,学术渊源深厚,在当时能具备这个条件的人是很少的。

其次,孔子是破落贵族家庭出身,既享过大福又受过大苦,这使他有正反两方面经验教训的概括和总结,其思想之深刻非常人可比。而且由于破落的时间较长,只能完全接受生活现实,这使孔子的思想平和而中正,不偏激,既能被统治者接受,又能被被统治者接受。因为孔子的家族曾经享过大福,所以他了解统治者,了解他们的优点和弱点,后来他的家族又流落到民间,所以他也了解被统治者,了解他们的优点和弱点,因此,孔子能提出一种为统治者、被统治者双方都能普遍接受的思想,这也是孔子主张中庸之道的原因。要做到"中",你必须得两边都懂,"知己知彼,百战不殆"。

那么,人们又要说了,老子不也是破落贵族家庭出身吗?为什么他产生不了反映社会大变革及其未来意志的思想?我认为,老子的思想之所以不能被社会所广泛接受,是因为老子刚刚落下来,心里充满了对社会痛苦的愤怒,因此其思想深刻但偏激,像"知者不言,言者不知""信言不美,美言不信""善者不辩,辩者不善""知者不博,博者不知"(《道德经》第五十六章)等,都反映了老子思想中强烈的愤世嫉俗倾向。和老子相比,孔子已经破落六代了,能够完全接受生活现实,因而思想平和而中正。

最后,孔子个人的品格和经历使其心态平和。孔子说:"吾少也贱,故多能鄙事。"(《论语·子罕》)这是说,孔子年轻时做过很多杂七杂八的事情,因而了解民间的生活。另外,孔子的出身并不高贵,他要赢得社会的尊重,他必须要让社会高兴,因此他是干一行爱一行。他为什么讲"克己复礼"?因为他自己也正是这么做的。换句话讲,假如孔子的家庭环境很好,他有那么大的动力向上吗?他有动力做到干一行爱一行吗?再一个,孔子这个人特别好学,"入太庙,每事问"(《论语·八佾》)。有人说孔子的老师是老子,其实孔子的老师多了,他以天下人为师,故能成为天下人的老师,学无常师。孔子不仅好学,而且悟性特别高,三十岁被称为圣人,天上地下的事近乎无所不知,这就是悟性高的一个体现。

第十一讲
孔子的义利观
——如何处理个人与社会的关系

第一节　孔子管理思想的目标

首先我们看看孔子管理思想的目标。孔子管理思想的目标，就是高度的物质文明和高度的精神文明二者统一的和谐社会的实现。

在孔子看来，一个和谐的社会，一要有相当的物质水平，二要有相当的精神文明。那么这话是在哪里提出来的呢？

孔子带着学生周游列国时在卫国待了差不多十年。卫国在历史上曾经亡过国。周惠王十七年（公元前660年）冬，北狄人聚两万骑兵向南进犯，直逼卫国首都朝歌，此时卫国当政的是以喜欢仙鹤出名的卫懿公。卫懿公号召民众保家卫国，老百姓说，让仙鹤去打仗吧！仙鹤怎么能打仗呢？最后卫懿公不仅把国家给败亡了，连自己的命也给丢了，卫国全国共跑出来七百四十多人，后来在齐桓公的帮助下才复国。一百多年后，当孔子来到这里时，卫国的人口已经有了相当的发展，所以孔子说：这里的人真多啊。当时，他的学生冉有正给他赶马车，就问他：人多了以后怎么办？曰："富。"人多了要让老百姓富裕起来啊。冉有又问，富了以后再怎么办？曰："教之。"富了以后再教育啊。（子适卫，冉有仆。子曰："庶矣哉！"冉有曰："既庶矣，又何加焉？"曰：

"富之。"曰:"既富矣,又何加焉?"曰:"教之。"——《论语·子路》)

为什么富了以后要加强教育呢?这是因为人富了有能力追求精神生活,人富了愿意追求精神生活,人富了也必须追求高尚的精神生活。原因者何?人富了往往自信。人不自信干不好工作,人太自信了,又会蔑视他人犯错误。为什么?我很自信,不觉得需要别人,自然没有必要让别人高兴,那就倾向于更多地看别人的弱点,看自己的优点,这样一来社会成员间的矛盾就会激化、加剧。因此孔子认为,人富了、自信了是好事,但好事也不能过度,还得通过教育让他明白自己的弱点,感到还需要别人的帮助,这样就必须让别人高兴。而要让别人高兴,就必须研究别人,做到"知己知彼",这样社会才能达到一个和谐的状态。孔子认为人口多了还要富,富了以后还得教的思想,就是讲物质文明达到了,还要追求精神文明,这跟我们讲的马斯洛学说的理论是一致的,马斯洛学说怎么讲的?人先追求衣食住行的满足,再追求安全感的满足,再追求情感的满足,再追求地位、荣誉以及自我价值的实现。说白了,就是两个方面,一是物质的满足,二是精神的满足。为什么孔子的思想能影响中国社会两千多年?因为他对人的分析更符合人性,既讲人追求物质的一面,又讲人追求精神的一面,这使他的学说在运用到生活、工作中时更有弹性。

链接

马斯洛学说:美国心理学家亚伯拉罕·马斯洛(1908—1970)认为,人都潜藏着五种不同的需要,它们从低级到高级依次为:生存的需要、安全的需要、感情的需要、尊重的需要、自我价值实现的需要。马斯洛需求层次学说基本反映了人类心理活动的规律,为我们的社会实践提供了理论依据。

第二节 孔子管理思想的出发点

孔子管理思想的出发点是承认人追求财富的欲望的合理性。

孔子讲,"富与贵,是人之所欲也";"贫与贱,是人之所恶也"(《论语·里仁》)。意思是说,人这一辈子忙来忙去,不就为了物质生活和精神生活的双丰收吗？不就为了经济地位和社会地位的双丰收吗？孔子就是从人的这个基本的追求出发，去探讨如何实现和谐社会的。

当然，孔子也说了，尽管人人都追求富贵，但是由于各自目前的经济状态不同，在同一时期追求的重点也不一样。"君子喻于义，小人喻于利"（《论语·里仁》），意思是说，老百姓由于眼前的利益没满足，更追求眼前，物质没满足更追求物质；而官员干部眼前利益满足了追求长远，物质满足追求精神生活。

那怎么管理员工，怎么管理干部，怎么进行社会成员的分层次管理？

孔子认为，"性相近也，习相远也"（《论语·阳货》）。就是说，古今中外、男女老少，人人都追求富贵，人人都讨厌贫贱，概莫能外。"习相远"的"习"指行为习性。生活中的人没有不追求富贵的，但追求的途径、方式、方法不一样，有人用野蛮的途径追求，有人用文明的途径追求；有人更谦和，有人更张狂。为什么会有这样的不同？是因为得到财富的多少和得到的艰难程度不一样。得到财富太容易，人往往张狂，因为他不觉得需要别人的支持；得到财富不容易，人往往谦和，因为他需要别人的支持，必须让别人高兴。

那么，大家可能会问，生活中的人没有不追求富贵的，为什么有人得到了，有人没得到？这个问题不难回答，因为不同人的努力程度不一样，工作能力不一样，再加上运气、机会不一样，自然结果也不一样。

怎么才能提高人追求富贵的能力呢？古今中外的人们都重视一个办法——教育，即通过教育提升人的劳动能力，通过教育提升人把握机会、规避风险的能力。因此，我们现在要扶贫，更多地要把教育作为一个主要的手段。

第三节　如何看待贫富差距现象

人人都追求财富，但是最后的结果却不一样，有人得到了，有人没得到，有人得到的多，有人得到的少。如何看待这种贫富差距的现象呢？

孔子的看法有两点，第一，他认为出现一定的贫富差距是合理的，这是由不同行业的利润率差别导致的。尽管生活中我们常说"三百六十行，行行出状元"，但状元和状元也不一样，有穷状元，有富状元。孔子讲，"耕也，馁在其中矣；学也，禄在其中矣"（《论语·卫灵公》）。什么意思？读书意味着劳动技能的提高，意味着把握机会、规避风险的能力的提高，自然发财致富的概率就大大提高了，所以说"学也，禄在其中"，用今天的话表达就是——知识就是力量，知识改变命运。"耕也，馁在其中"，是说种地往往意味着利润不高，因为种地需要的劳动技能不高。换言之，你种的玉米和我种的玉米没什么区别，是个完全竞争的生产要素。完全竞争有什么特点？那当然是质量高、价格低了。第二，孔子同时也认为贫富差距太大了不好，因为贫富差距太大了，穷人活不下去，一定要造反的。所以孔子说，"君子固穷，小人穷斯滥也"（《论语·卫灵公》）。今天，我们为什么强调富人要有社会责任感？为什么希望富人做慈善事业？这正是最后保护富人自己产权的反映。因为你已经占据这么大的一个市场，假如说你不培育这个市场的话，周围的人活不下去，你能活得好吗？所以孔子又讲，"贫而无怨难，富而无骄易"（《论语·宪问》）。意思是说，富了不骄傲是容易做到的，贫穷了不抱怨是很难做到的，因为人追求富贵，讨厌贫贱，而在得到富贵和失去富贵之间，失去富贵的不平衡感更强。

这就是孔子对贫富差距问题的两个看法。一方面承认贫富差距的合理性，另一方面又说，贫富差距太大了不好。

第四节　解决贫富差距矛盾的办法

在孔子看来，没有贫富差距不行，贫富差距太大了又不好，那么如何解决这个矛盾呢？

生活中处处有矛盾，事事有矛盾，关键在于怎么解决矛盾，儒家解决矛盾的办法就是中庸之道。没有贫富差距不行，它不能激起人的劳动欲望；贫富差距太大了也不好，社会不稳定，富人的财富也保证不了。怎么解决这个问题呢？孔子的办法有两个。第一，顺应人们对财富的追求，让老百姓富裕起来，他说"惠则足以使人"（《论语·阳货》），通过让老百姓得到实惠，使老百姓发自内心地拥戴你，对你感恩戴德，这样政权就会稳定。第二，不能让老百姓追求财富的欲望无限制地膨胀下去，要见利思义。毕竟资源是有限的，都被你得到了别人怎么办？社会还不大乱！孔子强调人要见利思义，反对无限制地追求财富。

既要顺应人对财富的追求，还要适当节制，这就是儒家的中庸之道在解决贫富差距矛盾问题上的观点。

第五节　顺应人们对利的追求

那么怎样顺应老百姓对财富的追求，让老百姓富裕起来？孔子的办法有三个：

第一，节用，节约到符合"礼"的程度。这又是一个中庸之道的运用。不是像墨家那样无限制地节约，而是要节约到符合岗位职责需要的程度。对于老百姓来讲，对自己要节约，但是对客人要大方，那是对客人的尊重；平时要节约，过节的时候对自己要大方一下，人不能老是过艰苦的生活，对未来总要有一个盼头，所以大家看中国的传统节日，几乎每个月都有。节日让人们在穷困的生活当中，对未来有一个盼头，有一种追求。对干部来讲，要节约到与岗位职责相适应的程度。一般的情况下，领导干部再怎么节约，也不能节约到穿打补丁的衣服的程度，领导干部都穿着打补丁的衣服了，老百姓能对你有信心吗？合作伙伴能对你有信心吗？人们尊重你的权威吗？当然在特殊的情况下，比如说社会经济发生了很大的问题，这时，你穿着打补丁的衣服，反而更能赢得老百姓的信赖，因为这是领导和群众心连心、同甘共苦的表现。这是儒家的中庸之道在节约方面的运用，是一般情况和特殊情况的结合，是原则性和灵活性的结合。

第二，轻徭薄赋。只有统治者节约了，才能对被统治者轻徭薄赋。轻徭是指别占用老百姓过多的时间，应让其多从事生产劳动；薄赋就是少占有老百姓的劳动成果,目的是让老百姓早日富裕起来。孔子的学生有若说,"百姓足,君孰与不足;百姓不足,君孰与足"(《论语·颜渊》)。老百姓富裕起来了,就能抵抗天灾人祸的打击,就能使社会更稳定。家是国的基础,国与家就是宏观和微观的关系。

第三,领导人要不断地进行政策制度的创新。孔子讲,"因民之所利而利之"(《论语·尧曰》)。因是顺应的意思,指顺应老百姓对财富的追求,让他得到,这是指政策、制度的创新。因此我说孔子是制度大师,主张通过制度来协调人和人之间争夺资源的矛盾。在孔子看来,管理的最高境界是"惠而不费"(《论语·尧曰》),让老百姓得到实惠,国家又没有付出,这叫无本买卖,叫管理效益最高。你通过奖励把老百姓的积极性提高了,当然能达到目的,但是经济效益相对没有"惠而不费"高,"惠则足以使人"。邓小平的家庭联产承包责任制,就是一个"惠而不费"的管理创新,国家并没有给老百姓一分钱,但老百姓干劲倍增,老百姓得到了财富,给国家上交得就多,最后国家和人民都高兴,这就叫"惠而不费",这就是制度、政策的创新。领导人就是要通过制度、政策这个杠杆,让老百姓看到利益,让老百姓高兴,从而自觉地工作。老百姓做的是有形的产品,领导人做的是无形的产品,这个无形的产品就是政策、制度。制度有好制度和坏制度之分,一段时间它是好的制度,到了另外一段时间,可能变成不好的制度,因此要不断地进行制度的创新,这是领导人的使命。

第六节　调节人们物质利益关系的原则——见利思义

那么怎样才能做到不让老百姓对财富追求的欲望无限制地持续下去呢?

孔子提出的调节人们物质利益关系的原则就是"见利思义"(《论语·宪问》)。"利"字怎么写?一边禾字旁,一边一把刀,刀割庄稼,即收获庄稼就叫利。利,也有得到的意思。义,合适、合意的意思。"见利思义"指用合适的行为来得到合理的财富。

那么什么是合适的,什么是不合适的?不知道什么是合适的,先明白什么是不合适的。在孔子看来，以下三个得到财富的途径是不合适的：一是从统治者角度来讲，对人民乱摊派、多征税的聚敛是不合适的，利用不正当手段与民争利、以权谋私是不合适的；二是从国与国之间关系来讲，看别的国家富就眼红，于是去攻打别的国家，掠夺别国的财富，这是不合适的，这是不尊重别国产权的表现；三是从老百姓的角度讲，看别人富就眼红，于是偷盗抢劫，这是不合适的，这也是对别人产权的不尊重，是侵犯别人产权的反映。

那么什么是得到财富的合适途径？孔子没有多讲。但我们可以根据中庸之道推理出来，这就是：不知道什么是该干的，先要明白什么是不该干的，把不该干的都去掉了，剩下的都是该干的。

孔子起码讲了两个得到财富的途径是合适的：一是读书，"学也，禄在其中"（《论语·卫灵公》），"学而优则仕"（《论语·子张》），意思是说，通过读书，往大处说可以做官、为社会做贡献，往小处说可以提高自己的劳动技能，提高自己把握机会的能力，这是合适的求得财富的途径；二是经商，中国古代著名的大商人子贡就是孔子的早期弟子。大家可能会问，儒家不是重农抑商吗？其实儒家没有重农抑商的思想，而是主张农工商要协调发展。以孔子和孟子为代表的早期儒家反而主张大力发展商业，因为个体小农做不到绝对的自给自足。铁制农具没办法自己生产，这就需要工。有了工，有了农，就有了商。在古代社会，经商比现在要辛苦得多，现在出门经商是坐飞机、住五星级宾馆，古代经商要自己走路，或赶着牛车、马车走。现在有火车、汽车、轮船做物流，过去是自己背着包、推着小车，风餐露宿，路上有猛兽，还有强盗。总之，在古代经商是很辛苦的，因此孔子和孟子都主张大力发展商业。

比如，孔子只同意对商人的从商行为进行管理，但坚决反对征收关市之税，主张"关讥市廛（chán）皆不收赋"（《孔子家语·王言解第三》）。臧文仲曾设立关卡，对过往商人征收重税，孔子对这种做法给予了强烈的批评，指出"臧文仲其不仁者三……下展禽，置六关，妾织蒲，三不仁也"（《左传·宣公三年》）。孔子还上书鲁哀公减轻关市之税，"弛关市之税"（《孔子家语·五仪解第七》）。孔子坚决反对贵族领主垄断自然资源的行为，提出要开禁利民，"入山泽以其时而无征"（《孔子家语·王言解第三》），"废山泽之禁"（《孔子家语·五仪解第七》），即要求取消统治者对山泽的垄断和税收，向商人开放山泽，允许他们自由经营。另外，孔子还要求"谨权量"（《论语·尧曰》），即主张统一度量衡，无疑这也是有利于商品流通的。

孟子进一步阐发了孔子的思想，主张"市，廛而不征，法而不廛，则天下之商皆悦，而愿藏于其市矣"，又说，"关，讥而不征，则天下之旅皆悦，而愿出于其路矣"（《孟子·公孙丑上》）。意思是说，不征货物税，而且还提供储藏货物的地方，如果货物滞销，则依法收购，不使积压，这样天下的商人就会源源不断地前来。商人来得多了是不是竞争激烈？竞争激烈了质量高价格低，对个体农民最合适。当然了，竞争不能无限制地激烈，竞争太激烈了，又会不正当竞争，影响农民的利益。另外，竞争太激烈了，商人赚不到钱就不来了。因此孟子主张商人卖不出去的东西，由国家来收购，通过这种方法保护商人的利益，让商人愿意来，因为过去经商太辛苦。孟子认为，只有对那些垄断市利、欺行霸市的商人才坚决征税，"有贱丈夫矣，必求垄断而登之，以左右望，而罔市利，人皆以为贱，故从而征之。征商自此贱丈夫始矣"（《孟子·公孙丑下》）。

第七节　如何在生活中贯彻"义"的思想

那么明白了什么是合适的得到财富的途径，什么是不合适的得到财富的途径，如何在生活中把"义"的主张贯彻下去？如何让民间了解这种思想，按这种思想来办？孔子提出两个途径：

首先，重视教育手段的作用。所谓教育手段，也就是用和平的、非强制的、非暴力的途径解决问题。

为什么孔子特别强调教育手段？原因有两个，一是老百姓有认识世界的能力。老百姓看到了未来，算了大账，会自觉地工作，自觉地不犯错误。二是官员手上掌握着惩罚别人的强制的、暴力的武器,官员还有短时间内维持社会秩序良性运转的使命。要在短时间内维持社会秩序的良性运转,自然倾向于发挥手中独特的竞争优势的作用,但这样一来又会激化矛盾,引起老百姓的反抗,导致政权被推翻。因此在孔子看来,能用和平的途径解决,就不要用暴力的途径解决。孟子讲"善教得民心"(《孟子·尽心上》),就是说,人是追求利益的,你通过教育让老百姓看到长远利益,老百姓算了大账就会自觉地不犯错误。儒家为什么重视教育?原因在这里。

孔子还讲了两种领导方法的区别和对立,"道之以政,齐之以刑,民免而无耻。道之以德,齐之以礼,有耻且格"(《论语·为政》)。意思是说,用行政的强制办法也能让老百姓不犯错误,但老百姓是出于怕你而不犯错误,并不是发自内心的因为有了是非感而不犯错误。当然,你的力量有强的时候,必定有衰弱的时候,一旦你的力量衰弱了,那么老百姓照样会犯错误。而通过教育的方式引导老百姓看到长远利益,教老百姓算大账,让老百姓看到什么是对自己最有利的发家致富的途径,他就会自觉地不犯错误。因此"道之以政,齐之以刑"的做法也被称为"刑政";"道之以德,齐之以礼"的做法也被称为"德政"。刑政发展到孟子时期被称为霸道,德政则被称为王道,用今天的话讲,霸道就是鞭策,王道就是激励,这就是古代的思想跟我们今天的联系。

其次,重视其他管理手段的作用,如政、法的作用,主张配套使用。

那么孔子是不是仅仅强调教育的和平途径的作用?不是的。没有教育是万万不能的,但仅仅有教育也是万万不成的。领导干部要在短时间内完成工作,一是要教育,一旦教育不成,那就得处罚,因此儒家讲"文武相济",主张在文和武之间寻找平衡点,或者文中有武,或者武中有文。当然了,在文武之间,原则上以文为主。孔子认为,在众多管理手段中,原则上应依靠教育的手段,行政、法律手段则放在次要的、辅助的位置,而且在使用行政、法律手段时,也应同教育手段配合使用,使民知法、畏法并且耻于犯法。换言之,尽可能地用文的手段,用和平的教育的手段,实在做不到,再用武的手段,用强制的、暴力的手段。在使用行政、法律手段时，也应同教育相结合，让人明白自己的不对，为其未来不犯错误奠定基础。

儒家和法家都讲按制度办，但是法家的按制度办，是简单、机械地按制度来办，冷酷无情，刻薄寡恩。儒家的按制度办是怎样的呢？须知，制度是无情的，但人是有情的。员工犯了错误一定要批评，通过批评让他明白错误，让他以后不犯错误。但谁都喜欢被表扬，不喜欢被批评。你批评他，他肯定不高兴，不高兴的极端就是破罐子破摔。如何将人的不高兴的危害降低到组织能容忍的最低点？原则上一要批评，二要讲究怎样批评。法家的按制度办太简单、太机械了，没有人情味，对干部的要求也低，不需要什么文化，只管机械地操作就可。儒家的按制度办对干部的要求很高，要求干部讲究批评的方式、方法，这就需要有文化，因此儒家特别重视对全民族尤其是干部的教育。

在这里讲一个小例子，诸葛亮是怎么斩马谡的。

> 马谡犯了严重错误，按照当初的约定当斩，但诸葛亮没有一刀把他"咔嚓"了，如果那样做，全国人民会不高兴，这诸葛亮也太无情，这样的领导能跟吗？诸葛亮是怎么做的？他首先问马谡为什么犯了错误，目的是"防患于未然"，为今后更好地教育别人奠定基础。另外，诸葛亮还跟马谡讲：按照当初的约定当斩，你感到委屈不委屈？马谡说：我不委屈。诸葛亮这么做的目的就是让人心不生怨啊，让马谡的不高兴的程度降低到最低点。最后，诸葛亮又说了一句话：家里还有什么人？马谡说：还有老母亲。诸葛亮说：好，你放心走吧，老母亲由我照顾了。最重要的就是这最后一句话，太打动人心了。一时间，马谡痛哭，三军痛哭，真的是杀了一个，教育一片。在士兵看来，毕竟都是一个战壕里的兄弟嘛，他尽管犯了错误，但是还是要解除他的后顾之忧啊，让他在去另外一个世界的时候，不高兴的程度降低到最低点。

大家看，这就是儒家的按制度办，讲究既要批评还要懂得怎样批评。

第十二讲
孔子的领导观
——如何提高领导素质

近年来，我国学术界、企业界有一个争论，就是领导者和管理者的关系问题。在人们看来，领导者是管决策的，管理者是管执行的。我认为，每一个人既是领导者也是管理者。

以岗位而言，你是做一个具体工作的人，在这个岗位上相对于你的上级，你是下级，要执行上级的决定；相对于你的下级，你是上级，要负责发布命令，发布指示；相对于左右呢，你是同事，要协调关系。从这个角度上讲，谁是领导者，谁是管理者？每个人既是领导者也是管理者，要完成这个岗位所要求的各种角色的职责。换句话讲，每一个人都应当提高自己的领导素质。

第一节　怎样提高领导素质

那么应该从哪方面提高自己的领导素质呢？

按照孔子的观点，就是从两个字上来提高，一是仁，二是义。

"仁者，爱人。"仁指的是态度、爱心的问题，要爱就得向外让利，就得让人高兴。领导不爱部下，不让部下得到利益；不爱顾客，不让顾客得到利益；不爱合作伙伴，不让他们得到利益，谁拥戴你啊？谁支持你啊？要做领导者，第一，得有爱心。不能光管自己，还要管别人，得让更多的人跟着自己发展起来，这就叫爱心的扩充。第二，得有能力。光有爱心还不够，还得有爱的能力、爱的智慧；光有让别人发展起来的心还不够，还必须有决策的能力，能让部下得到切实的利益，能让顾客和合作伙伴得到切实的利益。换句话讲，"义"是能力问题，仁是态度问题。一方面要有爱人的态度，另一方面要有爱人的能力。"义者，宜也"，合适的意思，要做到合适，一定得研究两端，光知己知彼还不行，还得在知己知彼的基础上，找到双方都满意的平衡点，这是个能力问题。知己知彼不是一知半解。光知道自己，不知道别人，光知道自己的长处，不知道自己的短处，光知道别人的短处，不知道别人的长处，都不行。为什么强调理论和实践结合？为什么强调普遍性和特殊性结合？这都是"知己知彼"原则的具体应用，这样才能提高为人民服务的能力。

第二节　怎样提高领导者的爱心

孔子主张通过学习来提高领导者的爱心。他说，"君子学道则爱人，小人学道则易使"（《论语·阳货》）。君子，即领导者，领导者明白了道理，会更爱老百姓。领导者通过学习，会感到自己力量的渺小，会感到要完成自己的远大抱负，必须借助社会的力量，而要借助别人的力量就要让别人高兴，就要研究别人如何才能高兴。不通过学习，是认识不到这一点的，或者说不能更好、更快地认识到这一点，这样就会影响领导能力的发挥。另外，领导者通过学习，不仅明白了事理，也提高了驾驭各方面矛盾冲突的本领，因为他能从自己、他人两方面思考问题，也就做到了"知己知彼"，自然能"百战不殆"。

小人，即老百姓，老百姓明白了道理会怎样呢？孔子认为，老百姓明白了道理，会更尊重领导。组织是需要权威的，权威是需要维护的，老百姓明白了道理，就会明白人人都会犯错误，领导自然也不例外，可以理解领导犯错误，还愿意帮助领导改正错误。另外，老百姓通过学习提高了能力，明白了道理，能更好地领会领导的意图，把工作干得更好。因此儒家主张全社会都要学习，向前人学习，向生活学习，以此提升自己的爱心和爱的能力。

第三节　怎样提高领导者的能力

提高能力是"义"的范畴，我认为重点要提高两个方面的能力，一方面是将中庸之道的原则运用到生活中去解决各种复杂问题的能力，另一方面是得人、用人的能力。

关于中庸之道，我们前面讲了很多了，这里不多讲，这里主要强调得人、用人方面。

为什么强调领导者要具备得人、用人的能力？因为领导者虽然抱负远大，但能力、精力有限，不得不借助别人的力量来实现自己的远大抱负。自己忙不过来，必须借别人的力量。借谁的力量呢？儒家讲"选贤与能"（《礼记·礼运》），就是在众人中选择贤人、能人。换句话讲，儒家把领导者需要的人分成两种——贤人和能人。

什么样的人是贤人？是协助最高领导者掌握全局的人。这种人不但有经邦治国的大本领，还有高尚的道德品质，能够移风易俗，化民从善。能力很强，能解决各种复杂的矛盾问题，同时又品德高尚。品德高尚体现在哪里？——思想、信念的结合，合得来则合，合不来则走。合得来则合好办，合不来则走难办。试想，合不来则走，没有俸禄，没有钱花，如何生活？只能安贫乐道。一般的人很难做到。

什么样的人是能人？是指在具体的工作部门从事具体工作的人，即具备做好某种工作的专业知识的人。能人可以在某一个工作岗位上做得很出色，但一般对其品德的要求不像对贤人要求那么高。能人能做到合得来则合，但很难做到合不来则走，不过可以让贤人来驾驭能人。一方面贤人能力高，能通过制度来规范能人；另一方面贤人可以用自己的行为来引导能人。毕竟人性善，人在犯错误时也有做好事的萌芽，江洋大盗临受刑的时候，还记挂自己的母亲，这些都是"人性善"的反映。

那么能人和贤人是什么关系？在儒家看来，一方面贤人指导、驾驭着能人；另一方面，能人辅助着贤人，即使最高层没有贤人，只要有各方面的能人在，也可以保持一个较平稳的局面，而不至于发生重大的失误或者很快陷于失败中，当然也不能使全局工作达到理想的状态，实现"天下大治"。

当时孔子在卫国，卫国的国君是卫灵公，卫灵公早期还励精图治，但到了晚年开始变得昏庸无道，重用能力不高、品德不高的小人，远离能力高、品德高的贤人。孔子的学生就问孔子，老师，卫国是不是快要灭亡了？孔子说，不会的，尽管卫国的最高层没有贤人，但是它下面的各个部门，无论是国防、外交、教育、卫生还是其他的部门都有各方面的能人在，这弥补了最高领导者的不足，因此卫国不会灭亡，还会持续比较长的时间。但毕竟是大脑指挥着四肢，不是四肢指挥着大脑，因此卫国的工作也达不到一种理想的状态。

在孔子看来，光选拔贤人、能人还不够，还必须善于用人。假如有贤人、能人而不用，或用得不当，就会出现贤能"裹足"的现象，外边的贤能不愿来，里边的贤能纷纷离去。只要是人才，就要求有发挥作用的平台。光是选拔人才，储备人才，而不使用人才，就不符合人才的理想，他们就会去寻找别的能发挥作用的平台。现在有好多的企业强调储备人才，这是对的，是未雨绸缪的表现，但也应该在储备的过程中，给人才创造一些能够发挥作用的平台，逐渐历练他们的才能。不能一直储备不使用，一直储备不使用，那些人才一定会离去。

到孔子的孙子子思的时代，鲁国的国君是鲁穆公，他和子思的私交特别好，经常给子思送各种各样的礼物。有一回鲁穆公又打发人给子思送礼物，被子思坚决地退回去了。子思很生气地说，国君这是把我当狗和马一样地养活，狗和马要的是很简单的物质生活，你老是给我送礼物，也不用我，不给我提供实现价值的平台，这不是像狗和马一样地用我吗？

这个故事说明，光储备人才是不行的，还要用人。如果不用，那么人才一定要离去。

如何正确地发挥贤人和能人的作用呢？孔子主张"因材施用"。用现在的话讲，就是合适的人用在合适的岗位上。"所谓大臣者，以道事君，不可则止。今由（指仲由）与求（指冉求）也，可谓具臣矣。"（《论语·先进》）贤人要成为"以道事君"的"大臣"，即成为领导集团的成员；能人要成为按资格、本领，负责专项工作的"具臣"，"具"指工具。领导者对他们的使用要"器之"，即放到合适的能发挥他们作用的位置。一方面，要利用贤人的才能，健全各方面的制度，对未来做出正确的预测和决策，带领组织由胜利走向胜利；另一方面，要利用贤人高尚的道德风尚，来领导下属，从而创造一种良好的精神生活的局面。尽管许多人达不到岗位要求，但是他明白什么是对的、什么是错的，愿意遵从有道德原则的人。能人要按照他们的工作本领成为在各个岗位上做具体工作的专门人才，发挥他们的作用。至于说能人的品德上的不足——做不到合不来则走，很容易受到环境的影响，则要通过贤人的道德风尚来引导，通过贤人制定的规章制度来约束。

那么不正确的用人会怎么样呢？在孔子看来，不正确的用人，是"举直错诸枉，则民服，举枉错诸直，则民不服"（《论语·为政》）。"枉"是弯曲的意思，"直"是非常顺直的意思，"错"是放的意思。这句话是说，把才能高、品德高的人放在才能不太高、道德品质不太高的人上面，老百姓服气。反之，把水平不高、道德素质不高的人，放在水平高、道德素质高的人上面，老百姓不服气。孔子还说，把水平高、道德素质高的人，放在水平不高、道德素质不太高的人上边，能使水平不高、道德素质不高的人变得水平、道德素质都高起来，因为人都在追求美好的事物，尽管可能一时达不到岗位职责的要求，但是看到有人能达到岗位要求，就会在不知不觉中向这样的人看齐，这就叫"见贤思齐焉，见不贤而内自省也"（《论语·里仁》）。在孔子看来，应该把"公忠体国"、能对群众起表率作用的贤人，提拔到领导岗位上来。所谓"举直错诸枉，能使枉者直"（《论语·颜渊》）。

我们现在提拔干部，经常进行公示，把被提拔者的材料对全市人民、全省人民公布，如果有人觉得他不好，可以提意见，可以举报。原因就是，领导者一定得有权威基础,一定得有群众基础。如果领导者没有群众基础,命令是贯彻不下去的,得不到人民的信任,也不能成为人们心目中的权威,没人愿意听他的领导。因此要把"公忠体国"、能对群众起表率作用的贤人提拔到领导岗位上来。

第四节　领导者怎样发挥领导作用

在具体的生活中,领导者应当怎样发挥自己的领导作用呢?孔子讲了五个方面。

第一,领导者要起表率作用。"其身正,不令自行;其身不正,虽令不行。"(《论语·子路》)要让下属做一件事,领导者要先做到,这就是榜样的带头作用。因为人追求富贵,先得到富贵的人是后得到富贵的人追求的榜样。我的领导是这样发展起来的,我要是向他学习了,也能发展起来。要是群众做到了,领导者自己做不到,就成了"上梁不正下梁歪",上行下效。"君子之德风,小人之德草。草上之风,必偃。"(《论语·颜渊》)意思是说:官员的道德就像风,平民百姓的言行就像草,风吹在草上,草一定顺着风的方向倒。

第二,领导者必须取得被领导者的信任。孔子把能否取信于民,看成做好领导的基本保证。他说,"信则人任焉"(《论语·阳货》),意思是,得到了人们的信任后,人们才愿意听从你的召唤,愿意为你的事业赴汤蹈火,在所不辞。我们经常讲品牌,品牌就是得到市场信任的产物,对顾客来讲叫品牌,对内部员工来讲叫权威。品牌和权威的好处是,节省了人们购物时的判断选择成本。比如,提起张三来,大家还要琢磨琢磨,这人是谁?怎么样?提起李四来,大家根本就不用想就跟着他走了,指到哪里打到哪里,这样一来,执行力是不是更高啊?我们不断地讲,要提高执行力,其实提高执行力的一个前提条件是领导在人们心目中要有权威,企业在顾客心目中要有品牌。那么品牌和权威是怎么来的?品牌和权威都是领导人不断地给顾客利益、给员工利益,赢得顾客、员工发自内心的尊重和追随而实现的。换句话讲,你得不断地让利,让人高兴,才能赢得人们的信赖。

论语中有这么一句话,"君子信而后劳其民,未信则以为厉己也"(《论语·子张》)。什么意思?领导人赢得了老百姓的信任后,再动员老百姓,老百姓愿意被动员。如果领导人没取得老百姓的信任,就动员老百姓干这干那,那么老百姓会觉得这是给自己制造负担。于是有"士为知己者死,女为悦己者容"的说法。为什么说"得人心者得天下"?怎么才能得人心?不断地给老百姓想要的利益,才能得民心,这也是儒家所讲的"德政","德"也通"得到"的"得",让老百姓得到他们想要的利益,包括眼前利益和长远利益。

孔子还讲过一句话:"自古皆有死,民无信不立。"(《论语·颜渊》)这句话是怎么来的呢?

> 子贡问政,子曰:"足食,足兵,民信之矣。"子贡曰:"必不得已而去,于斯三者何先?"曰:"去兵。"子贡曰:"必不得已而去,于斯二者何先?"曰:"去食。自古皆有死,民无信不立。"(《论语·颜渊》)

这段话的意思是,孔子的学生子贡向孔子问政,说:"老师,怎样做一个领导者?"孔子说,做一个领导者,要让老百姓富裕起来,这是第一步,那么富裕起来之后怎么办呢?生活的经验告诉我们,一旦富裕了往往引起盗贼的侵犯,那就要"足兵",通过加强各方面的安全防范工作,保证老百姓的幸福生活的实现。最后,还要得到老百姓的信任,使组织上下左右相互信赖。前两个是物质文明,最后一个是精神文明。这个说法跟我们当前的马斯洛学说是一致的,足食是衣食住行、生存的需求,足兵是安全需求,人富了,往往被盗贼盯着,现在防盗门越来越多,这是老百姓富裕以后的产物。最后是社会的普遍信赖,高度的精神生活。子贡问:"假如说三个做不到,要去掉一个,去掉什么?"孔子说:"去兵。"把"足兵"去掉。为什么呢?老百姓富裕不起来,搞什么安全啊?绑票都绑富人,哪有绑穷人的?偷东西都偷富人的,哪有偷穷人的?那么子贡又问:"再去掉一个的话去掉哪个？"孔子说："去食，把足食去掉。"子贡就很不理解，说，民以食为天，都吃不上饭了，社会还不得大乱？孔子说："自古皆有死，民无信不立。"你赢得了老百姓的信赖，即使经营发生了问题，老百姓一段时间不领工资也愿意为你工作，因为你过去对他们很好，你现在有困难了，他们也不能见死不救。但是，你也不能一直不给钱。给你白干一年，是对你的一种回报，但是他们也得养家糊口。因此说，做事得有一个度。"自古皆有死，民无信不立"，这句话说明，只要赢得了老百姓的信任，老百姓一段时间吃得不好，甚至不吃饭，都是可以忍受的，当然前提是你得到了老百姓的信任。老百姓信任你了，觉得你有才能，哪怕你在一段时间失利，也愿追随你。当然了，如果你不能领着老百姓富裕起来，老百姓最后也会离开你，因为信任你的前提是你能给他们带来幸福。

第三，领导人要宽以待人，严以律己。孔子讲"赦小过"（《论语·子路》），"无求备于一人"（《论语·微子》），"躬自厚而薄责于人"（《论语·卫灵公》），意思是，要对己严，对人宽。为什么要对己严呢？对己严就是修养自己，提高自己。为什么要对人宽呢？孔子说，"宽则得众"（《论语·阳货》），对于原则性的问题要坚持，对于非原则性的问题要多看优点，少看弱点，正确地理解弱点。因为要干好工作，总是需要周围人的支持，人都是有弱点的。对自己严格要求，做好工作，才能赢得周围人的信任。

第四，领导者不要轻易插手具体工作。孔子讲"君子不器"（《论语·为政》），"器"指机器、工具，君子是领导者，领导者不是干具体工作的。领导者的使命是通过政策、制度这个杠杆，让老百姓看到利益，调动老百姓的积极性，让老百姓高兴，从而自觉地工作。

我们今天有一种说法"小公司做事，大公司做人"，意思是说，小公司的老板要亲自干活，因为小公司刚刚创业，力量不足，不能有效地分工，因此小公司的老板什么事都要做，小公司的老板就是在什么事都做的过程中发展起来的。一旦发展大了，再按照原来的方法工作不成了，因为企业发展壮大了，各方面的人都具备了，老板不用亲自干活了,因为下属干得更好。另外领导人的精力和能力是有限的,不可能哪里发生问题就去哪里。所谓大公司做人,就是通过政策、制度这个杠杆让人自觉地工作。

第五,领导者要着眼于长远目标,反对急功近利。孔子说,"无欲速,无见小利。欲速则不达,见小利则大事不成"(《论语·子路》)。"无欲速"就是做事不能仅仅看眼前利益,还要看长远目标,围绕着长远目标去扎扎实实地准备。所谓"无见小利"就是拒绝外面的诱惑,要干好一件工作,总是各方面的准备工作成熟了才能干好,而要想把准备工作做好,需要相当长的时间,因此孔子说"欲速则不达",心急吃不了热豆腐。"见小利则大事不成",总是受到外面的诱惑,浅尝辄止,怎么能把工作做成?儒家特别强调教育,教育人的工作也要"无欲速,无见小利",要做长期的扎扎实实的工作。

第十三讲 孔子思想中引起争议的几个问题

我认为孔子的思想中，最有价值的、对社会生活影响最大的就是中庸之道。中庸之道的目的是解决社会生活中存在的各种矛盾。

我们生活中经常面临着各种各样的矛盾，做也不是，不做也不是；不放权不行，放了权也不行。不放权干不成工作，放了权下面会滥用上级的信任犯错误。那么类似这样的问题，生活中太多了，怎么解决？儒家的方法就是中庸之道，在矛盾对立的两端寻找平衡点，不破坏关系，问题还能得到解决。这也是儒家思想能成为社会主流思想的原因，在两千多年间能被社会所普遍接受的原因。国学大师南怀瑾先生曾说"儒家是粮店，一日三餐离不了"。

生活中面临太多的矛盾，如何解决？用中庸之道的方法来解决。我们今天也运用中庸之道的理论来解释孔子思想中引起争议的几个问题。

第一节 孔子是不是有平均主义思想

人们常常认为孔子有平均主义思想。

我认为，儒家主张平均，但没有平均主义思想。

什么是平均主义？按照一般的理解，平均主义是大锅饭，你好我好他也好，大块吃肉，大碗喝酒。儒家是坚决反对平均主义的。

我们在前文已经讲过了，孔子认为存在一定程度的贫富差别是合理的。因为人的努力程度不同，能力高低不同，再加上机会、运气不同，最后出现一定程度的贫富差距也是正常的。另外，不同行业的利润率不同，你虽然很能干，但是你干了一个夕阳产业，又能好到哪里去？虽然我的智力一般、能力一般，但是我干了一个朝阳产业，那我又能坏到哪里去？生活中我们经常讲，个人的命运只有和祖国、人民的命运相联系，才有远大的前途。什么是祖国、人民的命运？从营销学角度来讲，不就是社会需求的变化吗？你的事业与一个正在成长的社会需求结合，那么你的事业就蒸蒸日上；反之，你的事业与一个衰退了的社会需求结合，那么你又能好到哪里去？

那些批评儒家有平均主义思想的人，其依据只有这一句话："不患寡而患不均，不患贫而患不安。"这是《论语·季氏》中的一句话，讲分配的重要性。作为领导，一方面要不断地给员工以利益，让员工高兴，才能创造更多利润；另一方面，员工追求的利益从数量上讲，既有绝对利益，也有相对利益。人和人是相互攀比的，都在攀比待遇，没有攀比工作的，因此领导要搞好分配，一方面要给员工以利益，一方面要搞好社会各阶层之间的平衡。

那么什么是儒家的平均思想呢？儒家的平均思想就是指你高兴我也高兴，你满意我也满意的均衡状态，用经济学的话讲，就是帕累托最优状态。公平、均衡指的不止一个人，而是指几个方面的平衡状态。生活中的经验告诉我们，老板赚多了，员工要跳槽；员工赚多了，老板要撤资。例如晋商末期，为什么那几个大腕的老板，如乔氏集团、渠氏集团、曹氏集团等纷纷撤资？原因是工人的股份太多了。工人只承担利润，不承担风险，一旦风险大到一定程度，承担最终责任的老板一定会撤资的，因此社会不同利益群体的平衡点是从一个长期的时间范畴来讲的，这就是儒家所追求的"平均"。"平"指公平，"均"指你也高兴我也高兴，你也不想改变，我也不想改变的均衡状态。抗战期间，我党提出平均负担主张，即有钱者出钱，有力者出力，都是为了一个共同的目标——打败日本侵略者，把他们赶出中国，让我们重新恢复过去各得其乐的幸福生活。

儒家讲平均，但不讲平均主义。谁讲平均主义？道家、墨家讲平均主义。道家主张过一种满足生存的生活，墨家主张过一种满足温饱的生活，主张凡是满足人的生存、温饱之外的一切所得都要捐给社会。儒家讲平均，与道家、墨家的平均主义主张不同。朱熹把"不患寡而患不均"的"均"解释为各得其分（"均谓各得其分"），各得其所，这是很有道理的。当前，我们的社会特别强调分配，就是在探讨在一个社会、一个组织内，不同阶层的人从长期来讲到底该得多少，它是不同利益群体长期矛盾斗争的产物。

第二节　孔子的中庸之道是不是要求做老好人

我认为这种说法不正确。孔子最反对老好人，因为很多事情就坏在这些老好人身上。他把老好人称为"乡愿"，认为他们老是"好好好""是是是"的，没有原则，没有是非。孔子说："乡愿，德之贼也。"（《论语·阳货》）

儒家的中庸之道是探讨解决生活中复杂矛盾的方法，其基础是仁义，即既要让利还要让得合适。怎样把有限的资源做让所有人满意的分配？——学习文化，既要了解你，还要了解我，在知己知彼的基础上，找到大家满意的平衡点，才能做到"百战不殆"。这是儒家特别重视教育的原因。

中庸之道的另外一个说法，也可以叫理论与实践相结合，普遍性和特殊性相结合。生活中的经验告诉我们，过分讲原则或者过分讲灵活，都干不成事。原则是一个普遍的概念，回归到生活中则表现为很多具体的情况，讲原则的目的是让人幸福，而要让人幸福，就必须要了解现实生活中很多事情的来龙去脉。在这里，我讲两个小故事，帮助大家理解儒家的中庸之道。

孔子的学生子贡是一个有名的大商人，特别富有。春秋时期社会生产力大发展，诸侯国之间人口的流动也比较频繁，这样就出现这种情况：某个国家的人在其他国家可能因为各种原因，如欠债了没法还债等，被罚做奴隶打工还债。鲁国当时的法律规定，凡是到国外出差或是在国外定居的鲁国人，如果看到有被罚做奴隶的鲁国人，就把他赎回来，之后可以到国库报销，同时国家还发一笔奖金。子贡在国外赎了人，但是回到鲁国之后，他并没有到国库里报销，也没有把属于自己的那笔奖金拿走。因为他觉得，人富了当做善事，就当对社会做贡献了，同时也说明他"富而不骄""富而有礼"（《论语·学而》），说明道德品质好。孔子知道这件事后，把子贡找来狠批了一顿。孔子说，这件事对你来讲叫做好事，但是它的影响不好，你这是让在国外的鲁国人都不愿意去救人啊！子贡大惊，连问为什么。孔子说，你做好事不求回报，感到心里安稳，可是别人会怎么想？人的天性是追求利益，既然做好事得不到回报，谁还愿意做好事？打个比方来说，某人到国外碰到一个做了奴隶的鲁国人，他把人给赎回来了。按照道理，他该到国库去报销，应该领奖金，可是你已经做了这个不报销、不领奖金的榜样了，他好意思去领吗？既然大家都不好意思去报销，不好意思去领奖金，那么谁还有动力做好事啊？反过来，假若你去国库报销并领了这笔奖金，就给社会树立了一个好的榜样。既然做好事能得到回报，大家当然愿意做好事，这样一来，一个良好的社会秩序就形成了，人们都愿意见义勇为了。

孔子的另一个学生子路也做过一件类似的事情，他的做法跟子贡正好相反。

子路看见一个小孩掉到池塘里边，就要被淹死，子路很勇敢地把他救了出来。小孩的家长非常感谢子路，给他一头牛作为酬谢。牛是当时先进生产力的代表，等于现在的一部非常有价值的机器。子路高兴地收下了。孔子大大表扬了子路。因为子路树立了一个好的榜样，从此鲁国人见了落水儿童，都会勇敢地去把人救出来。人们出于追求利益的动机，也愿意做好事。

通过上面的例子，我们就能理解儒家思想为什么能成为治世的学问，为什么能被社会接纳,成为治理社会的指导思想,因为它要建构一个良好的社会秩序,要利用人们追求利益的动机,去建立一个良好的秩序。

链接

上述故事出自于《吕氏春秋·察微》篇。原文如下:鲁国之法,鲁人为人臣妾于诸侯,有能赎之者,取金于府。子贡赎鲁人于诸侯而让其金。孔子曰:"赐失之矣。自今以往,鲁人不赎人矣。取其金则无损于行,不取其金则不复赎人矣。"子路拯溺者,其人拜之以牛,子路受之。孔子曰:"鲁人必拯溺者矣。"孔子见之以细,观化远也。

大家看,这就是中庸之道原则在生活中的运用。这说明,中庸之道不是和稀泥,它的目标是做到社会的普遍和谐。当然了,要做到中庸之道,把中庸之道贯彻到生活中去,对一个人的要求是很高的。这个人要有文化,能透过现象看本质;还要有生活阅历,只有有了生活阅历,才能更好地做到知己知彼,才能找到解决问题的方法,才能找到这个平衡点。儒家为什么特别重视学习?学习的过程就是一个"知"的过程。通过"知",通过"知己知彼"来找到平衡点。生活告诉我们,凡是做企业做得好的,凡是做人做得好的,没有不是按照中庸之道的原则来办事的。蒙牛的企业宗旨里有这么一条:"股东投资求回报,银行注入图利息,员工参与想收入,合作伙伴须赚钱,顾客购买要实惠,父老乡亲盼税收。"通过这段话就可以看出他们是怎么处理跟社会各方面的关系的。如果企业不光考虑自己,还能考虑社会的方方面面,把关系理顺了,也就找到了平衡点。社会各方面都满意了,都来支持你,你的事业当然就能发展壮大。

第三节　孔子是不是不重视经济工作和财政工作

讲孔子不重视经济工作、财政工作,是因为《论语·子路》中的一段对话。

樊迟请学稼。子曰："吾不如老农。"请学为圃。曰："吾不如老圃。"樊迟出。子曰："小人哉，樊须也！上好礼，则民莫敢不敬；上好义，则民莫敢不服；上好信，则民莫敢不用情。夫如是，则四方之民襁负其子而至矣，焉用稼？"

这段话的意思是，孔子的学生樊迟（名须，字子迟）对孔子说：老师我想学种地。孔子说：我不会。樊迟又说：老师我想学种菜。孔子说：我也不会。其实孔子都会，因为孔子出生后第三年，他的父亲就去世了，从此与母亲相依为命地生活，他什么不会干？因此孔子说，"吾少也贱，故多能鄙事"（《论语·子罕》），即干过很多杂七杂八的事情。尽管孔子会种菜，也会种地，但是他就是不教。为什么？他对樊迟是这样说的：你到我这里来，是学做社会的领导者的。领导者的使命、领导者的岗位职责，不是让你去干一个具体的工作，而是让你制定合适的制度、政策，让老百姓看到利益，调动老百姓的积极性，从而自觉地工作。你亲自干，能干多少？你让老百姓高兴了，还用得着你亲自干吗？你亲自种地种菜，这叫违背岗位职责，这叫越位、拖尾、不到位。

儒家特别强调"不在其位，不谋其政"（《论语·泰伯》）。当然了，不是说领导不应该种地，在某些特殊的情况下，领导也应该身先士卒，也应该起一个榜样的作用。比如，开发南泥湾时，毛泽东、朱德不是也种地吗？但是他们是要通过种地这种行为，来做一个倡导，做一个榜样，目的不是自己种地，而是通过这个倡导，调动全国人民的积极性，让大家更好地种地。这讲的是岗位职责的问题，反映到今天是"小公司做事，大公司做人"。小公司老板要亲自干，他没有办法不干，因为分工不细；大公司的老板呢，还轮得到他亲自干吗？他更多的工作是通过制度、政策这个杠杆，调动人的积极性，让人自觉地工作。

如何调动人的工作积极性？要让人感受到利益，看到利益，从而自觉地工作，因为人是追求利益的，这是管理的出发点。

第四节　孔子是不是歧视妇女

说孔子歧视妇女，也是因为《论语·阳货》中的一句话："唯女子与小人难养也，近之则不逊，远之则怨。"

千百年以来，人们就根据这句话说孔子歧视妇女。我们经常说要用从大处着眼、从小处入手的方法看问题。要科学地理解问题，不能断章取义，从某个字眼出发来理解。

孔子是一位伟大的人道主义者，强调通过仁义的原则，通过中庸之道的方法，制定出合理的制度和政策来协调人和人之间争夺资源的冲突。另外，儒家对婚姻都是特别强调的。儒家把社会关系分成五大类，也叫五伦，即夫妻关系、父子关系、兄弟关系、朋友关系、君臣关系。其中夫妻关系、父子关系、兄弟关系这三大关系是家庭关系，其特点是家庭成员之间流动性弱，日久生情。朋友关系和君臣关系是社会关系，其特点是社会成员之间的流动性强，抬头不见低头见，低头不见抬头见，人和人之间的关系远不如家庭关系那样充满亲情。儒家把夫妻关系看得特别重，认为夫妻关系是这五大关系的出发点：有了夫妻关系才有父子关系和兄弟关系，之后才是朋友关系和君臣关系。儒家经典之一的《诗经》的第一篇《关雎》即是歌颂爱情的："关关雎鸠，在河之洲，窈窕淑女，君子好逑。"在民间，结婚也是人生的大事，婚姻对个人、家庭和社会都具有重要意义。

夫妻之间是阴阳和、万物生的关系。所谓"阴阳和"，是"阳"重要还是"阴"重要？都重要。在某个场合可能"阳"重要，在某个场合可能"阴"重要，谁都缺不了谁。当然了，大家可能会说，农业社会男人的地位更高，因为农业社会是重体力劳动的社会，男人是重体力劳动的代表者，按照多劳多得的原则，他付出得多，自然享受得也多，这也是为了激励他更好地劳动，长期地调动他的积极性。

"结婚"的"婚"字是怎么写的？"女"字边加"黄昏"的"昏"。过去结婚，都是女人在傍晚的时候，卷着铺盖卷到男方家里去，就算结婚了。过去经济不发达，人们没有很强的消费能力，因此婚姻仪式更多地取繁殖后代的意义。孔子反对这样,认为这样做对女性太不尊重了。孔子从历史中寻找经验教训,发现周文王和他的夫人太姒结婚的仪式最好,我们目前看到的《诗经》是经过孔子删减后的版本,其中的第一篇《关雎》就是描写周文王和他的夫人太姒的爱情的,故事发生的地点就是现在的陕西渭南地区。当时,周文王大清早到女方家里去,亲自把女方接来,大摆筵席,向社会宣告人生之大伦的开始,然后过几天,再回访到女方家里去。孔子说这样做才算是对婚姻的尊重,只有提高结婚的成本,人们才愿意珍惜婚姻,才能更好地做到家和万事兴。因此从这些说法里边,我们根本找不到孔子歧视妇女的结论。

"唯女子与小人难养也,近之则不逊,远之则怨。"这句话怎么来理解?如果硬译,确实就是,唯女子与小人难养也,关系太亲近了,往往不尊重你,过分疏远了吧,又老是抱怨个不停。但是我们无论在翻译外国人的语言还是古人的语言的时候,都不能硬译。比如说孔子的"学也,禄在其中"这句话怎么翻译?如果硬译,那只能是读好了书,就能发财,但在追求精神生活的今天,这么翻译也太俗气了吧?我们要这样翻译:知识就是力量,知识改变命运,这是不是符合全民族追求精神生活的需要?是不是能给人积极向上的力量?

2004年秋天,新儒家的代表人物、哈佛大学的教授杜维明先生到北京大学去演讲,我向他请教这句话怎么理解。他说,这句是讲怎么处理与最亲近的人之间的关系,即夫妻、父子、兄弟这些家庭成员间关系的处理。家庭成员的特点是流动性弱,感情的特点是爱得要命,恨得要死。在家庭中最难处的而又最关键的关系是夫妻关系,夫妻关系左右和影响着兄弟关系、父子关系。生活中很多男性都有这样的体会,一个男的天天在家,妻子一定不高兴,说大丈夫志在四方,你天天在家里这叫什么事?男人老不在家,妻子肯定也不高兴,说这个家难道是我一个人的?你天天不着家,这叫怎么回事?男人可能会说:哎呀,我很累,要养家糊口。那女人也会讲了:难道我跟钱过一辈子吗?你除了会挣几个臭钱,还会干什么?搞得很多男人左右为难。老在家不行,老不在家也不行,怎么处理这个矛盾?那就需要遵守中庸之道的原则了!中庸之道就是解决生活中各种复杂矛盾的方法论。不知道什么时间要在家，先明白什么时间一定不能在家；不知道什么时间一定不能在家，先明白什么时间一定要在家，把一定在家的时间，一定不能在家的时间找出来，矛盾就解决了，保证立于不败之地，然后再追求锦上添花。

那么这个"小人"怎么解释？有两种解释，一种解释是"小人"是小孩，这也讲得通。在家庭关系中，小人、大人是从体质的角度来讲的。小孩和大人的关系也是这样：子不教，父之过，父亲跟儿子太亲近了，儿子往往不尊重父亲，嬉皮笑脸的；父亲跟儿子老不见面，又没法实施教导。老见面不行，老不见面、疏远也不行，怎么办？所以中国古代特别强调易子而教，我的儿子你来教导。因为父子情深，父子之间是讲感情的，父亲严格地要求孩子，往往会伤害父子之间的感情，所以就把孩子送到学校，由别人来教育。还有一种说法，"小人"指的是社会生活中的不讲道德、不讲伦理、受不住外界诱惑、老犯错误的人。这也讲得通，家庭关系中最难处的是夫妻关系，社会关系中最难处的是与这些道德素质不高、经常受不住外界诱惑、老犯错误的人的关系。那么怎么处理与这些人的关系呢？一方面相信人性善，人犯错误时也有做好事的萌芽，江洋大盗临死的时候，也关心自己的爹妈，关心爹妈就是爱他人、爱社会的一种反映，要相信他；另一方面，要创造他不犯错误的条件，要了解他常犯什么错误，怎么规范他的行为；最后，要了解人的利益追求，用利益来引导他，改造他。

这就是我对这句话的理解。

第五节　孔子是不是没有法制观念

说孔子没有法制观念主要是因为"父为子隐，子为父隐"这句话，它来自于《论语·子路》中的一段记载。

> 叶公语孔子曰："吾党有直躬者，其父攘羊，而子证之。"孔子曰："吾党之直者异于是，父为子隐，子为父隐，直在其中矣。"

如何理解这段话呢?

孔子周游列国的时候到南方去,当时的南方主要指今天的江淮地区,包括今天的河南南部、湖南、湖北、安徽、江苏、浙江等地。南方是道家思想的大本营。道家强调"天地无私""圣人无亲","无私""无亲"就是不强调人和人之间的感情。楚国大夫叶公告诉孔子,我们这里有一个人特别正直,他的父亲偷了一只羊,他勇敢地把父亲揭发了,多么正直无私的人啊。孔子说,我的想法不是这样,"父为子隐,子为父隐,直在其中矣"。为什么?因为父子情深,做儿子的能眼看着父亲被人们拉去游街示众而无动于衷吗?因而要"父为子隐,子为父隐"。生活中,没有一个人不是按照这句话来做的,但人们却用这句话来反对孔子,那是因为没有理解这句话的含义。

生活中,儿子在外面偷东西了,家长怎么办?他不会一下子就把孩子送到派出所吧?家长通常的做法是先批评,批评不成再打骂,打骂还不成再关禁闭,实在没辙了,担心闹出更大的社会问题来,这才大义灭亲,把他送到派出所去。

儒家把义分为大义和小义,把矛盾分为对立性矛盾和非对立性矛盾。在儒家看来,能用非对立性矛盾的方法来解决的,就不要用对立性矛盾的方法来解决,那只能激化矛盾。生活中,总经理违反了财务纪律,财务经理怎么办?要根据总经理所犯的错误的性质和程度来定。如果是一般的错误,那就先劝,劝不成再批,批评不成再划清界限,向其严正警告这样做可能出现的后果,促其觉醒。如果是严重的违法乱纪错误,可能会给国家和人民带来很大损失的,那就大义灭亲,勇敢地向上级有关部门揭发。这就是儒家的中庸之道的运用,是原则性和灵活性的结合。

第十四讲 孟子的仁政主张和"人性善"思想

历史上，孟子的"人性善"思想和荀子的"人性恶"思想是两个影响非常大的关于人性认识的理论，两者有联系的一面，也有不同的一面。本文先讲孟子的"人性善"思想。

第一节 孟子生活的时代背景

孟子（前372—前289年），名轲，字子舆，出生于战国中期，山东邹城人。孔子生活在公元前551年到公元前479年，孟子是在孔子去世一百年以后才出生的。这一百多年间社会发生了很大的变化。

如果说孔子生活的时代——春秋后期，还是小农经济的优点正在充分地展现，弱点还没有充分地暴露的时期，那么到了孟子生活的时代，小农经济的优点在充分展现的同时，弱点也在充分地暴露，如何保护小农经济，让小农家庭安定，就成为思想界考虑的热点问题。墨子思考过这一问题，老子和庄子也思考过这一问题，商鞅变法时还思考过这一问题，孟子之所以提出恒产论等思想，其出发点还是保护小农家庭的安定。当然了，由于思想家所处社会阶层不同，在国家政权中所处地位不同，自然得出的结论也有所不同，但共同点都是围绕如何促进小农经济的发展而展开。这是孟子时代与孔子时代的第一个重要的不同点。第二个重要的不同点是，孔子生活的时代，周天子仍然有很高的威望，孔子的理想就是通过在鲁国掌握政权，实行良好的政治，支持周天子通过和平的方式推动全社会的改革和进步。那么到了孟子生活的时代，社会已经发生了很大的变化。此时周天子的威望扫地，已经失去了统率各地诸侯的力量，而随着生产力的发展、各地区联系的增强，人们强烈要求出现一个更强有力的社会力量来解决社会中的各种矛盾，以便让老百姓幸福地生活。在这种情况下，各个有力量的诸侯国莫不跃跃欲试，希望来统一天下，成为取代周天子的新的统一国家的领袖。那么到底谁会成为新时代的幸运儿呢？当时的社会还没有一个明确的判断，这意味着每一个有力量的诸侯国都有机会实现自己的梦想。在天下还没有公认的领袖，每一个有力量的诸侯国又都不愿意失去这一机会的情况下，自然是战争不断，社会混乱不堪。围绕着统一天下中如何最大限度地减轻民众痛苦的问题，思想界有各种各样的主张，展开了百家争鸣，孟子的思想就是在这种情况下产生的。

孟子是战国中期人，这意味着他生活的时代不但和孔子生活的时代有很大的不同，就是跟后来的荀子生活的时代相比，也有非常大的不同。荀子是战国后期人，战国后期，秦国以战争统一天下的趋势已经非常明显了，明眼人都看得到。孟子所处的时代大家都有统一天下的机会。怎样来统一天下呢？有各种各样的主张，商鞅的主张是以"耕战"来统一天下，即依靠战争完成统一天下的使命；孟子的主张是以"仁政"来统一天下，即依靠和平的途径来统一天下。孟子主张统治者要实行良好的政治，通过满足老百姓的需求，让老百姓高兴来换取拥护，统治者的力量壮大了，自然就能发挥规模经济的效应，这就是"得人心者得天下"的道理。孟子的统一天下的办法和商鞅的统一天下的办法的共同点都是要统一天下，安定社会，不同点是统一天下的途径不一样。

统一天下是孟子生活的时代所提出的任务。孟子就是在这种情况下，为完成时代的任务,高举孔子"仁义"的大旗,提出了一套拯救天下的主张——仁政,并希望以此来统一天下,推动社会的繁荣进步。

第二节　仁政的内容

所谓仁政,就是通过制定好的政策、制度,赢得老百姓的拥护,最终实现统一天下的使命。

自古及今,社会存在着一个永恒的矛盾,这就是资源的有限性和人的欲望的无限性之间的矛盾。那么如何协调人和人之间的矛盾呢?孟子的仁政的内容就反映了他在这方面的思考。

仁政包含着以下几方面的内容。

1. 第一,政府和人民之间

政府和人民之间是一个对立和统一的矛盾关系。政府倾向于尽可能地掠夺民间的资源归为己有;老百姓也千方百计地想隐匿自己的财产,尽可能地少向国家交税,这符合人对利益最大化的追求。

那么怎么协调政府和人民之间的这一矛盾呢?

孟子首先提出了为什么要成立政府这一问题。他说"民为贵,社稷次之,君为轻"(《孟子·尽心上》)。就是说,成立政府的目的,是解决社会不能解决的矛盾,是让民众幸福的。假如政府不能实现这个目的,而且还严重地危害人民的生活的话,那么人民就会把它推翻,比如历史上有名的商汤、周武王的革命,即"汤武革命"。换言之,"民为贵,社稷次之,君为轻",本身就构成了对政府的制约。

接着,孟子又提出了政府的岗位职责问题。作为政府,应该做什么事情,不应该做什么事情呢?对于这个问题,现在的答案是非常明确的,这就是政府要做民间办不了、办不成的事情。但是,政府从根本上说也是理性人,也倾向于得到更多的资源，在这种情况下如何规范它的行为？

《孟子·梁惠王上》记载，当年孟子到魏国去，魏国的国君梁惠王问孟子，说："叟不远千里而来，亦将有以利吾国乎？"孟子回答说："王何必曰利，亦有仁义而已矣。"王说："何以利吾国？"大夫说："何以利吾家？"士庶人说："何以利吾身？"孟子说："上下交征利而国危矣。"

也就是说，利益是有限的，大家都想千方百计地得到，那么社会一定分裂，一定动荡不堪。

领导者的任务是通过政策、制度这个杠杆，调动老百姓的积极性，这是领导的岗位职责。试想，老百姓挣得多了，给国家上交的自然就多，领导的利益也就有保障了。如果领导的头脑里总是想获得利益，手中又有巨大的权力，自然倾向于利用手中的权力，人为地制定有利于自己的规则，从而将民众的利益据为己有，但这样做肯定会引起老百姓的反抗，最终造成天下大乱。因此孟子讲"何必曰利"，他不是不讲利益，而是讲不同岗位的人应该通过完成岗位职责来得到利益，这跟孔子的"克己复礼"主张在本质上是一致的。

老百姓可以不断地谈利益，因为他从事生产，本来就与利益紧密相连；另外，即使老百姓通过不正当的手段追求利益，由于他手中没有巨大的权力，给社会造成的危害也是相对小的。当然，老百姓通过不正当的手段追求利益，也是不好的行为，也得通过教化和制度来改正，而推行教化、制定并推广制度恰恰就是政府的责任。成立政府就是为了社会的安定，政府的岗位职责就是通过合适的政策、制度的制定、推广，来调动民众的积极性。

当然，作为政府来讲，要想做自己想做的事情，做应该做的事情，就必须要有力量，这个力量体现在经济力量、政治力量、军事力量等方面。其中，经济力量是基础，这就需要向老百姓征收一定的赋税，征发一定的徭役。关于政府对老百姓征税的问题，孟子的主张是：第一，应该征收一定的赋税；第二，赋税一定不能太重。孟子的赋税标准是周王朝制定的10%的税,叫"周公之籍"。在孟子看来,赋税超过10%就叫大桀、小桀(夏朝最后的国君叫夏桀),因为侵犯了民众的利益;低于10%,就叫大貉、小貉(野蛮人),会使政府没有足够的力量来解决社会生活中的各种矛盾冲突,最终还是要影响老百姓的利益。

2. 第二,士农工商之间

在社会的不同领域中,人们都追求自己利益的最大化。但是资源是有限的,这个领域的人得到的多了,别的领域的人得到的就少了。那么士农工商之间的关系应该怎样协调呢?

首先,孟子主张社会需要读书人,读书人是国家官员的后备军。读书人可以通过向社会宣传教育,让老百姓懂得礼仪,让老百姓看到长远利益,算大账,从而自觉地工作,自觉地不犯错误,这是有利于社会秩序的良性运转,有利于社会的安定,有利于社会的长远发展的。孟子讲"或劳心,或劳力,劳心者治人,劳力者治于人"(《孟子·滕文公上》)。这个社会中的人或者劳心,或者劳力。劳心者——管理者做的是看不见摸不着的无形产品,是通过政策、制度这个杠杆调动老百姓的积极性,让老百姓高兴的;劳力者——老百姓做的是看得见摸得着的有形产品。只有大家共同协作,才能生产出一个产品来。

可能有人会说了,为什么劳心者挣的钱比劳力者多很多? 我们可以看看孟子是怎么回答的。

《孟子·滕文公下》记载,有一次,孟子的学生彭更对孟子说:老师你整天带着很多人,浩浩荡荡地周游列国,也不干活,你不觉得心中惭愧吗? 这是不是尸位素餐,白吃饭? 孟子回答说:正好相反,不但不惭愧,反而理直气壮。我不断地周游列国,是在向社会宣传仁义的主张,我的主张能让统治者学会怎样做统治者,能让他们明白怎样才能更好地实现自己的使命,还能让老百姓明白怎样处理各种社会关系,做到"入则孝,出则悌,守先王之道",从而更好地实现社会的安定,因此我的贡献是很大的,谁说我是白吃饭的?(彭更问曰:"后车数十乘,从者数百人,以传食于诸侯,不以泰乎?"孟子曰:"非其道,则一箪食不可受于人;如其道,则舜受尧之天下,不以为泰。")

孟子曾经做了一个关于官员待遇的设计——"制禄论"。在孟子的设计中,官员的待遇是很高的,最低一级官员的待遇,相当于一个中等富裕程度的农民的水平,最高一级官员的待遇,相当于国君的待遇,一个大国国君的待遇,相当于最低一级官员待遇的320倍。孟子认为只有给他这么高的待遇,才能与他的身份和地位、与他发挥的作用相匹配,不然他没法发挥自己的作用。也要通过这个办法实现高薪养廉,把官员规范到自己的岗位上去。

关于农工商之间关系的协调,孟子指出,"子不通功易事,以羡补不足,则农有余粟,女有余布"(《孟子·滕文公下》)。意思是说,社会各部门之间是需要通过交换互通有无的,这样才能满足各自的需求。如果不使货物流通,互易有无,以多余补不足,那么农民的粮食、女工的布帛就等于无用,说明经济上要有互通有无的贸易,因此农工商都很需要。那么它们之间的交换价格是什么?交换价格就是市场的自由价格。当时有一个学派叫农家学派,领袖叫许行,主张统一价格、稳定价格。孟子对此是反对的,他说:"夫物之不齐,物之情也;或相倍蓰,或相什百,或相千万。子比而同之,是乱天下也。巨屦小屦同贾,人岂为之哉?从许子之道,相率而为伪者也,恶能治国家?"(《孟子·滕文公上》)也就是说,产品的价格上下波动正是商品经济规律的体现。试想,产品需求旺盛的季节和产品需求很淡的季节,价格能一样吗?人为地划定一个价格,还不造成天下大乱?如果同一类型产品中做得好的和做得坏的都一个价格,那么天下的人都有动力去做廉价的、质量低劣的产品,因为这最符合人追求利益最大化的天性。如果民众需求旺盛的时间和需求不旺的时间,同一类型产品都一个价格,那么在需求旺盛的时间,谁有动力加班加点去组织生产啊？因此，孟子的结论是，"从许子之道，相率而为伪者也，恶能治国家"。显然，儒家是承认人追求利益的这种欲望的合理性的，并且主张顺应这种欲望，来实现天下的大治。

3.对待自然资源方面

孟子在赞美周文王治岐的政策时，谈到的其中之一是"泽梁无禁"（《孟子·梁惠王下》），即对人们到湖泊河流中捕捞水产品不加限制。但是，孟子也十分注意对自然资源的保护。"泽梁无禁"是指官府对水产资源不进行垄断，"与民共之"，并非不加管理。孟子主张"数罟（gǔ，渔网）不入洿池""斧斤以时入山林"（《孟子·告子上》），意思是，不能用细密的渔网到池沼里去捕捞，进山砍伐树木有一定的时间限制，他认为这样有利于鱼鳖繁殖、林木生长，从而做到"鱼鳖不可胜食""材木不可胜用"（《孟子·梁惠王上》）。这种主张具有保护自然资源、保持生态平衡的意义，体现了中庸之道的原则。

鉴于公共资源掠夺性经营的悲剧，必须由政府加以管理。政府如何对公共资源进行管理呢？孟子认为，应该有计划地经营，即规定在什么时间、什么地点，以什么样的方式进行开发。孟子认为，只要进行了这种有计划的经营，公共资源掠夺性经营的悲剧就可以相当程度地避免，一定会出现"鱼鳖不可胜食""材木不可胜用"的局面，因此他坚决反对竭泽而渔。

第三节 孟子的"人性善"思想

仁政的心理学基础就是"人性善"理论。孟子认为只要你对老百姓好，老百姓得到了利益，就会对你感恩戴德，响应你的号召，拥戴你的政权，从而社会安定，这样才能实现天下的统一。这就是所谓的"得民心者得天下"，这个思想很像现代市场经济下的营销学思想，通过让顾客高兴，通过满足顾客的利益，来实现商品销售。

一般支持"人性善"的人,往往是望文生义,认为"人性善"就是指人不会犯错误。"人性善"的"善"是相对于是不是坚持岗位职责来讲的。孟子认为,老百姓有坚持岗位职责的内在动力,因为老百姓既看眼前利益,也看长远利益,当老百姓看到了长远利益,明白了怎样得到的财产能够长期地保住,怎样得到的财产不能长期保住,老百姓看到了未来,算了大账,会自觉地工作,自觉地不犯错误。

孟子先问,人跟动物的差别是什么?一般人会说,人的特点是吃喝拉撒睡。不对,独一无二才叫"特",吃喝拉撒睡动物也会,这不是人的特点,人的特点一定是动物所没有的。从这个角度来讲,人的特点是讲仁义,关心他人,能看到长远的未来,会自觉地约束自己的行为。譬如说人是理性的动物,"理性"两个字就是人和动物的差别。孟子认为,人跟动物就这一点差别,把这一点差别扩大、扩充就是人。反之,你不仅不扩大,反而一点一点缩小,就跟野兽一般了。人来自于动物,又高于动物。只有发展了才高于动物,不发展的话只能归结为一般的动物,为了眼前利益你争我夺。孟子讲,"恻隐之心人皆有之;羞恶之心人皆有之;恭敬之心人皆有之;是非之心人皆有之。恻隐之心,仁也;羞恶之心,义也;恭敬之心,礼也;是非之心,智也。仁义礼智,非由外铄我也,我固有之也,弗思耳矣"(《孟子·公孙丑上》)。这段话的意思是,人人都有恻隐之心,看到别人受伤了、被车撞了,人们的心里往往会产生同情感,愿意去帮助他;每个人都有羞恶之心,明白什么是对的、什么是不对的;每个人也都有辞让之心。孟子说这是人先天都有的,只要是人,他一定就是这个样子的。孟子又说,恻隐之心是仁的萌芽;羞恶之心是义的萌芽;恭敬之心、被人尊重之心是礼的萌芽;是非之心是智的萌芽。但是这些仅仅是萌芽而已,要使这个萌芽成长起来,还需要社会创造一系列的条件。主要有两个条件,一个是物质条件,一个是制度环境条件。

什么是物质条件?人在什么情况下容易犯错误?吃不上喝不上的情况下容易犯错误,吃饱了喝足了,谁愿意去犯错误?起码没有内在动力。在生活中又会有另外一种现象，某个人家里条件很好，他还爱偷别人的东西。那只能归结为一点，他的物质条件很好，他没有动力偷别人的，但是外边的诱惑太大了，或者他抵制不住外面的诱惑，他就倾向于偷东西。因此怎么能让人不犯错误呢？一个是经济条件的改善，经济条件的改善就是孟子提出的"恒产论"。关于"恒产论"，孟子讲了一句非常有名的、流传千古的话，"无恒产者无恒心，有恒产者有恒心"（《孟子·滕文公上》）。"恒"是稳定的意思，有稳定的财产，人们才有坚定的心，坚定的心能拒绝外边的诱惑，"威武不能屈，贫贱不能移，富贵不能淫"（《孟子·滕文公下》）。

另外一个条件是制度环境条件的改善。制度环境条件怎么改善？我们都知道"孟母三迁"的故事。孟母为什么屡次搬家呢？说明环境对人有影响。人经常受到环境的诱惑，因此孟母三迁就是通过选择外部条件，来抵制环境的诱惑。那么如何抵制环境的诱惑？孟子讲了两点，一是文化的作用，二是制度的作用。文化的作用就是通过教育，让他看到长远利益，算大账，自觉地不犯错误。同时，通过制度提高犯错误的成本，让他感到犯错误不合算，自觉不犯错误。比如，在考场上一般有监考老师，所谓监考，就是制度条件的改善，防范学生受不住诱惑犯错误。假如一个考场没有监考老师，人往往会受不住诱惑犯错误，一看没有监考的，犯错误合算，有动力犯错误，一个人作弊了，会有很多人模仿。

这就是孟子的"人性善"思想，孟子就是从这里出发提出仁政主张的。具体来说，"人性善"理论包含着如下四项内容：

第一，"人性善"并不是指人不会犯错误，相反孟子承认人会犯错误。孟子生活在战国中期，是兵荒马乱的年代，天天打仗不就是最大的错误吗？

第二，孟子承认人在犯错误时也有做好事的萌芽。好多人在犯错误时，也明白这样做是不对的，有的人当时不明白，过后被别人指出来了，也会明白自己的错误。孟子认为，能明白对错，就是有是非感，这就是人性善的萌芽。

第三，人犯错误还是不犯错误是有条件的，一是物质条件，二是环境条件。

第四，怎样让人只做好事，不犯错误呢？一要经济条件的改善，"有恒产者有恒心"；二要制度环境条件的改善，通过文化教育，通过制度建设，创造条件，提高人们抵制诱惑的能力，使人们自觉地安定在岗位上。

总之，孟子认为"人性善"，相信人们能够看到未来的利益，从而自觉地约束自己不犯错误，当然这只能说明人有这个潜质，至于能不能实现，还要看条件是否具备。孟子打了一个比方说，一座山，光秃秃的，一旦下了大雨，树啊、花啊、鸟啊、鱼啊都有了，它们是从哪里来的？大自然本来就有，条件到了就产生，条件不到就产生不了。

那么孟子的人性善思想对我们从事社会管理的启发是什么呢？创造人做好事而不做坏事的条件；相信人的价值，人有预见未来、自我约束的潜质；人是不愿犯错误的。换言之，人犯错误都是有理由、有原因的。要创造做好人不做坏人的条件，这样才能让更多的人做好事不做坏事，整个社会的秩序才能好起来。

第十五讲
荀子的"人性恶"思想

第一节 荀子生活的时代背景

荀子（约公元前313年—公元前238年），战国时期赵国人，名况，字卿，又称荀卿或孙卿，儒家学派的代表人物，是齐国"稷下学宫"的老资格学者，曾三次担任"祭酒"（国子学或国子监的主管官）。曾任楚国兰陵令，卒于楚国。

在讲荀子的"人性恶"思想之前，先要讲一下荀子生活的时代。物质决定意识，一个思想家所提出来的思想，都受到当时社会现实状况的制约，是社会现实状况提出了问题，才导致他提出某种解决问题的方案的。在社会上，可以根据看到的标语口号，大致判断出这个地区目前社会经济发展的情况、社会管理的情况、人们存在的问题，没有这个社会现实，不会提出这样的问题来，这就是唯物主义的原理在我们工作和生活中的应用。

荀子生活在战国后期，学术界对于荀子的生卒年有多种说法，认为他大约生于公元前316年到公元前298年，卒于公元前238年到公元前213年，但普遍公认的说法是荀子生于公元前313年，死于公元前238年，活了七十多岁，在古代社会这绝对是高寿了。生活中有一句话："七十三，八十四，阎王不叫自己到。"七十三是孔子死亡时的年龄，八十四是孟子死亡时的年龄，这可不是一般人死亡的年龄，在古代社会生产力不发达、卫生条件不发达的情况下，能活这么大的年龄，一方面要有强健的体魄，一方面说明他会调整自己的心情，会调整自己的心态。

荀子和孟子相差了多少年？以学术界普遍认为的孟子生活在公元前372年至公元前289年，荀子生活在公元前313年至公元前238年来推算，他们之间相差了六七十岁，也是两个时代。秦始皇于公元前221年统一国家，荀子死于公元前238年，那么荀子正处于封建化大一统的国家诞生的前夜。

孟子生活的时代，各国都有统一天下的机会，大家都为统一天下的这个使命而奋斗，孟子为各国统治者提出了一个通过施行仁政，让老百姓高兴，得到百姓支持（得民心者得天下）来完成统一天下的使命的宏伟规划。那么到荀子生活的时代，统一天下的趋势已经非常明显，绝对是由秦国来统一，此时荀子考虑的问题已不是如何统一天下，而是为即将出现的大一统国家提出一套降低管理成本、实现长治久安的办法。随着封建化国家的规模越来越大，管理成本也越来越高。如何让大规模的组织长期地存在，如何降低大规模组织的管理成本就成为荀子思考的重点。换句话讲，荀子面临的时代任务跟孟子是不一样的。孟子认为谁能得民心，谁就能统一天下，因此他提出了一套通过施行仁政赢得民心的方案。荀子思考的问题则是如何降低大一统国家的管理成本，使组织长续存在。秦王朝统一天下后不到十五年就丢掉江山、二世而亡的残酷现实，说明荀子的担心不是没有道理的。

荀子晚年曾经到过秦国，他的学生李斯（此时正在秦国担任要职）征求他对秦国政治的看法。荀子说，秦国"威强乎汤武，广大乎舜禹"，然而"常恐天下之一合而轧己也"（《荀子·强国篇》）。这说明秦国占领的地盘虽大，但管理成本很高，如果老是降不下来的话，秦帝国的崩盘是必然的。荀子提出的解决办法就是"力术止，义术行"（《荀子·强国篇》）。意思是说，停霸道，行王道，要求秦帝国全面进行制度的转轨，从国民经济军事化的轨道走向正常的经济发展的轨道。但是秦国君臣此时正陶醉于疆土不断开拓的欢乐中，哪里能听得进荀子的忠告？当秦昭王用挑衅的口气质疑荀子说"儒无益于人之国"时，荀子坚定地回答说："儒者在本朝则美政,在下位则美俗,儒之为人下如是矣。"(《荀子·儒效》)当应侯(范雎)问荀子"入秦何见"时,荀子回答说,"形胜""百姓朴""百吏肃然",士大夫"明通而公",朝廷"听决百事不留""治之至",然而"殆无儒",是"秦之所短"(《荀子·强国》)。

与孟子坚决崇尚王道、贬斥霸道不同,荀子认为,霸道也还不错,只是在程度上比王道还差一层,没有王道那么"纯粹",还有一点"杂驳"。换言之,在荀子看来,王和霸是一类的东西,只是程度不同而已,不是种类的不同。基于此,荀子称颂齐桓、晋文、楚庄、吴阖闾、越勾践为五霸。他说,五霸之所以能称为霸,是由于他们能"乡方略,审劳佚,谨畜积,修战备,齺(zōu,古字,牙齿咬物时上下交切的样子,喻上下相向)然上下相信,而天下莫之敢当"。但是,五霸还有很大的缺点。荀子说:这五霸"非本政教也,非致隆高也,非綦文理也,非服人之心也"(《荀子·王霸》)。这就是说,霸还需要进一步地完善,向王道方向转化。怎么完善呢?就是"修礼"。他所说的政教、隆高、文理都包括在"礼"之内。可见,荀子思考的重点是如何使政府的政策适时地由霸道向王道转轨,由战争轨道向和平轨道转轨,目的是保证好不容易建立的大一统国家长治久安。

概括起来,荀子生活的时代——战国后期的特点是:第一,统一的趋势越来越明显。第二,如何为统一后的大一统国家提出统治理论,设计统治制度,成为各派思想家所面对的问题。第三,各派学术思想出现互相吸收、互相融合的趋势。

第二节 "隆礼"与"重法"

我们都知道大规模的组织管理成本高,但是大规模的组织也有它的优点,就是能够降低生产成本,降低采购成本。大规模组织的弱点是管理成本高,原因在于人和人之间的相互攀比,一个和尚挑水吃,两个和尚抬水吃,三个和尚没水吃,大规模的组织里面得有多少人,相互攀比的成本该有多高啊!

以毛泽东大搞食堂而论,毛泽东的出发点是好的,一个生产队30户人家,每个家庭都得有一个妇女来烧火做饭，这就耽误了30个妇女的劳动力，而办一个食堂，只用5个妇女劳动力，就可以为生产队的所有人做饭，这等于解放了25个妇女劳动力，使她们能够到田里干活。应该说，毛泽东的出发点并没错，有他的道理，但是问题出在哪里呢？问题就在于家庭经济尽管规模小，但是小规模的组织管理成本低。夫妻之间相依为命，白头到老，这使得人看得远，因而有长远打算，能够精打细算。而大规模的组织里，一群人在一起，大家都看不到未来，都想着眼前利益，因此能吃的就吃了，能喝的就喝了，结果很快把多年的积储都花光了，到后来就办不下去了，最后不得不把食堂给取消了。通过大办食堂的失败，我们就能感受到大规模组织管理成本高的弱点。

那么荀子对大规模组织管理成本高的弱点是怎么表达的？他说"人有树事之患，而有争功之祸矣"（《荀子·富国》），就是说，干事的时候大家都不愿干，分配的时候都跑过来争。用现在的话来讲，功劳归于自己，错误推于他人。这么一来，组织的管理成本就大大提高了，而管理成本的提高，又会抵消大规模组织由分工所带来的生产成本的降低，从而使组织走向瓦解。不过，荀子还看到了阻止大规模组织走向瓦解的另外一种力量，这就是人类必须合作才能生存。他说："人，力不若牛，走不若马，而牛马为用，何也？曰：人能群，彼不能群也。人何以能群？曰：分。"（《荀子·王制》）人的力气没有牛大，走路没有马快，可是牛马为人类所用，什么原因呢？因为人能做到分工基础上的合作，牛马做不到，人类能合作，它们不能合作。人类为什么能合作？合作是建立在分工的基础上的。人类如果不能合作，就根本不可能在大自然中取得主宰的支配的地位，一定会被大自然的其他动物所支配。但是，合作就有合作成本，一旦合作成本超过了合作的收益，那合作的共同体肯定要瓦解。

总之，荀子经过对历史的考察发现，大规模组织一方面有管理成本提高的趋势；另一方面，大规模组织还有一种阻止管理成本提高的趋势，这不但是出于人类互助的需要，也是人类具有降低合作成本的潜质的反映，用孟子的话讲，就是人有"仁义礼智"四端。

荀子讲，人类找到了能够降低合作成本，协调和处理人群内部的矛盾的秘诀，这就是"义"。儒家一直讲仁义，"仁者，爱人""义者，宜也"，指不但要爱人，还要爱得合适，这样才能达到你也高兴、我也高兴的状态，从而使合作能够长期地存在下去。荀子讲："水火有气而无生，草木有生而无知，禽兽有知而无义，人有气有生有知亦且有义，故最为天下贵也。"（《荀子·王制》）意思是，人有看到未来的能力，能自觉地约束自己，这样就会把组织的管理成本降低。但是由于人的视野的局限性，能力的局限性，人很难自动地看到未来，那就需要一种外在的力量让人看到未来。

"义"的外在表现就是"隆礼"和"重法"。

"隆礼"就是文化教育，通过文化教育的办法让人们明白什么是对的、什么是错的。什么是错的？举个例子来说，这件事情做了，肯定能得到利益，但是这是要惹人不高兴的，因此从长远来看又要失去利益。换言之，你做一件事，得到了眼前，失去了未来，这就是错的、不该做的。什么是对的？利益得到了还能长期地保持下去，这就是对的、该做的。换句话讲，通过文化教育的办法，能够让人看到未来，算大账，从而自觉地不犯错误。

教育不是万能的，但是没有教育又是万万不成的，因此教育之外还得"重法"。在这里要特别强调，中国古代的"法"跟今天的"法"不一样，我们今天的法，里边既有民法，还有刑法。古代的"法"相当于我们现在的刑法，只是与暴力有关的法律。

在儒家看来，如何管理民众呢？先行教化，教化不成再对其进行严厉的处罚，通过严厉的处罚，提高民众犯错误的成本，让他们感到犯错误不合算，从而自觉地不犯错误。这就是荀子关于大规模的组织如何降低管理成本的思考。

第三节　荀子的"人性恶"思想

到了战国时期，春秋中期的140多个诸侯国都瓦解了，只剩下7个主要的国家以及12个次要的国家，如鲁国、宋国、越国、中山国等。因此，荀子面临的问题就是大规模组织的管理问题，他要通过对现实生活中大规模组织的管理的探讨，为未来的更大规模的组织——大一统国家的管理奠定坚实的理论基础，这是荀子要完成的时代任务。荀子的"人性恶"理论，就是在这种情况下提出来的。

首先我们来讲"人性恶"的内容。

"人性善"与"人性恶"，这个"善"和"恶"都相对于人是不是坚持岗位职责、是不是坚持礼、是不是克己复礼的角度讲的。孟子认为，人有坚持岗位职责的冲动，为什么呢？人有认识世界的能力，人看到了未来，会算大账，从而能够自觉地不犯错误。教育的作用就是教人算大账，算大账与算小账的结果肯定不一样。荀子的看法则相反，认为人有违背岗位职责、犯错误的强烈冲动。同是儒家学者，一个强调人有坚持岗位职责的强烈冲动，一个强调人有犯错误的强烈冲动，两者针锋相对，这是什么原因？

一方面双方所处的时代不一样，面临的任务不一样，孟子所处的时代还不知道天下到底由谁来统一，因此孟子说，谁能让老百姓高兴，谁能得民心，谁就能得到天下人的支持，从而发挥规模经济的力量，树立强大的竞争优势，完成统一天下的使命。荀子生活在战国后期，其时由秦国统一天下的趋势已经非常明显。荀子面临的问题是随着封建国家规模的扩大，组织内部的管理成本越来越高，这一切都源于组织成员之间的相互攀比。荀子的解决办法有二，一是创造人不犯错误的条件，用今天的话讲就是激励，孟子也强调这一点；二是提高人犯错误的成本，让人不敢犯错误。尽管荀子和孟子所处的时代不一样，面临的任务不一样，但关注的问题的本质都是一样的，就是如何让人坚持岗位职责。

荀子讲，"人之性恶，其善者伪也"（《荀子·性恶》）。关于"人之性恶"，荀子认为，人对财富的追求是无穷无尽的，穷了追求富，富了追求贵，永无止境，而资源是有限的，这样人和人之间一定会爆发争夺资源的冲突。一旦矛盾冲突激烈化了，正常的、和平的途径难以满足人的需求，人自然倾向于违背岗位职责犯错误。他的原话是"饥而欲食，寒而欲暖，劳而欲息，好利而恶害，是人之所生而有也，是无待而然者也,是禹桀之所同也(夏禹和夏桀都是这样的)"(《荀子·荣辱》)。

"若夫目好色,耳好听,口好味,心好利,骨体肤理好愉佚,是皆生于人之情性者也;感而自然,不待事而后生之者也。"(《荀子·性恶》)这句话是什么意思呢?人天然是有追求的,眼睛喜欢看好的,耳朵喜欢听好的,嘴巴喜欢吃好的,鼻子喜欢闻好的,这是所有人都一样的,然而资源是有限的,所以人和人怎能不爆发争夺资源的激烈冲突,怎能不违背岗位职责犯错误呢?

那么,怎么能让人不犯错误呢?荀子提出了两个办法:一是"隆礼",是文化教育方面;二是"重法",是制度方面。通过教育和制度这两个办法,把人规范到岗位上,使其不犯错误。

孟子更多地强调人有发自内心的坚持岗位职责的冲动;荀子则更多地强调人犯错误的必然性。既然人会大量地犯错误,那么怎么能让人不犯错误呢?办法只能是靠外部力量的纠正。因此荀子讲"礼义法度者,是圣人之所生也"(《荀子·性恶》)。圣人就是一种外部力量。荀子认为,礼义法度不是来自于老百姓发自内心的追求,而是来自外部的强制的灌输。

这就是荀子"人性恶"的内容。

第四节　对"人性善"与"人性恶"理论的评价

我对"人性善"理论和"人性恶"理论的评价是:两者的基本点是一样的,都是要把人规范到岗位上去,都是让人坚持岗位职责,这是它们的共同追求。不同点在于,一个强调人有坚持岗位职责的内在冲动,一个强调人有一种违背岗位职责、犯错误的强大的动力。

在孟子看来,人都有看到未来的能力,人算了大账,会自觉地不犯错误。试想,只要创造了生活下去的基本条件,谁愿意去犯错误啊?人穷的时候普遍有动力犯错误,人富了谁还愿意犯错误?因此孟子主张要创造人做好事而不做坏事的条件。

荀子更多地强调，由于资源的有限性与人的欲望的无限性之间的矛盾，人必然要犯错误。要让他不犯错误，靠他内在的自觉是做不到的，只能靠外力的强制，这就是"圣人治礼""圣人做法"，希望通过外力的强制把人规范到岗位上，让人不敢犯错误。

因此孟子和荀子的区别就在于，一个强调内在的冲动，一个强调外在的压力。从这里我们也可以看出，为什么荀子这样一位伟大的儒家学者能培养出韩非子、李斯这两位有名的法家代表人物。法家是强调外力强制的。法家认为老百姓文化素质低，看不到未来，更容易受不住外界诱惑犯错误。如何让老百姓不犯错误呢？只能靠一种外在的强制的力量，这就是政府的权威。荀子强调外力的强制，法家也强调外力的强制，双方在这方面有共同点，但是荀子的这两位法家弟子，在学习了荀子的博大精深的理论的基础上，抛弃了文化教育的内容，片面地强调制度、暴力的作用，这是什么原因呢？在李斯和韩非子看来，人追求利益的欲望是无穷无尽的，这是任何教育都没法解决的，这样必然出现人和人之间争夺资源的激烈的冲突，因此只能行使一条原则，这就是严刑峻法。

那么人到底有没有坚持岗位职责的内在冲动？孔子认为有。孔子说，为什么主张仁义？仁义不是由外力强加给人的，而是老百姓内心深处自然产生的。孩子没有不爱父母的，弟弟没有不敬重哥哥的，因此仁义的基础是"孝悌"，孝是对父母的敬爱，悌是对哥哥的敬爱。把它与企业管理联系起来就会发现，处理父子关系的原则与处理上下级的关系相同，处理兄弟关系的原则与处理同事关系相同。人有关心他人的冲动，把这种冲动进一步向外扩张，就是爱心的扩展，体现在工作上就是一个人的岗位责任意识，在工作岗位上该干什么，不该干什么，等等。孟子在孔子的基础上强调，恻隐之心、是非之心、恭敬之心、羞恶之心是人内心深处天生就有的，因此孟子讲"良心""良知""良能"。他说："人之所不学而能者，其良能也；所不虑而知者，其良知也。孩提之童无不知爱其亲者，及其长也，无不知敬其兄也。亲亲，仁也；敬长，义也；无他，达之天下也。"（《孟子·尽心上》）这是说，不用学就会的能力叫"良能"，不用学就有的知识叫"良知"，这是人先天就带有的。换言之，只要是人就一定具有发展这种能力的潜质。在孟子看来，条件具备了，人的"仁义礼智"四端自然就会起作用。反之，条件不具备，人的"仁义礼智"四端自然就萎缩，因此作为统治者来说，关键是创造让人的"仁义礼智"四端成长的条件。

在"人性善"与"人性恶"之间，我更相信"人性善"。因为人确实都有看到未来、自我约束的能力，要创造条件，扩张人的这种能力。教育工作者为什么要做教育？因为相信学生有这个潜力，如果不相信学生有这个潜力，为什么还要教育？你为什么做广告？因为相信人们有认识世界的能力。

荀子的思想有混乱的地方，例如荀子讲过一句话，"义与利者人之所两有也"（《荀子·大略》），义与利是每个人身上都有的。义，指追求未来；利，指追求眼前。每个人都有追求义和利的冲动，"虽尧舜不能去民之欲利；然而能使其欲利不克其好义也。虽桀纣不能去民之好义；然而能使其好义不胜其欲利也。故义胜利者为治世，利克义为乱世。上重义则义克利，上重利则利克义"（《荀子·大略》）。我们常讲的"胜利"是怎么来的，就是从这儿来的。是"义胜利"还是"利克义"呢？"义胜利"指长远利益战胜眼前利益的短视，那么"利克义"呢，指被眼前的利益所诱惑，使得眼前利益战胜了长远利益。根据荀子的这个推理，我们可以得出一个结论，人是有认识未来的能力的，人是能够自觉地约束自己不犯错误的，这也是孟子的结论。至于说是"义胜利"还是"利克义"，那要看外部的条件，即制度条件和物质条件是否具备。所以，在"人性善"与"人性恶"理论当中，我更相信"人性善"。

你之所以强调教育，是因为你相信人有认识未来的能力，你不相信这一点为什么还要强调教育？那么相信"人性恶"的荀子为什么还主张教育呢？荀子说："凡人之欲为善者，为性恶也。夫薄愿厚，恶愿美，狭愿广，贫愿富，贱愿贵，苟无之中者，必求于外。故富而不愿财，贵而不愿势，苟有之中者，必不及于外。"（《荀子·性恶篇》）这是说，人穷了追求富，人富了追求贵。换句话讲，人富了绝不追求富，人没有文化追求文化，人没有礼仪追求礼仪，因此根据"人性恶"，还能推出人追求美好、光明的结论，还能推出"人性善"的结论来。荀子认为，既然人的天性是无限地追逐利益，那么任由这股天性自然发展下去，必定出现人与人之间的激烈冲突，激烈争夺，幸而人还有作为"天君"的心。荀子说，"心居中虚以治五官，夫是之为天君"（《荀子·天论》），心可以对感官得来的认识进行分辨取舍，可以在互相冲突的诸情中，加以选择、调整。"天性有欲，心为之制节。"（《荀子·正名》）这是说，每个人都有追求财富的欲望，但是到底追求多少还受到作为"天君"的"心"的控制。假如"欲"代表人的感性认识，那么"心"则代表人的理性认识。人的理性认识克制了感性认识，那就意味着坚持岗位职责。反之，人的理性认识不能克制感性认识，那么人就往往违背岗位职责犯错误。既然欲望是天然的，心也是天然的，理性认识有可能克服感性认识的不足，这本身就表明人有认识世界的能力。因此，荀子虽然在人性主张上不同于孟子，但得出的结论跟孟子一样，仍坚持了传统儒家的教化优先的思想。因此，"人性善"理论是正确的。

第五节　管理社会大规模组织的方法和原则

假如人没有认识事物、预见未来、自我约束的能力，再好的制度也发挥不了作用，再好的教育也发挥不了作用。毕竟内因是变化的根据，外因是变化的条件，制度、教育要通过人自身而起作用。要相信人有向善的潜质，同时也要相信、承认人有受不住外界诱惑犯错误的可能，要创造条件使人不犯错误，要创造人变好而不是变坏的条件。那么从这个前提出发，如何才能更好地管理社会呢？

荀子认为，社会各成员之间也是充满着矛盾的。如何解决这些矛盾？

首先，如何解决政府和人民的矛盾。荀子主张明君、民之分。他认为，首先要"厚君"，其次是"裕民"。"人君者，所以管分之枢要也。"（《荀子·富国》）

为什么要"厚君"？"不美不饰之不足以一民也，不富不厚之不足以管下也，不威不强之不足以禁暴胜悍也。"（《荀子·富国》）让领导吃得好，住得好，领导更愿意安身于工作，同时也能提高领导追求精神文明的欲望，提高领导的权威，当然了,领导的权威不能无限地大下去,一旦足够维持生活了,他就要更多地让老百姓富裕起来,这是协调君民之间关系的准则。在达到了区分贵贱、分辨轻重的目的以后,荀子还主张实行节用原则,即"以法取民,以礼节用"(《荀子·富国》)。

"裕民",即减轻对百姓的搜刮。"轻田野之税,平关市之征,省商贾之数,罕兴力役,无夺农时,如是则国富矣,夫是之谓以政裕民。"(《荀子·富国》)

荀子认为,只要正确处理了"厚君"与"裕民"的关系,社会生产力将大大发展。

其次,如何协调士与农工商之间的关系。荀子认为,第一,要重视官员士大夫在社会生活中的领导作用。"农精于田而不可以为田师,贾精于市而不可以为市师,工精于器而不可以为器师。有人也,不能此三技而可使治三官,曰:精于道者也,非精于物者也。精于物者以物物,精于道者兼物物。"(《荀子·解蔽》)士大夫是干什么的?民间办不成、办不了的事,由他来办。第二,应根据士大夫的不同才能委任他们以不同的管理职责,如设司空以管理水利,设治田以管理耕种,设虞师以管理山泽,设乡师以管理六畜,设工师以管理百工,设市师以管理关市等,并使他们享受比农民、手工业者和商人更优厚的物质待遇,从而使各项经济事业都在"精于道"的士君子的治理下健康发展。"论德而定次,量能而授官,皆使人载其事而各得所宜。"(《荀子·君道》)"德必称位,位必称禄,禄必称用。"(《荀子·富国》)第三,提出"士大夫众则国贫"(《荀子·君道》)的论断。士大夫的地位高、待遇高,如果士大夫人数太多了,都被他们得到了,老百姓怎么办?荀子认为这将使国民所得相当程度上被其获取,"厚君""裕民"的原则将落空。这是中国最早的精兵简政思想。

再次,处理农业与工商业关系的准则。第一,农工商各业均很重要,都应发展。"故泽人足乎木,山人足乎鱼,农夫不斫削、不陶冶而足械用,工贾不耕田而足菽粟。"(《荀子·王制》)第二,提出"工商众则国贫"(《荀子·富国》)的论断,从事工商业的人多了,从事农业的人就少了,而农业又是社会的基础,从事农业的人少了,国家就会变贫穷。因此荀子呼吁封建国家必须坚持"省工贾,众农夫"(《荀子·君道》)的原则,限制工商业的从业人数,尤其限制奢侈品工商业的发展,以保证农业劳动力的数量。荀子正确处理士农工商关系的目标是使"农以力尽田,贾以察尽财,百工以巧尽械器,士大夫以上至于公侯莫不以仁厚知能尽官职"(《荀子·荣辱篇》)。

最后,在生产力发展方面,荀子提出的原则是,重视人的劳动在财富创造中的作用,主张国家必须善于使用民力。第一,"度人力而授事"(《荀子·富国》),即根据所拥有的可以使用的劳动力的数量,来安排或兴办各项事业,"量地而立国,计利而畜民,度人力而授事、使民必胜事,事必出利,利足以生民"(《荀子·富国》)。第二,在民力的使用上,荀子反对两种错误倾向,一种是为了讨百姓的欢心,向百姓施小恩小惠,该用的民力而不用,该兴办的事业而不办,荀子斥之曰"垂事养誉"(《荀子·富国》);另一种是好大喜功,不顾百姓的负担能力,荀子斥之曰"以遂功而忘民"(《荀子·富国》)。由于违背民意,其结果必然是"徒坏堕落,必反无功"(《荀子·富国》)。所以荀子特别警告统治者说,"上好功则国贫"(《荀子·富国》)。秦始皇最后就是这么垮的。

这就是荀子针对如何管理大规模组织提出来的一整套原则。

第十六讲
墨子和墨家思想

第一节 墨子生活的时代背景

  关于墨子的生卒时间，学术界的分歧较大，但普遍认为墨子生于公元前468年，卒于公元前376年，大概活了九十多岁。关于墨子生活的时代，有春秋末期和战国前期两说，应该说都有道理，这主要是对战国的起始时间的认识不同导致的。关于战国的起始时间，有多种看法，但主要的是两种：一种观点以范文澜为代表，认为战国起始于公元前403年，"周威烈王赐赵、韩、魏皆命为诸侯"（《史记·晋世家》），赵、韩、魏三国正式形成；另一种观点以郭沫若为代表，认为战国起始于公元前475年，即周元王元年，大部分教科书依照这种观点。如果按照第二种观点，则墨子是战国前期人。如果按照第一种观点，墨子就是春秋后期人。出于对学术界传统的尊重，这里依照第二种观点，这样墨子就是战国前期人。

  不管墨子是春秋后期人还是战国前期人，有一点是肯定的，那就是他生活在孔子（公元前551年—公元前479年）之后，孟子（约公元前372年—公元前289年）之前。透过三位思想巨人生活的时代背景，我们就能了解他们能提出各自不同的理论的原因。

  墨子生活在孔子之后，假若说孔子时代的特点是小农经济下人民劳动欲望高的优点展现充分,其弱点还远未暴露,那么墨子生活的战国前期的特点便是:一方面,小农经济下人民劳动欲望高的优点充分展现出来;另一方面,小农经济规模小,无力抵御天灾人祸打击的弱点也完全暴露了出来。换句话讲,如何保护小农经济的健康发展成为战国时期思想家、政治家考虑的头等重要的问题。

这跟我国经济发展状况很相似。20世纪80年代至90年代是民营经济的优点充分展现的时期,但是进入21世纪以后,民营经济的弱点则完全暴露了。在这种情况下,我们如何科学地看待国有经济和民营经济的作用,更好地发挥它们各自的作用,从而做到扬长避短?

第二节 墨子的家庭出身

我在上学期间,我的老师曾经说过,假如墨子生活在今天,绝对是诺贝尔和平奖的获得者,而且能不止一次获奖。为什么呢?墨子主张兼爱、非攻,哪里有打架的,他就去劝架,哪里要发生战争,他就去阻止战争,为此无怨无悔。别人打架时,你去劝架有可能被别人无意中给打了;两个国家打仗,你去劝阻,是要付出很多财力、物力及人力的,找不到地方报销不说,最后也不见得能被大家理解,更不要奢望被赞扬了。

历史上有一个著名的墨子止楚攻宋的故事。说的是当时楚国要攻打宋国,墨子听说以后,不远万里、风尘仆仆地走了十天十夜赶到了楚国。墨子跟楚国国君讲侵略宋国的利弊得失,劝他打消这个念头。楚国国君说,我都已经做好准备了,怎么能停下?墨子说,那么让我先跟主持攻城器械制作的鲁班总工程师较量一下吧。结果墨子跟鲁班较量了十个回合,鲁班打不过他,最后鲁班笑了笑说,想到一个取胜的办法。墨子说,我知道你说的是什么办法,无非是要杀掉我,但是我告诉你,即使我被杀掉了,你还是没有办法取胜,因为我的学生禽滑厘已经掌握了我的方法,并先期带着三百人到了宋国,严阵以待，时刻准备消灭侵略者。楚王无奈，只好打消了攻打宋国的念头。墨子完成了止楚攻宋的使命之后，又马不停蹄地赶往宋国。到达宋国都城时，正赶上天黑城门已经关闭。其时天下大雨，看城门的人不认识墨子，自然不会让他进去，结果这么一位立了盖世功劳的侠义之士，竟然在城门外被大雨淋了一个晚上，但是他对此依然无怨无悔。

那么，为什么墨子对于劝架的事无怨无悔，乐此不疲？为什么墨子能成为小生产者的伟大领袖，能提出一整套反映小生产者、普通老百姓思想倾向的主张？要回答这些问题，就不能不讲墨子的家庭出身。

关于墨子的出生地是有争论的，有说他是鲁国人的，有说他是宋国人的，还有说他是楚国人的，普遍的说法是他出生在山东滕州。其实，说他是哪个国家的人都有一定道理，因为滕州这个地方在历史上总是被各个国家占来占去。现在去山东滕州，就会在城区看到墨子的大型塑像。

为什么滕州这个地方能出现一位伟大的和平主义战士，强调兼爱、非攻、尚贤、节用呢？主要是因为古代滕州的老百姓要比其他地方更痛苦。历史上滕州处于几个大国之间，东边是齐国，西边是三晋，南边是楚国、越国和吴国，大国之间无论谁和谁争霸、打架，一定打到它这里来，一旦战争发生，庄稼被踩、田园被毁，战争过后，老百姓没法生产，活不下去，自然就会偷盗、抢劫，这就叫"无恒产者无恒心"。所以墨子才会提出兼爱、非攻的主张，这里的人最有动力讲"别打了"之类的话。

可能有人会问，当地的人很多啊，为什么墨子会成为他们思想的代表？这个也不难理解，因为墨子学习过儒家的理论，受到过儒家博大精深的教育，文化很高。据《墨子》一书的记载，墨子出行时往往带着很多书，手不释卷。由于他受到过这些教育，而本人又是个杰出的手工业者，一辈子生活在老百姓中，既有文化，又不脱离生产劳动，因此他最了解老百姓，最能把老百姓的追求、苦恼、痛苦等用系统的语言表达出来，这是别人做不到的。这就是墨子能成为小生产者、普通老百姓领袖的原因。

墨子的出身可以用卑贱来形容。前面讲过,孔子是一个士的后代,因为父母的年龄相差太大,其婚姻得不到社会的认可,被看作"野合",因此孔子士的后代的出身没有得到社会的普遍认可。换言之,孔子在人们的心目中属于私生子,其社会地位是不高的。然而,墨子的出身比孔子还低微,据大史学家钱穆《墨子传略》的考证,墨子是奴隶的后代。

墨子是奴隶的后代从何说起呢?钱穆先生从墨刑是古代刑名之一的角度展开研究,认为古人犯轻刑,则罚做奴隶苦工,故名墨为刑徒,实为奴役。换言之,墨是一种刑罚,在罪人的脸上刺字,然后涂上墨炭,作为犯罪的标志,以后再也擦洗不掉,时间久了,"墨"成了犯人和别人区别的标志,成为他的后代和别人的后代区别的标志。历史上西汉淮南王英布遭黥刑(墨刑)后被称为黥布,也是一证。我们现在经常讲品牌,品牌是什么?品牌从它的本意来讲,是为了和别的产品、别的企业相区别。那么最初姓氏的意义也是为了和别的家族、别的人相区别。姓氏是怎么来的?从历史的角度来看,姓氏的来源之一与职业有关。比如说司马、司空、司徒等姓氏即来源于此。由于这个家族的人长期担当这方面的工作,人们就说司马那个家族的人如何,司徒那个家族的人如何,司空那个家族的人如何,时间久了,就变成这个家族区别于别的家族的标志。姓氏的来源之二与居住的空间位置有关,比如说日本的好多姓氏,如松下、山口等,其来源就与所居住的空间位置有关。姓氏的来源之三是以国为姓。如郑姓的来源即与历史上的郑国有关。郑国灭亡后,王子王孙们流亡四方,为怀念故国,遂以郑为姓。别人也以"来自郑国的王子王孙"来区别于他们。姓氏的来源之四是与身体的某些特征有关。墨子之姓,是因为祖上犯了罪,脸上打上特定的烙印,人们遂以"墨"来将他们区别于别的家族。

墨子的出身如此卑微,又如何能成为天下有名的大学者呢?这是因为社会大变革,出现了上层衰落、社会底层崛起的趋势,这才使得墨子得到受教育的机会,从而成为一位伟大的学者。

墨子尽管学问很高,但是一辈子没有脱离生产劳动,他是个杰出的木匠,与鲁班齐名。只是鲁班专门做进攻的武器,墨子专门做防御的武器,所以有个成语叫

"墨守成规"，最初就是形容墨家学派善于防御的。有一部电影叫《墨攻》，就是根据墨家反对战争的哲学进行演绎的。"墨守成规"这个成语也反映了小生产者的某些特点：丁是丁，卯是卯，一丝不苟，这跟儒家的中庸之道，在矛盾的两端不断寻找平衡点是不一样的，难怪两个学派要发生激烈的争鸣了。同时，这也反映了两个学派的阶级基础的不同，儒家代表管理阶层的利益，墨家代表普通劳动者阶层的利益。管理阶层是发布指示的，其管理方法是在文武之间来回地变动的，但是从事具体工作的劳动者，则需要丁是丁，卯是卯，来不得半点含糊，这就是墨子的职业特点给其思想带来的影响。

第三节 墨家思想的主要内容

墨家代表小生产者、普通老百姓的利益，墨家思想的主要内容就是墨子提出的十大纲领：尚贤、尚同、节用、节葬、非乐、非命、天志、明鬼、兼爱、非攻。了解了这个大纲领，也就了解了墨家思想的主要内容。

第一，尚贤。

尚是崇尚的意思，指崇尚贤人，崇尚有能力的人。在墨子的理想中，上至天子，下至里长，皆是各自范围内最"贤能"的人，所谓"可使治国者使治国，可使长官者使长官，可使治邑者使治邑"（《墨子·尚贤》）。老百姓为什么喜欢有能力的人呢？因为老百姓资产规模小，自己没有能力抵御天灾人祸的打击，需要一个有能力的人来带领他们走向富裕之路，所以老百姓最盼望有能力的人出现。一般都会想：我没本事，我得投靠一个大规模的组织，由一个有能力的人来领导我，给我带来幸福。

第二，尚同。

尚同就是崇尚统一。墨家崇尚的统一和儒家的统一是不一样的。儒家的统一是承认人的思想差异性基础上的统一，其前提是承认不同阶层的人的思想是有差异的。换言之，儒家的统一是部分的统一，而不是全部的统一，只在几个方面达成统一即可,很多方面都是允许自由的。

改革开放初期,邓小平强调坚持四项基本原则,是不是说尊重历史传统?就历史传统而言,内容是很丰富的,邓小平并没有说要全部尊重历史的传统,只是在这四个基本的方面尊重传统,使全党保持必要的统一就行。但是墨子的"尚同"不是这个含义。墨子的"尚同"是要求上下绝对一致,绝对统一。墨子说,"上之所是,必皆是之。上之所非,必皆非之""天下之百姓,皆上同于天子"(《墨子·尚同》)。换言之,老板的意志要变为员工的意志,员工的工作要完全体现老板的意思,上下要绝对一致。实际上能做到上下绝对一致吗?不能。墨子思想的空想性在这里就表现出来了。须知,绝对的统一是做不到的。

为什么老百姓更强调绝对统一呢?一个原因是老百姓没能力,好不容易出现一个有能力的,怎能不听从他的?因此老百姓常说:领导下令吧!你指到哪里,我们打到哪里!当然前提是领导得到了老百姓的认可,才言听计从的。没有"尚贤",就不可能有"尚同","尚同"是建立在"尚贤"的基础上的。另一个原因是老百姓文化素质不高,语言表达不清楚,要解决问题往往倾向于发挥体力的竞争优势。以家庭为例,在我看来,家庭就是男女双方组成的一个1+1>2的股份制公司。只是这个股份制公司里面,没有大股东和小股东之分,每个人都是各占50%股份的股东,因此夫妻之间不能命令,只能说服。既然是股份合作,那就有合作成本,因此夫妻之间闹矛盾也很正常。在今天的股份公司里面,股东之间不是也常闹矛盾吗?只不过矛盾的程度有高低之分而已。在如何解决家庭矛盾方面,儒家的理论是强调"阴阳和,万物生",要求夫妻之间相互尊重,"有话好好说"。问题是说不清怎么办?说不清就要发生矛盾。随着矛盾程度的逐渐升级,夫妻之间动点拳头也就成了很正常的事。只要打得不重,就属于人民内部矛盾范畴。因此民间有"小两口吵架不记仇""夫妻没有隔夜的仇"以及"清官难断家务事"等说法。"家务事"更多地是属于非对立性矛盾的范畴,一旦经"官",矛盾的性质就变了,升华成了对立性矛盾。把一个非对立性的矛盾用对立性矛盾的解决办法来处理,岂不是用错了地方?

那么，这里就出现了一个问题：为什么夫妻吵架往往是男的打女的？原因很简单，男人体力好，是社会重体力劳动的代表者。对于男性而言，一旦和妻子发生矛盾，语言表达不清楚，还要解决矛盾，是不是倾向于发挥体力的竞争优势？当然了，有男人打女人的时候，就有女人打男人的时候。

所以越是在民间，越是在农村，越是在经济不太发达的地方，老百姓只要一起喝酒，那就肯定得讲平均主义，或者统统3杯，或者统统10杯，而不强调人和人之间在酒量上的差异。这些都反映了普通劳动者的思维和生活特点对墨子思想的影响。

第三，节用。

为什么要节用？家庭规模小，抵御不了天灾人祸的打击，因此要节用。都有谁要节用呢？墨子认为，老百姓要节用，统治者更要节用。老百姓节用，剩余多；领导人节用，对老百姓要得少，那么老百姓家庭的剩余就多，自然更能抵御天灾人祸的打击。农业社会也有经济周期，当时有个说法叫6年一个小周期，12年一个大周期，就是从一个大灾荒到另外一个大灾荒的时间，往往是12年，从一个小灾荒到另外一个小灾荒的时间，往往是6年。中国人为什么强调勤俭持家？为什么强调备战备荒？因为对未来不乐观，要用现在多余的粮食来应付未来的可能缺粮的挑战。

那么，墨家要求节用到什么程度呢？到满足温饱的程度，这就表现出了儒家跟墨家的差别。儒家主张节用到符合岗位职责需要的程度，墨家主张节用到满足温饱的程度。我们之所以说墨家有平均主义思想，是因为墨家主张把满足温饱以外的剩余全部捐给社会。

第四，节葬。

儒家强调厚葬，在儒家看来，父母养育了你那么多年，你才能脱离父母的怀抱，父母去世了，为父母守三年孝也是应该的。用现代的话讲，这是双赢的原则，别人对你好，你也要对他好，这就是儒家的"义"所强调的，不能忘恩负义。当然，儒家主张三年厚孝，并不是每天都不干活，而是分几个时间，儒家强调二七、三七、四七、五七、六七、七七这几个时间要厚孝，其他时间没有特殊强调。在儒家看来，厚葬一方面代表了对先人的尊重，尊重他们对自己的贡献；另一方面也是为了提高家庭、家族的凝聚力,为了明天更好地工作。儒家是强调协调的,协调一定是两端之间的协调,达到你也高兴我也高兴的状态,厚葬就反映着儒家对于先人和活着的人之间关系协调的思考。但是儒家的这个思想,一旦落到民间就变味了,为什么呢？因为民间有浓烈的平均主义氛围,更倾向于相互攀比:别人家结婚怎么办的,我结婚也要怎么办；人家结婚花了多少钱,那我也不能少花。当然,当事人在感到不能少花钱的同时,社会中的非当事人——别人也觉得你不应该少花,这样一来,自然就会产生欲望的膨胀和资源不足之间的矛盾。

民间老百姓在一起的时候,经常议论诸如婚结不起、孩子生不起等事情。为什么？假如亲戚中一年有5个结婚的,得往外掏多少钱随礼？而且掏钱的价码还水涨船高,步步升级。老百姓一年挣钱的数目是有限的,除去正常的花销还能剩下多少？就这几个钱还都花到日常应酬上面了,这让老百姓还怎么生活？因此墨子站在平民的立场上,坚决反对"厚葬""久丧"的制度,他指出"厚葬"的结果是"多埋赋财","久丧"的结果是"久禁从事"。"财已成者,挟而埋之,后得生者,而久禁之。以此求富,此譬犹禁耕而求获也。"他又指出,"久丧"限制人的起居饮食,使人身体衰弱,又限制"男女之交""以此求众,譬犹使人负剑而求其寿也"(《墨子·节葬》)。

墨子提倡"节葬",主张父母去世以后,用薄薄的被子一卷,埋到土里面,上面再铺上一层土,只要没有味道就可以了。墨子的主张遭到孟子的强烈批判。孟子说,作为一个孝子,能忍心看着自己的父母在地下被雨淋、被虫子咬而不心疼吗？有条件的应该尽可能地做好一点。儒家认为,只要儿女在父母的丧事上尽心,做到问心无愧即可,并不要求一定要达到什么具体的标准,因为不同人的经济能力不一样,不能一概而论。但是,儒家的这一思想一旦落到平均主义氛围特别浓厚的民间,就出现了很多副作用。墨子为什么要在学儒的基础上创造出一个墨家学派？原因在于他看到了儒家学说在生活运用中的不足,从而站在老百姓的立场上,提出了一系列主张,创建了新的学派。

第五，非乐。

儒家特别强调音乐的作用，主张礼乐文明。礼是规定社会成员的等级划分的，即应该干什么，不该干什么等。社会成员一方面需要有差异，另一方面还需要有统一，如大家一起开音乐会，一起听人演唱等，这就叫与民同乐。从官和民的关系来讲，需要有一定的距离，因为没有距离产生不了权威，但是也不能总是有距离，还要有打成一片的时间，不过也不能总打成一片。儒家强调中庸之道，要求领导干部明白什么时间要与下属打成一片，什么时间要与下属保持距离。官民完全打成一片，感情太深了，往往违背原则犯错误，因为每个人都有禁不住外界诱惑犯错误的时候，但没有感情干不了工作，这就要求领导要把握住打成一片和不打成一片的界限。

领导的物质需要满足了，自然要追求精神生活。但是开一场音乐会的成本是很高的，古代开音乐会的成本比现代还高。当时需要好几个壮劳力才能把钟撞响，一场音乐会往往规模很大，女人要跳舞，男人要撞钟，为此就要加强演练，也就要耽误老百姓干活的时间。老百姓为演练节目不能干活不说，官员还向老百姓征收演出特别费用，这就影响了老百姓的家庭储备，所以老百姓恨透了领导开音乐会。在老百姓看来，开音乐会没有什么用处，不当饭吃，不当衣穿，还额外花很多钱。因此，墨子是从老百姓的立场出发，坚决反对领导开音乐会。

第六，非命。

儒家主张"死生有命，富贵在天"（《论语·颜渊》），"不知命，无以为君子也"（《论语·尧曰》）。什么是命？命和德是一组矛盾，德是个人通过修养能左右得了的，而命是个人左右不了的外部力量，包括自然力量、社会力量等。一个人要成功，一方面需要自己努力，另一方面还需要自然、社会多方面的相互配合。试想，"天时""地利"是我们控制得了的吗？"人和"的大部分我们能控制得了吗？为什么说"五十知天命"？人年龄大了，明白了自己力量的渺小，明白了社会力量的强大，只有让社会高兴，自己才能高兴。儒家这个思想也是正确的，但是一旦落实到民间，又有问题了。有的人觉得自己的命好，不用干活命也好，有人觉得自己的命不好，怎么干活也白搭，大家都不干活了，这个社会怎么发展？墨子就看到了这个思想在生活中的弊端，提出一个理论——非命，认为世间没有命，命运就在我们的手中，只要肯干，命就好。反之，如果不肯干，命就不好。

第七，天志、明鬼。

天志，是指老天爷的意志。墨子提出了领导人应该干什么、不应该干什么，老百姓应该干什么、不应该干什么的一整套要求，但如何把它贯彻下去呢？这就需要有一股强大的力量。这种力量是什么呢？墨子认为就是"老天爷"。

《墨子·天志中》记载：子墨子言曰："今天下之君子之欲为仁义者，则不可不察义之所从出。既曰不可以不察义之所欲出，然则义何从出？"子墨子曰："义不从愚且贱者出，必自贵且知者出。何以知义之不从愚且贱者出，而必自贵且知者出也？"曰："义者，善政也。何以知义之为善政也？"曰："天下有义则治，无义则乱，是以知义之为善政也。夫愚且贱者，不得为政乎贵且知者，然后得为政乎愚且贱者，此吾所以知义之不从愚且贱者出，而必自贵且知者出也。然则孰为贵，孰为知？"曰："天为贵，天为知而已矣。然则义果自天出矣。"也就是说，天、鬼之所欲即墨子之所是，天、鬼之所罚即墨子之所非。在墨子看来，假如你不好好干活，不遵守岗位职责，那么"老天爷"就会在晚上率领着一群小鬼到你的家里来，让你睡不好觉，看看犯错误的代价有多大！这说明墨家对社会统治者不满，认为真理在天，在鬼神，鬼神明辨是非，所以借对天和鬼的信仰来实现自己的理想。可能有人要说了，谁见过"老天爷"，谁见过鬼啊？中国人特别强调眼见为实，耳听为虚。当然不能说天志、明鬼对老百姓的行为没有约束作用，只能说它的约束作用不大，是软约束，不是硬约束。也就是说，墨子的思想虽好，但缺乏将之推行下去的力量。它不像儒家思想那样能在现实社会中寻找到约束人们行为，甚至是约束权威的力量。

第八，兼爱、非攻。

兼爱、非攻指的是尊重别人的产权。兼爱，是指像爱自己的东西一样爱别人的东西，像爱自己的儿女一样爱别人的儿女，只有尊重别人，别人才能尊重自己。墨子所谓的兼爱是上自国君，下自众民，都不能只知"自爱"，而要"相爱"，要使大家能够做到"视人之国若视其国，视人之家若视其家，视人之身若视其身"（《墨子·兼爱中》）。这样，诸侯之间就不会再发生战争；士大夫之间就不会再争权夺势；人民中间就不会互相伤残和虐害；君臣、父子、兄弟之间都可以和睦相处。他说："若使天下兼相爱，爱人若爱其身，犹有不孝者乎？……故不孝不慈无有。犹有盗贼乎？故视人之室若其室，谁窃？视人身若其身，谁贼？……视人家若其家，谁乱？视人国若其国，谁攻？"（《墨子·兼爱上》）如此，则社会上可以出现君仁臣忠父慈子孝，盗窃乱贼不作，"强不执弱，众不劫寡，富不侮贫，贵不傲贱，诈不欺愚"（《墨子·兼爱中》）的那种太平盛世。

墨子之所以提出兼爱、非攻的主张，主要是因为看到了国家之间不断爆发战争，老百姓中不断地出现偷盗抢劫的现象，才提出这个解决办法。但是这里也有空想的成分。因为爱是一种情感，日久生情，男女双方的恋爱是约会谈出来的。你跟你的爹妈生活在一起，跟别人的爹妈不在一起，怎么能像爱自己的爹妈一样爱别人的爹妈？从这个角度来看，墨家的理想很高远，它打破了家族本位，代之以社会本位；打破了人与人之间原有的贫富、贵贱的地位差别，代之以新的彼此平等的地位。其优点是表现出了更多的人民性，体现了更高度的社会化；其弱点则在于这种高度的社会化超越了时代所能包容的界限，表现出相当多的空想性、不可操作性，因此孟子才说，拿墨子的思想来治国，会导致天下大乱，因为，你拿一个自己做不到的要求来要求别人，你看谁都不顺眼，别人看你也不顺眼，岂不是会激化社会矛盾？

第四节　墨家学说的命运

墨家学说产生后，对儒家产生了很大的冲击，因为它是针对儒家学说的弊端而产生的一种理论。墨家学派的成员多半来自社会下层，深深了解群众的疾苦，有广泛的社会基础，所以该学派门徒众多，呈现出"从属弥众，弟子弥丰，充满天下"（《吕氏春秋·当染》）的盛况，成为与儒学并重的著名学派，史载："世之显学,儒、墨也。"(《韩非子·显学》)墨家还建立了严密的社会组织,其领袖称为"钜子",是后来的青红帮、丐帮、游侠等江湖社会的鼻祖,秦亡后,墨学逐渐销声匿迹。

链接

从古到今,我们一直把学问分为显学和隐学。显学通常是指与现实联系密切,引起社会广泛关注或者在思想学术界占统治地位的学说。相反,隐学则是离现实较远,不那么为世人瞩目的学问。"显学"之名始见于《韩非子》,它不仅指盛行于世且影响较大的学术派别,而且指文化内涵丰富、学术价值较高的学问。在先秦思想史中特指儒家、墨家这两种学说。有时也指在整个中国思想史上占重要地位的儒、道、佛三家。

秦亡后,墨学为什么销声匿迹了呢?原因有三:一是封建化国家一统江山,需要高度的国家权威,这就需要对一切妨碍国家权威树立的其他权威进行限制、取缔甚至打击,俗话说,家有家规,国有国法,家庭总是要服从国法的;二是墨家的禁欲主义不得人心,人富了还要过穷人一般的生活,谁受得了啊;三是小生产者的解放时代结束,兵荒马乱的时候,统治者要争夺民心,普通老百姓是谁对我好就投奔谁,随着封建化国家的统一,普通老百姓成为社会的基层,知识分子不愿回到基层,自然也产生不了反映他们思想的领袖。因此,要了解中国的老百姓在想什么,请看《墨子》一书。

第五节 墨子管理思想的主要内容

墨子是一个代表小生产者、普通老百姓阶级利益的思想家,他也想追求社会的和谐,但他是从小生产者、普通老百姓的角度来考虑如何追求社会和谐的。通过学习墨子的管理思想,可以为领导者、管理者了解下属、了解员工提供帮助。

1. 墨子的人性观

讲到管理,就要谈到对人的看法,儒墨道法各家没有不讲人性的。孔子讲"性相近也",孟子讲"人性善",荀子讲"人性恶",都是在说对人的看法。管理从形式上来讲,是人、财、物的协调,从本质上看则是对人的管理,因为财、物是受人支配的,所以,管理的关键是管人,而管人的关键是管心。

但是心是什么,不同的人有不同的看法,孟子有孟子的看法,荀子有荀子的看法,法家有法家的看法,道家有道家的看法,墨家也有自己的看法。

墨子认为动物都是依靠本能而生存的,而人不一样,人是"赖其力者生,不赖其力者不生"(《墨子·非乐》)。意思是,人和动物最大的差别就是劳动,人能通过劳动得到财富。动物不行,动物只能获取大自然的果实,而人可以通过劳动、加工得到自己想要的一切。基于此,墨子主张"劳而后获",坚决反对不劳而获,对那些侵吞他人、集体、国家财物者,坚决地给予道义上的谴责和法律的制裁。

这里特别强调一点,一般认为的"劳",往往指的是体力劳动,而墨子讲的"劳"既包括体力劳动也包括智力劳动,体力劳动主要是老百姓的劳动,老百姓应该干什么,怎么干;智力劳动主要是政府官员的劳动,政府官员、王公大臣在岗位上该怎么干。特别要指出的是,墨子认为劳动都要建立在岗位职责要求基础上。

在"劳而后获"这点上,儒家和墨家是一致的。孔子说:"事君,敬其事而后其食。"(《论语·卫灵公》)这是讲官员在侍奉君主时,要谨慎认真地工作,把拿俸禄的事放在后面。儒家和墨家的不同不在于对劳动的看法方面,而在于分配方面。儒家主张有差别、有等级地分配,墨家主张无差别、无等级地平均分配。

2. 墨子的义利观

所谓义利观,是指如何处理长远利益和眼前利益的关系,如何处理个人利益和社会利益的关系的一套准则。法家有法家的义利观,道家有道家的义利观,儒家有儒家的义利观,墨家也有自己的义利观。

墨家处理个人和社会关系的原则是六个字——"兼相爱,交相利",意思是说,爱别人的东西,像爱自己的东西一样。墨子的原话是"视人之国若视其国,视人之家若视其家,视人之身若视其身"(《墨子·兼爱中》)。就是说,你对自己的东西特别珍惜,那么也要珍惜别人的东西,你不能侵吞别人的东西为己有。既要尊重自己的产权,也要尊重别人的产权。在墨子看来,如果能做到这一点,诸侯之间就不会再发生战争;士大夫之间就不会再争权夺势;人民之间就不会互相残害;君臣、父子、兄弟都可以和睦相处。

这里我们讲一下墨子的"兼爱"和孔子的"仁"有什么区别和联系。

它们的共同点都是讲"爱",让世界充满爱,不仅要爱自己,还应当爱别人。爱就代表着付出,代表着让利。由于资源是有限的,人的欲望是无限的,因此通过讲仁、讲爱来协调人和人之间争夺资源的矛盾,让天下大同、天下和谐。"和"不是一个人的,是天下人的"和",达到所有人共同的满意,这是儒家和墨家的共同点。

不同点是爱的方式、爱的途径不一样。

孔子的"爱"是"亲亲""贵贵"。所谓"亲亲"就是先爱自己,再爱爹妈,再爱兄弟姐妹,再爱堂兄弟、堂姐妹、表兄弟、表姐妹,一点一点向外扩展,爱了中国、再爱外国。这符合人认识世界的规律,也符合"爱"这个字的特点。因为爱是情感,而情感是建立在活动的基础上的。"亲亲"讲的是随着一个人成长空间的扩大应该怎么来爱人。所谓"贵贵"讲的是只要是社会,就有组织,只要是组织,就有等级。在一个组织内部,按照岗位的职责,可能某人是我的长辈,但我现在是他的领导,那他也得尊重我的权威,至于双方的感情关系,要在其他的方面来体现,这叫作公私分明,也叫不同情况下的岗位职责区分。

墨子的"兼爱"是"视人之国若视其国,视人之家若视其家,视人之身若视其身。"主张像爱自己的东西一样爱别人的东西,像爱自己的爹妈一样爱别人的爹妈。

再讲一下墨子的"义"与孔子的"义"有什么区别和联系。

在关于"义"的问题上,孔子强调既要自己富,也要别人富。孔子不但不反对求富逐利,而且认为不求富贵才是可耻的。他说,"邦有道,贫且贱焉,耻也;邦无道,富且贵焉,耻也"(《论语·泰伯》)。又说,"邦有道,谷(做官领薪俸);邦无道, 谷, 耻也"(《论语·宪问》)。墨子的"义"则更多地强调天下的公利, 认为利于人的就是义, 不利于人的就是不义, 有比较浓厚的毫不利己, 专门利人的色彩。例如, 墨子表示, "杀己以存天下, 是杀己以利天下也"(《墨子·大取》), 又说, "欲国家之富, 人民之众, 刑政之治"(《墨子·尚贤》), 就必须"兼相爱, 交相利, 移(郑玄注: "移, 犹广大也。"在此为多余、富裕的意思)则分"(《墨子·非命上》)。墨子一贯把利与义结合在一起, 而"移则分", 正是墨子行义的一个内容。他明确提出, 义, 是要做到有余力就去帮助人, 有余财就分给别人。墨子认为那些"有余力, 不能以相劳", 有"腐朽余财, 不以相分"(《墨子·尚同上》)的人是不义的人, 是不可以相交往的。他说, "以非人之义, 故交相非也"(《墨子·尚同上》), 又说, "多财而不以分贫"(《墨子·鲁问》), "据财不能以分人者, 不足为友"(《墨子·修身》)。墨子的偶像是大禹, 大禹治水十三年, 三过家门而不入, 是伟大的民族英雄。

那么, 又该如何理解墨子的"口不离利", 孔子的"罕言利"(《论语·子罕》)以及孟子的"何必曰利"(《孟子·梁惠王上》)?

有人说还是墨子实在, 孔子和孟子太虚伪。话不能这么讲, 他们是代表不同阶级利益的思想家, 他们的不同行为方式是受到本阶级的生存状况和生产状况的限制而产生的。在农村, 人们见了面, 经常讲"吃了吗", "挣多少钱"。说明什么? 说明他们物质上还没有得到相当的满足, 更追求物质。在发达的城市里, 人们见了面, 往往是说"你好""对不起"这些话。他们讲不讲钱? 也讲, 但至少公开的场合上很少讲。你起码能从他的话里边感受到, 他们物质生活很满足, 追求精神生活: 眼前利益满足, 追求长远利益。显然, 这是不同的生活状况、生产状况所导致的人的行为的差别。

墨子为什么"口不离利"? 因为他代表着劳动阶层的利益。劳动者多是小生产者, 资产规模小, 强调如何扩大自己的资产规模, 当然要"口不离利"。孔子、孟子代表着职业官员、职业经理人的利益, 由于领导的岗位不是具体地创造财富, 而是制定合适的政策、制度并通过这个杠杆,让别人高兴,别人高兴了,能够努力地工作,上交一定的利润,他们也就富裕了。假如领导总是讲利益,那就有问题了。你有权力,又对利益那么感兴趣,自然倾向于利用手中的权力修改政策,将别人的利益据为己有。不能说儒家虚伪,只是不同阶级的思想家,站在本阶级的立场上提出来的或者体现出来的行为方式有所不同。

那么如何证明一个人的行为是毫不利己,专门利人的呢?

墨子提出三个标准,也叫"三表",即"上本之于古者圣王之事""下原察百姓耳目之实""废(发)以为刑政,观其中国家百姓人民之利,此所谓言有三表也"(《墨子·非命上》)。这是说,看一个人的行为是利己还是利人,有三个标准:一是看与古帝王之说是否一致。古帝王之说往往反映社会的长远利益,因为古帝王就是这个时代、社会的集中代表与体现,与古帝王之说是否一致,反映了是否代表了社会的长远利益。二是看老百姓是否得到利益。三是看国家是否得到利益。这说明做领导都应代表人民的利益,只有人民高兴了,国家才能兴旺。

墨子非常强调"义",主张"不义不富,不义不贵,不义不亲,不义不近""虽在农与工肆之人,有能则举之:高予之爵,重予之禄,任之以事,断予之令"(《墨子·尚贤上》)。意思是,只要一旦发现品德很高尚,毫不利己,专门利人的人,要当场提拔、越级提拔,给他很高的俸禄,给他很大的权力,给他很高的荣誉,让他有职有责有权,以便让他更好地为社会服务。

这里又有问题了,墨子不是强调平均主义,强调节用,要求过一种满足温饱的生活吗?这里却讲"高予之爵,重予之禄",这不矛盾吗?

其实并不矛盾。在墨子看来,之所以对德才兼备的人"高予之爵,重予之禄",那是因为"爵位不高则民弗敬,蓄禄不厚则民不信,政令不断则民不畏"。"高予之爵,重予之禄"是为了方便他们工作。一旦工作的目标实现了,就要"有财以分人"(《墨子·鲁问》),把满足温饱以外的财产都分给别人。

墨子讲"有力者疾以助人,有财者勉以分人,有道者劝以教人"(《墨子·尚贤下》），凡是多余的，都一律分配给社会。这种主张也有它的道理，老百姓的资产规模都小，只能今天你帮我，明天我帮你，靠大家的相互帮助，来弥补自身经济规模小的不足，抵御天灾人祸的打击。墨子的主张，是当时百姓生活状况的反映，但这种主张也有其空想的地方。须知，人都是追求富贵，讨厌贫贱，在得到和失去之间，失去的不平衡感更强。好不容易得到了一笔资产，结果还要分给别人，自然是不愿意的，这也是违背人性的，而违背人性的事情是坚持不下去的。《管子·国蓄篇》指出，"民予则喜，夺则怒，民情皆然"。对那些缺乏资产的老百姓而言，他们喜欢"有力者疾以助人，有财者勉以分人，有道者劝以教人"是很正常的，这正是它经济规模小，希望别人帮助自己的反映，希望通过这种方式，创造一种规模经济。百姓为什么特别强调远亲近邻关系的处理？目的就是弥补自身的不足。而要将自己的财产分给他人，自然是相当不情愿，如此一来，谁还愿意努力多生产？司马迁在《史记·平准书》中就指出过汉武帝的"告缗"政策的后果是，"商贾中家以上大率破，民偷甘食好衣，不事畜藏之产业"，这也是平均主义分配政策的必然结果。尽管墨子竭力主张发展生产，但他的这种"有力者疾以助人，有财者勉以分人"的主张是不能达到他所希望的结果的，甚至会造成社会生产的倒退，这恐怕是墨子始料不及的。

链接

告缗：汉武帝刘彻为打击商人势力、解决财政困难而采取的一项重要政策。告缗是算缗的延伸。算缗是一种财产税，是汉初采取的抑商政策的一项重要内容。由于内兴功利，又连年对周边少数民族进行战争，国家的财政发生很大困难，商人乘机以高利贷盘剥贫民，促使社会矛盾日趋激化。因此，武帝元光六年（公元前129年）开始对商人所拥有的车辆征税。至元狩四年（公元前119年）又下诏"初算缗钱"。对各类商人和手工业者征收财产税，对车、船征税。但许多商人隐匿财物，不肯交税。于是，元鼎三年（公元前114年）武帝又下令"告缗"，由杨可主持，令民告缗者以其半与之。杨可告缗遍天下，中等规模以上的商贾几乎都被告发。武帝派遣御史和廷尉正、监等分批前往郡国清理处置告缗所没收的资产，得民财物以亿计，奴婢以千万数，田地大县达数百顷，小县也有百余顷。中等规模以上的商贾都因此破产，武帝将没收的缗钱分配给各个部门。告缗直到元封元年（公元前110年）才停止。告缗为武帝的内外功业提供了物质上的保证。

墨子认为，你能让别人高兴，别人就一样会让你高兴，因为利是相互的。他讲："夫爱人者，人必从而爱之；利人者，人必从而利之；恶人者，人必从而恶之；害人者，人必从而害之。"（《墨子·兼爱中》）这句话是什么意思？用通俗的话讲就是因果报应。善有善报，恶有恶报，不是不报，时候未到，时候一到，一切全报。这也是有道理的，你对别人好，别人也会对你好，你对别人不好，谁会对你好？有前因才有后果。因此每个人都得规范自己的行为。人为什么要修养？就是提高让别人高兴的能力，扩充自己爱别人之心。

墨子还强调"故虽有贤君，不爱无功之臣，虽有慈父，不爱无益之子"（《墨子·亲士》）。意思是贤明的君主也不喜欢没有功劳的臣子，没有下属不想让领导高兴的，要让领导高兴也简单，最根本的是为领导分忧，给领导增光。你能为领导分忧，给领导增光，哪怕你有缺点，领导也能容忍，因为你对他的贡献更大。

3.墨子的生产思想

墨子的生产思想是"生财密""用之节"（《墨子·七患》）。

"生财密"的意思是勤快地生产和工作；"用之节"的意思就是过节约的生活。"生财密""用之节"，用今天的话讲就是——勤俭。

所谓"生财密"就是按照岗位职责做好自己的工作。墨子讲，君子要"强听治"，贱人要"强从事"（《墨子·非乐上》），每个人都要完成自己的岗位工作，按岗位要求办事。墨子认为当时的老百姓有三个忧患——"饥者不得食，寒者不得衣，劳者不得息"（《墨子·非乐上》）。现在是不是也有这种情况？"劳者不得息",太累了顾不上休息,因此随着生活水平的提高,我们也会逐渐地像西方一样,增加休息时间,因为工作的目的还是为了生活。

具体来讲如何做到"生财密"呢?墨子提出两个办法,一是延长劳动时间,二是增加劳动人口。二者中以增加劳动人口为主。因为劳动时间要受到一天24小时的限制,不可能无限地延长;另外,你起早贪黑地工作,今天的工作时间增加了,明天就减少了,对身体的长远健康和未来不利,也不利于家庭经济的长远发展。因此,墨子把重点放在增加劳动人口上。

那么如何增加人口呢?墨子的办法有两个,直接的办法是多生孩子。当时社会的习俗是男三十女二十结婚,墨子说太晚了,他主张男二十女十五必须结婚,实行早婚政策。他说:"昔者圣王为法曰:丈夫年二十,毋敢不处家。女子年十五,毋敢不事人。"(《墨子·节用上》)就是说,男子二十岁要娶妻,女子十五岁要出嫁。这样,"民早处家,而可以倍兴"(《墨子·节用上》),人口就可以成倍地增加了。墨子的这个主张后来在生活中贯彻下去了,不仅是男二十女十五结婚,有的更早,男女十五岁就结婚。还有的如徽商,男的出去经商,怕万一经商回不来,得先给家里留个后代,往往是十二三岁就结婚,十四五岁生了孩子,然后出去经商,这也是由社会生产状况所决定的。

另一个办法是消除"寡人之道"(《墨子·节用上》),"寡人之道"就是使人口减少的政治。保证现有人口存活的办法,一是"非攻",坚决反对打仗。打仗要死很多人,要有很多人残疾,好不容易出现的人口一下子又没了,多浪费生产力啊!另外,男人打仗,夫妻老不在一起,又少生孩子了。墨子说,一场战争"久者终年,速者数月,男女久不相见,此所以寡人之道也"(《墨子·节用上》)。因此,墨子一再疾呼,要制止因"不相爱"而引起的非义之战。二是"节用""节葬"。墨子认为领导人节用,老百姓的剩余就多,他们日子过好了,生的孩子不仅数量多,质量也好,更健康。三是反对王公大臣蓄私。墨子揭露说,"当今之君,其蓄私也,大国拘女累千,小国累百。是以天下之男多寡无妻,女多拘无夫。男女失时,故民少"。因此,墨家主张节制蓄私,使"宫无拘女,故天下无寡夫。内无拘女,外无寡夫,故天下之民众"(《墨子·辞过》)。意思是说,王公大臣往往有很多老婆,他们老婆多了别人就没有老婆了,天下又要少生不少孩子。

4. 墨子的消费思想

墨子的消费思想是以满足基本的生理需要、生产需要为标准的节用论。

节用的标准是:是否过一种温饱生活。墨子说,在饮食方面,能吃饱就行,不要"五味之调,芬香之和",更不可以吃"远国珍怪异物"(《墨子·节用中》);衣服能穿得暖就行,不要"锦绣文采"、金钩、玉佩;房屋"冬以圉风寒,夏以圉暑雨"(《墨子·节用上》)就可以;交通"车以行陵陆,舟以行川谷"(《墨子·节用上》),只要结实、坚固,能任重致远就行。总的原则是,衣食住行各方面的消费实用即可。

墨子的节用既限制统治者,也限制被统治者,主要以限制统治阶级上层人物的特权为目标。"去大人之好聚珠玉、鸟兽、犬马,以益衣裳、宫室、甲盾、五兵、舟车之数。"(《墨子·节用上》)

节俭有什么好处呢?一是可以为简单的再生产创造条件;二是可以加强粮食储备,抵御天灾人祸;三是统治者可在武装力量上增加储备,加强国防力量。

5. 墨子的储备思想

墨子还特别重视储备,他强调国家和私家都要三年储备一年的粮食,十年储备三年的粮食,三十年储备十年的粮食,这是保证国家、人民抵御天灾、战祸的最低限度的储备,他把这称为"国备",说要是能做到这一点,再大的天灾人祸也能抵御得了。为什么呢?因为小农经济规模太小,抵御不了天灾人祸的打击,而且农业社会也有周期性经济危机,一般六年一个小周期,十二年一个大周期,得靠着储备来抵御危机。鉴于此,墨子特别重视储备。他说:"一谷不收谓之馑,二谷不收谓之旱,三谷不收谓之凶,四谷不收谓之馈(匮),五谷不收谓之饥。"(《墨子·七患》)如是国家"仓无备粟""不可以待凶饥"。他还引用《周书》的话说:"国无三年之食者,国非其国也;家无三年之食者,子非其子也。"他甚至认为,农业的丰歉,对人们的思想和行为都有直接的影响,指出,"时年岁善,则民仁且良;时年岁凶,则民吝且恶"(《墨子·七患》)。

第六节 对墨子管理思想的评价

第一,墨子的管理思想集中反映了小生产者的思想意志。小生产者属于社会的弱势群体,规模小,无力抵御天灾人祸的打击。因此墨子一方面主张增加人口,发展相对的规模化生产,另一方面主张社会清平,要求稳定的能勤俭致富的社会环境,希望明君、鬼神佑护,把希望和命运寄托在超自然力量上。墨子的管理思想既主张强化国家政府的权威(若政府高效清廉的话),又隐含着如果统治者不按天道行事就可以推翻之意,因此中国社会自古就有"官逼民反,民不得不反"之说。墨子对领导的要求很高,如果领导做不到,往往就会激化社会矛盾。

第二,墨子的管理思想有浓厚的禁欲主义、平均主义色彩。在社会混乱时代,个人不能保住家庭命运,墨家思想大行其道,一旦社会清平,人们的生活水平提高了,墨家思想便退隐一边,被儒家思想所替代。因为儒家强调过与财产、身份相适应的生活,反对禁欲。富有富的活法,"食不厌精"(《论语·乡党》);穷有穷的活法,安贫乐道。儒家思想有弹性,能适应各种情况。儒家还强调富而教,要求过文明健康的生活。穷人更追求物质,富人更追求精神生活,更能做到与时俱进。因此孟子、荀子都大批特批墨子。

第三,墨子的管理思想有浓厚的空想色彩,这主要体现在兼爱、非攻主张上,因而也遭到孟子的批判,指责其"无君无父,是禽兽也"(《孟子·滕文公下》)。兼爱、非攻,要求人们像爱自己的父母一样爱别人的父母。理想虽然高远,却没法操作。很难做到像墨子一样,像爱自己的父母一样爱别人的父母。这也是墨家思想空想的地方。

第四,墨子的管理思想有浓厚的革命色彩,墨子认为"官无常贵,民无终贱"(《墨子·尚贤上》)。实质上这不是墨子一家的主张,儒墨道法各家都有这个主张。孔子早就主张按照才能和品德来选官,孔子办学就是要培养君子(领导者),他把君子(领导者)的标准都改变了,之前都是按血统论谁是君子,孔子改变了这样的规矩,不是按照血统,而是按照谁的能力强、谁的品德好、谁更能为社会造福来决定谁做官。皇帝的位置也是这样,皇帝不对老百姓好,就要被老百姓推翻,也不是终身制的。

第五,和儒家的中庸思想相比,墨家思想有些过激。在消费方面,墨家主张过一种温饱的生活;在爱人方面,墨家主张要像爱自己的父母一样爱别人的父母;在尊贤方面,墨家主张一旦发现有能力的人,当场提拔、越级提拔。当场提拔、越级提拔当然也有道理,但做领导是要管理人民,应当了解人民,坐"直升机"上去当官,不了解人民,自然也无法领导人民。"绝则反",这也是墨家思想后来销声匿迹的一个原因。墨子的思想里也是有弱点的,它适合于环境恶劣、穷困的时候,一旦社会富裕、和平年代到来,他的思想便显得不合时宜,要被社会所抛弃。

第十七讲 道家和道家思想的产生

第一节 "道家"名词的出现

先秦时期，中国还没有"道家"这个名词，也没有"法家"这个名词，有的只是"儒家"和"墨家"。

"道家"这个词最早在历史书上出现，是在《史记·陈丞相世家》里。

"始陈平曰：我多阴谋，是道家之所禁。"道家是讲规律的，大自然运动的规律是什么呢？——变化，弱能胜强，强能变弱。因此陈平说，他的家族将三代而灭亡。他是用很达观的语气讲这个话的，因为这是个规律，谁也逆转不了。当时的中国社会已有"富不过三代""将不过三代"的说法。那么陈平为什么说自己的家族将三代而亡呢？他说，第一代是他，当初他读书的时候，既学了文，又学了武，既学了阴谋诡计，又学了阳谋阳计。但是他生活的时代，正是秦统一天下、秦末农民大起义、楚汉之争那个兵荒马乱的时代，那时的社会更多地是用武力，强调阴谋诡计，陈平就是靠"武"成名的。耳濡目染之下，陈平的儿女也都崇尚武力，但是，和平年代一味地尚武肯定是要出问题的，出了问题自然就要受到惩罚。但是国家考虑到陈平是元老，所以赦免了他们，陈平的儿女才保住了性命。受到祖父、父亲两代人善用阴谋诡计的影响，陈平的孙子、孙女也学会了使用阴谋诡计，在和平年代过分讲阴谋诡计也是一定要出问题的，当国家要惩罚他们时，陈平已经死去了，虽然他们是开国元老的孙子，到这时也只能是法律面前人人平等了。因此陈平说自己的家族将三代而亡。

司马迁的父亲司马谈写了一篇文章，叫《论六家要旨》，包括儒、墨、道、法、阴阳、纵横六家，他把道家称为"道德家"。

正式有"道家"这个名词的是在《汉书·艺文志》中，文中把强调规律、按规律办事的一派称为"道家"。

在先秦并没有"道家"的说法，这是要特别向大家说明的。

"儒墨道法"的说法，反映了四个学派产生的顺序，就好像中国近代史里面说的"洋务派""维新派""革命派"一样，当时社会根本没有这种说法，是后人为了研究的方便而命名的。

第二节 道家思想出现的土壤

道家思想特别强调两个方面。一是强调道，即规律。大自然的规律是什么呢？——变化，物极必反，盛极而衰，柔能克刚，弱能胜强，强会变弱，这都是大自然的规律，人得按照大自然的规律办事。二是崇尚柔、崇尚小、崇尚弱、崇尚虚。认为要顺应大自然的变化，就一定要柔弱，要弱小，柔弱者、弱小者才能适应社会，强大者适应不了，因为强大者规模大不易改变。我们经常讲船小好调头，没有人说船大好调头的，要快速地变化，唯有小，唯有弱。道家贵柔、贵弱，强调"坚强者死之徒，柔弱者生之徒"(《道德经》第七十六章)。

那么，道家思想在中国出现的土壤是什么？

一是历史的沉淀。世界上有两个国家特别强调辩证法——中国和德国。德国位于欧洲大陆的东部地区，经常受到周边国家的侵犯，疆土多变化，辩证法就是讲变化的。中国是历史上多洪水、多地震，政治上多变革的地方。一个王朝替代另外一个王朝，底层崛起，上层衰落，都是变化，变化从本质来讲就是向对立面的转化，换言之，好变坏，坏变好。变化的哲学从远古就有，到周文王、周武王时期完备，形成《周易》一书。易就是指变化，讲变化的规律，强调按大自然的规律办事。

二是现实社会状况。为什么变化的思想在春秋战国时期，尤其是战国时期特别强烈呢？这与当时出现了大量的隐士分不开。隐士就是不得志者。隐士有两种类型，一种是从统治阶级掉下来的人，还有一种是不得志的读书人。春秋中期，中国还有140多个诸侯国，到了公元前221年，只剩下了一个国家——秦国。在差不多400年的时间内，140多个诸侯国灭亡了，平均每3年就有一个诸侯国灭亡。一个诸侯国灭亡了，就有很多的王公贵族流落到民间。因此这种失势的不得志者的思想，对社会不满的思想，充斥在那几百年的时间里。另外，春秋战国时期社会变化较大，文化下落到民间，产生了大量的读书人，读书人需要就业，但是就业很难。为什么就业难？读书人主要是为国家服务，所谓"学得文武艺，货与帝王家"。然而随着封建化国家越来越趋向统一，政府需要的读书人数量越来越少。读书人多了，无法就业，心中自然充满了对社会的不满。这两类不得志者落到民间后，第一，他要适应现状，安慰自己受伤的心。"穷"人要活下去，就要有自己的价值观，目的是寻找人与自然的协调。第二，他要反思，尤其是从统治阶级掉下来的人，更要反思为什么会掉下来。都是统治者自我感觉强大，不崇尚柔、不崇尚虚造成的。因此这几百年间，道家的思想弥漫在民间。

第三节　隐士的两种选择

道家是由隐士创办的一个学派。隐士的对立面是进士，进士是为社会服务的人；隐士是不得志者，隐居在山水之间。在春秋战国年间，隐士经历了几个方面的变化。

孔子在世的时候就碰到过很多隐士，《论语》中就记载了不少隐士的名字：桀溺、楚狂舆、石门晨门，老子就是在孔子时代在政治斗争中掉下来的知识分子的代表，因为有这个经历，他才能写出《道德经》那样的书，相当于是对历史的一种反思——怎样才能长久地巩固政权。

到了战国前期，隐士当中出现了一个非常有影响的思想家，这就是杨朱。后来孟子批判的焦点集中在杨朱身上。"杨氏为我，是无君也。墨氏兼爱，是无父也。无君无父，是禽兽也。"（《孟子·滕文公下》）"杨子取为我，拔一毛而利天下，不为也。"（《孟子·尽心上》）意思就是，杨朱主张"为我"，即使为得到天下这样的大利而拔损自己的一根汗毛也不去做。《韩非子·显学》中所说的"不以天下之大利易其胫之一毛"可以说是对杨朱"为我"思想的更明确的表述。

杨朱的思想要点有两个，一是强调"为我"，二是强调"贵生"。强调"为我"，是因为我掉下来了，我想为社会服务，却没有发挥作用的平台，因此莫管天下人了，想想自己吧，哪怕天下洪水滔滔也与我无关，因为我连自己都养不过来。另外，既然掉下来了，就没有俸禄、没有钱花，怎么养生就成了问题。"为我"的对立面就是为社会。杨朱说哪怕别人用八抬大轿请他去做官，他也不去。事实上也没人请他，他只能通过这样的形式表达自己的思想。即使他想为社会也没有条件了，还是多想想自己吧。没有俸禄、没有钱花，那自然就要"贵生"，即研究如何在没有俸禄的情况下生活的学问。为此，他们到大自然中（正好也有时间）观察哪棵草可以吃，哪棵草可以治病，这样反而促进了科学的发展，因此中国古代的科学技术，如中医、化学（与道家的炼丹术有关）都是与道家有密切关系的。这也是历史的悖论——最反对科学的人反而促进了科学的发展。

战国中期，今本《道德经》定稿。《道德经》按照史书的记载，是老子写的。老子的《道德经》后来在传播的过程中，经历了两个阶段。《道德经》有一个竹简本，是考古发现的，还有一个是帛书本，也是考古发现的。竹简本的传播时间在前，帛书本的传播时间在后。帛书本《道德经》跟我们现在看到的《道德经》基本是一致的，而竹简本的《道德经》中看不出多少道家反对儒家的观点，因为道家强调柔，强调谦和，儒家也强调谦和，都反对统治者的恣意妄为，在这点上双方是一致的。所以，在前期竹简本的《道德经》当中，看不出道家和儒家有太大的差别，但在帛书本的《道德经》当中，已经能明显地看到二者的差别。帛书本的《道德经》里有这样的话:"绝仁弃义""绝圣弃智"。儒家不是讲仁和义吗?道家完全反对仁和义了。儒家强调通过教育的方式来影响社会,让人自觉地规范到岗位上去。而道家认为,统治者的恣意妄为是作为,教育的方式也是一种作为,本质是一样的,都是有为的体现。因此越到后来,道家跟儒家的差异越大。

战国中期以后,隐士向两个方向发展,一派向与统治者合作的"黄老之学"方向发展,一派向庄子的彻底消极无为的方向发展。为什么会这样呢?因为随着封建化国家的规模越来越大,封建化国家对社会的控制也越来越严格,人人都得为国效力、当兵、交税、服徭役,不允许有隐士存在,不允许有不为国家服务的人存在,政策中有很多打击隐士的内容。

比如,韩非子列举了无益于"耕战"的五种人:"学者""言谈者""带剑者""患(串)御者"和"商工之民",称这五种人为"五蠹"。其中,"学者"指儒家人士,"言谈者"指纵横家人士,"带剑者"指墨家的侠义之士,"患(串)御者"指道家的隐居之士,"商工之民"指工商业者。韩非子说:"人主不除此五蠹之民,不养耿介之士,则海内虽有破亡之国、削灭之朝,亦勿怪矣。"(《韩非子·五蠹》)

在这种情况下,隐士的生存空间越来越小,他们如何维持生存?

一派隐士就跑到齐国的"稷下学宫",为国家出谋划策,代表人物是慎到、田骈(也被称为法家代表人物),强调外能治国安邦,内能养生。齐国是当时最发达的诸侯国,物质发达自然追求精神生活,就搞了一个"稷下学宫",邀请天下最有名的学者来这里做研究,尽管不做官,但享受的待遇很高,其中最有名的学者还能享受到"上卿"的待遇。于是这派隐士在被迫无奈之下,就到了齐国,接受齐国的国家课题,但是不做官,开始向有为的、为社会服务的"黄老之学"方向转化。试想,接受了统治者的职位,吃了统治者的饭,总不能不为统治者做事吧?于是他们开始研究怎样做领导,怎样考核,怎么定制度,怎么管理天下,这样"黄老之学"就有向法家转化的趋势。"黄老之学"的代表人物田骈的故事就能反映出道家向"黄老之学"转化中的一些情况。

当时有个人对田骈说,先生,听说你的学问很大,我要向你学习。田骈很高兴,说,你是听谁讲的?那个人说,我是听我邻居家的姑娘讲的。田骈说,你邻居家的姑娘是什么人?那个人说,我邻居家的姑娘是这么一个人,她三十多岁了还没有结婚,可是她比结婚的女人还厉害,已经生了七个孩子。先生你就跟我邻居家的姑娘差不多,你不当官,可是你挣的钱多,你的仆人就一百多个,当官的人也没挣这么多的钱。

世界上没有真正的隐士,有隐就有进,隐士、进士之间都是相互转化的,这也符合老子《道德经》所讲的道理。

另一派隐士的代表人物是庄子,向往绝对自由的生活,不愿意跟统治者合作。因为只要跟统治者合作了,就得接受官场的束缚,就得遵照岗位职责的要求。但不跟统治者合作就没有饭吃,于是他们就追求过一种"餐风饮露"的生活。既然吃的是风,喝的是露水,吃的喝的都不是你统治者的,也就不用听统治者的话了。这种追求"餐风饮露"的生活,似乎是跟神仙就非常接近了。这说明,隐士已经被逼到一种没法生存的程度,这是他们对统治者的一种无奈的抗议。只是从前仅领土是国家的,现在领空也是国家的,你只要在国家的土地上,就要受到社会的各种束缚和影响,除非死掉。庄子曾经哀叹"生不如死",认为活着不如死了好,活着还要受到各种束缚,死了就没有任何约束了。这正反映了隐士走投无路的困境。他们消极避世,主张回到原始社会的前期,将道家学说发展到极端。庄子这一派隐士,后来跟神仙挂上了钩,因为没得吃,没得喝。只要在国家的土地上,就得给国家效力,只能追求一种精神的自由。为什么这一派隐士强调"辟谷"?一周只吃一顿饭,这正是隐士生存环境严酷,吃不上、喝不上,走投无路的反映。

第四节　道家的社会批判精神

在儒墨道法各家中，没有比道家对社会的批判更激烈的了。为什么道家更具有社会批判精神呢？有两个原因，第一，隐士作为社会变革中从贵族阶层掉下来的人物，以一种没落社会势力的情绪看待社会上已发生和正在发生的一切，对现实社会充满了痛苦的愤怒，有愤世嫉俗的倾向。第二，隐士们要反思为什么会掉下来，都是因为统治者太贪婪，总是向被统治者过多索取，搞得被统治者活不下去，被迫造反。因此通过亲身的体验和反思，从这两种心境出发，他们提出了对统治者的要求。用这个要求再看当前的统治者，自然没有一个看着顺眼的，没有一个看得上的，因此道家具有强烈的社会批判精神。另外，由于隐士落魄在民间，能够了解并同情劳动人民的遭遇，故能深刻地揭露春秋战国时期社会矛盾的本质，这就是《道德经》所表现出的社会政治批判精神。

隐者多是有才学的人，他们虽然不求功名，但是也试图用自己的观点和主张影响别人，寻找一些追随者或志同道合的人士。庄子曾经对"隐士"下过一个定义——"古之所谓隐士者，非伏其身而弗见也，非闭其言而不出也，非藏其知而不发也，时命大谬也。当时命而大行乎天下，则反一无迹……不当时命而大穷乎天下，则深根宁极而待；此存身之道也。"（《庄子·缮性》）这是以庄子为代表的隐士的自白。

那么道家是如何批判社会的？我们以老子为例。

老子认为现在的统治者是一群强盗头子，把别人的资源据为己有。老子的原话是："朝甚除（除，腐败），田甚芜，仓甚虚。服文采，带利剑，厌（厌，饱）饮食，财货有余，是谓盗夸，非道也哉！"（《道德经》第五十三章）意思是，朝政特别腐败，老百姓的田园很荒芜，统治者穿着漂亮的衣服，带着锐利的宝剑，吃了上顿，不知道下顿吃什么，这可不是饿得不知道吃什么，他们仓库里的东西多得不得了，这都是从老百姓那里抢掠过来的，这不符合大自然的规律。老子说，老百姓造反是因为统治者要得太多，"民之饥，以其上食税之多，是以饥"（《道德经》第七十五章）。

那么大自然的规律是什么呢？老子说，大自然的规律是，"天之道，损有余而补不足"（《道德经》第七十七章）。大自然是周而复始地在运动，冬天太冷了，拿去一块到了春天，夏天太热了，除去一块到了秋天。大自然不因为你是它的亲戚，对你特别好；不因为你是它的敌人，对你特别不好。所以，大自然是无私的，天地是无私的。"人之道则不然，损不足以奉有余"（《道德经》第七十七章），人类社会的规律却与大自然的规律不同，富人越来越富，穷人越来越穷。为什么会这样呢？富人的资产规模大，能做到规模经济，所以越来越富；穷人的资产规模小，为了得到相应的资源，不得不花钱请客，以取得别人的支持，所以越来越穷。但是，穷人实在穷到活不下去的程度，富人又能活得好吗？老子说，"孰能有余以奉天下？唯有道者"（《道德经》第七十七章）。谁能把多余的拿来给别人，就是符合大自然的规律，因为大自然是无私地奉献，无私地给予。什么叫多余的？满足人生存以外的东西都叫多余的。因此谁有平均主义的思想？——道家、墨家有平均主义的思想，儒家没有。按照儒家的观点，多余的东西怎么分，分给谁，不分给谁，先分什么，后分什么，哪些是一定要分的，哪些是不能分的，只要强调抓大放小，只要强调去有余，就可以了。

老子认为无穷的贪欲是造成现实混乱的最根本原因。在老子看来，利用国家的法律乱摊派就等同于偷。那么统治者为什么有无穷的贪欲呢？在老子看来，这都与科学技术的发展有关。新产品不断制造出来，有了新的，谁愿意要旧的？因此科学技术的发展刺激了人的贪婪欲望，从而产生了盗贼。所以老子讲，"不贵难得之货，使民不为盗"（《道德经》第三章）。社会上只要有有手机的人，就一定有偷手机的人；有住大别墅的人，就一定有到大别墅里边偷东西的人。试想，大家过得都一样，谁偷谁的？所以老子说，"绝巧弃利，盗贼无有"（《道德经》第十九章）。用今天的话讲，就是折断钢琴家的手指，打断舞蹈家的腿，掐断歌唱家的喉咙，都怪他们用美妙的声音、优美的身段搞得人受不住诱惑。老子将批判的锋芒指到了科学技术，这使得他有一种反科学思想、反智思想。反智思想的另外一个表达就是尚"愚"。试想，科学技术不发达，能做出新产品来吗？做不出新产品来，谁又去偷去抢啊？所以老子说："古之善为道者，非以明民，将以愚之。民之难治，以其智多。"（《道德经》第六十五章）都怪新技术制造出新产品来，导致社会混乱。"是以圣人之治，虚其心，实其腹，弱其志，强其骨，常使民无知无欲。"（《道德经》第三章）人的欲望减少，人感受不到外界的诱惑，自然不会去抢夺别人的东西，自然也不会偷盗，社会就更稳定，因此老子认为理想的社会就是远古时期的社会状态——"小国寡民"。

"小国寡民"的前提一定是科学技术不发达，交通通信不发达，这样才能保持人群之间隔绝的状态。老子怎么表达的？"小国寡民，使民有什百之器而不用，使民重死而不远徙。"（《道德经》第八十章）意思是，国家要小，人口要少，即使有十倍百倍于人力的器具也不使用，使人民看重死葬之事而不远徙。"虽有舟舆，无所乘之"（《道德经》第八十章），尽管有船有车，但是不用，靠步行。"虽有甲兵，无所陈之"（《道德经》第八十章），尽管有锐利的兵器，但人们之间闹矛盾了，只动拳头，因为动拳头伤害不大。"使人复结绳而用之"（《道德经》第八十章），有文字了不用，回到过去结绳记事的状态。因此在我看来，道家的方法论特别进取，使人"复结绳而用之"，充满了创新精神，但是这个创新的途径恰恰是反动的，它的方法论是进取的，但结论是消极的。怎样"使民重死而不远徙"呢？"甘其食，美其服，安其居，乐其俗，邻国相望，鸡犬之声相闻，民至老死不相往来。"（《道德经》第八十章）老百姓之间不相往来，感受不到外界的诱惑，对现状满意，谁还愿意去改变这个社会？社会也就长远地稳定了，这就是老子的推理。

第五节　道家思想对中国古代社会的影响

第一，道家讲按规律办事，具有经济自由主义思想，主张休养生息、无为，这是道家经济思想积极的一面。

第二，道家反对技术进步和人们智慧的发展，主张愚民政策，成为反动阶级、落后阶级反对社会进步的理论基础。生产力是最活跃、最革命的要素，反动势力对生产力的发展怀着本能的恐惧。道家是最先公开说出这一点的,成为中国古代反对技术进步的鼻祖。

第三,道家为一些对社会不满的人寻找理想的生活状态。陶渊明就用诗句描写了这样理想的生活状态:"结庐在人境,而无车马喧,问君何能尔?心远地自偏。采菊东篱下,悠然见南山。山气日夕佳,飞鸟相与还,此中有真意,欲辩已忘言。"

第四,道家的平均主义思想和抨击统治者的理论,为农民起义提供理论武器。例如,"天之道,损有余而补不足,人之道则不然,损不足以奉有余。孰能有余以奉天下?唯有道者"(《道德经》第七十七章)。农民起义经常假借道家的思想来发动,称当朝皇上为"无道昏君"。东汉末年的"太平道教"称"苍天已死,黄天当立",揭竿而起;唐代王仙芝自称"天补平均大将军";小说《水浒传》中农民起义也打出"替天行道"的大旗。

第十八讲 老子的思想及其影响

第一节 老子其人及其时代

《史记·老子韩非列传》记载:"老子者,楚苦县厉乡曲仁里人也,姓李氏,名耳,字聃。周守藏室之史也。"这句话的要点有两个方面。

1. 老子是哪里人

当时的楚国苦县厉乡曲仁里人,就是现在河南周口鹿邑人。我为什么特别强调出生地点呢?因为在春秋战国时期,长江、淮河流域的楚国是道家思想的大本营。

那么为什么中国的长江、淮河流域能成为道家思想的大本营呢?在我看来有两个原因。

第一个原因是南方开发得晚。中华民族的农业文明是从黄河上游开始,然后到黄河中游,再然后到了黄河下游,因此春秋战国期间,中国最发达的区域是黄河下游、山东半岛一带,当时的长江、淮河流域还属于未得到有效开发的荒蛮地区。在生产技术落后的时代,南方茂密的森林难以开发。中国南方的长江流域和珠江流域是什么时间开发的呢?长江流域主要是魏晋隋唐时期开发的,珠江流域主要是宋元时期开发的。由于江淮流域开发得晚,所以在这些地方,就人和自然的关系来讲，人们更敬畏大自然。道家就是敬畏大自然、崇尚大自然，讲究按大自然的规律办事的。这正是该地区开发得晚，大自然的力量更强这种现实状况的反映。换句话讲，这也是南方长江流域能成为道家思想的大本营的原因。

中国的中西部地区是法家的大本营，原因是这一地区开发得早，人们对改造大自然更有信心，所以产生于这一地区的法家非常自信，以致蔑视他人，把别人当成实现自己远大理想的工具。

黄河下游一带是儒家思想的大本营，儒家强调人类在大自然面前既要自信还得谦虚。原因是，这一带正在开发过程中，人类一方面表现出了改造大自然的巨大力量，另一方面也感受到了大自然力量的强大。这使得产生于这一地区的儒家在强调自信的同时，还强调谦虚，提出"君子畏天命"（《论语·季氏》），"不知命，无以为君子也"（《论语·尧曰》），"五十而知天命"（《论语·为政》）。

那么江淮地区呢？由于开发得晚，人们更强调大自然力量的强大，在人和大自然的关系上，更敬畏大自然。我们经常讲物质决定意识，其实在关于物质的内容方面，地理环境是个重要的因素，因为地理环境是一个对人类影响很大，同时又很少改变的自然因素。至于说生产方式，都是在特定的地理环境基础上发展起来的，不然为什么说"一方水土养一方人"呢？

第二个原因是，南方茂密的森林和比较炎热的气候，使大自然的各种植物生长得很好，适合隐士生存。春秋战国时期，各个诸侯国都有隐士，但隐士最多的地方还是南方，《论语》中记载，孔子遇到的隐士大多在楚国，在江淮地区，这就是我特别强调老子的出生地点的原因。

2. 老子的生活阅历背景

老子是"周守藏室之史也"。守藏室之史，用今天的话讲，就是国家图书馆馆长，当然还不止图书馆馆长的职能，还承担着档案馆馆长等好多职能，另外还参加国务会议，负责做会议记录，所以人们也称老子为"柱下史"。

"史"是史官，统治者开国务会议时，需要有人做会议记录，老子就是做会议记录的。为什么叫"柱下史"呢？因为老子年龄大了，跪着写东西很不得劲，但社会是强调等级和秩序的，臣子总不能坐着跟国君对话吧，但是他老是这么坐在地上或者跪着很累，身体吃不消。于是周王很怜惜他，特别给他做了一个铁柱子，让他靠在柱子上做会议记录。我去过河南鹿邑，当地老子纪念馆的工作人员告诉我，那里有一根铁柱子，就是当年老子做柱下史的时候，靠在上面写东西的那个铁柱子，这起码是一种说法吧。

"柱下史"当然是统治阶级当中的一员，但是老子做"周守藏室之史"的时候，周王朝已经处于衰落状态，"天下无道，则礼乐征伐自诸侯出"（《论语·季氏》）。一方面他是统治阶级中的一员，另一方面这个统治阶级正处于衰败的状态，后来他就辞职不干了。辞职也是对未来失去信心的一种反映。

我为什么强调这个背景？老子和孔子应该大致出生在同一个时代，他比孔子的年龄更大一些，大概大三四十岁。孔子是春秋后期人，老子也是春秋后期人，为什么面对同样的社会变化，两个人的思想不一致呢？因为老子是社会大变化中，衰败的统治阶级当中的一员，对社会充满着无奈，也充满着痛苦的愤怒，他要反思为什么会败落。而孔子祖上是破落贵族，落到民间的时间很长，在社会大变革中，他正在崛起。两个人面临的时代一样，但双方的生活状况、经历的状况不一样，自然导致思想也不一样。孔子是正在上升中的社会力量的一员，奋发进取，强调通过制度来协调人和人争夺资源的冲突；老子是正在衰败中的统治阶级中的一员，他对统治阶级的虚伪，对统治阶级利用制度的漏洞犯错误感受很深。如果说孔子更多地看到了制度的优点，那么老子更多地看到了制度的弱点，这就是孔子崇尚礼，而老子对礼非常不感兴趣的原因。老子讲："大道废，有仁义；智慧出，有大伪；六亲不和，有孝慈，国家昏乱，有忠臣。"（《道德经》第十八章）老子对统治者失去了信心，他要求国家对社会最小限度地干预，因为他对制度的弱点有充分的认识，由于他本身是统治阶级的一员，他了解这当中的运作模式和运作中发生的问题。

这里再讲一下孔子向老子问礼的事情。

史书中有记载，孔子对学生讲："鸟，吾知其能飞；鱼，吾知其能游；兽，吾知其能走。走者可以为罔（罔，同"网"），游者可以为纶（纶，钓鱼用的丝线），飞者可以为矰（矰zēng，箭名，古代用丝绳系住石制箭头的射鸟工具）。至于龙，吾不能知其乘风云而上天。吾今日见老子，其犹龙邪。"（《史记·老子韩非列传》）

这段话的意思是，孔子认为老子是不得了的一个人，跟常人很不一样。

为什么老子跟常人很不一样？第一，老子对社会的认识很深刻，一针见血；第二，当社会上的人都在追名逐利、追逐财富的时候，老子对财富不屑一顾。当社会上的人都在追逐利益的时候，能够跳出这么一个人来，你怎么看他？这就是孔子说老子"其犹龙邪"的原因。

另外《史记·老子韩非列传》当中记载，"老子修道德，其学以自隐无名为务"。意思是说，老子的学问专门是研究大自然的运动规律以及人怎么按照大自然的运动规律来解决生活中的问题的。大自然的运动规律是什么呢？一言以蔽之，就是变化，即弱能胜强，强要变弱。那么人应该怎么办呢？当然也应该按大自然的规律办事，崇尚柔，崇尚弱。

在老子看来，越追求名反而越得不到名，因为按照"变化"理论，"名"和"无名"是相互转化的，"无名"反而最后能得到自己想要的一切。

《史记·老子韩非列传》记载，老子"居周久之，见周之衰，乃遂去"。"至关（函谷关），关令尹喜曰：子将隐矣，强为我著书。"于是老子乃著书上下篇，言道德之意五千余言而去，莫知其所终。

这段话讲的是什么意思呢？老子对社会失去信心，辞职不干了，在过函谷关时，一个跟他很有联系、很崇拜他的叫尹喜的人说，你快要隐居了，把你的思想体会都写下来吧，于是老子就写下了五千余言。

老子的思想，在后来传播中，根据现在考古发掘的成果，可以看到两个版本，一个是竹简本的《道德经》，一个是帛书本的《道德经》。历史上一些著名的大学问家,像马叙伦、郭沫若、胡适、陈鼓应等,均认为《道德经》的确是老子的思想,其理论前后一贯,文体一致,基本上成于老子之手,只是后世传抄中有变化,但是大的格局是没有变化的。

第二节 老子思想的内容

1. 道

道家的理论中第一讲"道"。什么是"道"啊?《道德经》里面并没有给它下一个具体的定义,它没有直接讲"道"是什么,而只是讲"道可道,非常道,名可名,非常名"(《道德经》第一章)。就是说,凡是用语言表达出来的,就不是真正的生活现实了,真正的生活现实是语言无法表达出来的,这在一定程度上是符合现实的,但并没有讲清楚"道"到底是什么。

"人法地,地法天,天法道,道法自然。"(《道德经》第二十五章)就是说,人依靠大地生活,大地收获物的多少则受到气候的支配,气候的运动规律受到大自然运动规律的支配,大自然的运动规律是自然而然的,是顺应春夏秋冬四季交替的运动规律的。这话讲得没错,但还是没有讲清楚"道"到底是什么。

"道生一,一生二,二生三,三生万物"(《道德经》第四十二章),就是说,大自然的万事万物都是遵循一个无形的规律生长出来的,而一旦具体的事物生长出来,又会有自己的特殊运动规律。这讲的是"道"的作用方式,仍没有讲清楚"道"到底是什么。等你把整本《道德经》看完,就会发现"道"是什么。

在我看来,老子讲的"道"包含两个方面的内容:第一,指的是大自然的运动规律。大自然的运动规律是变化的,所谓柔能克刚,弱能胜强,强要变弱,讲的就是这个意思。这是一个自然的运动过程,是变化的,是向对立面转化的。第二,指大自然的品德。既然大自然的运动规律是变化的,那么大自然体现出来的品德就是贵柔、贵弱、无私、谦虚等。老子讲"坚强者死之徒,柔弱者生之徒"(《道德经》第七十六章),这是说,只有柔弱的东西,只有灵活的东西才能适应变化,船小好调头嘛。另外,老子认为大自然是无私的,不因为和你关系亲密就对你特别好一些,也不因为和你关系疏远就故意对你不好——冬天故意冷一些,夏天故意热一些。这就是老子讲的"道"。

有了"道"自然就有了"德"。老子认为,大自然的运动规律是周而复始地向对立面转化,人应该向大自然学习,这是因为人是大自然的产物。那么,人怎样向大自然学习呢?老子认为,人必须学习大自然周而复始的运动中体现出来的品德,这就是贵柔、尚弱、无私、谦虚等,具体来讲就是老子所说的"吾有三宝,持而宝之"(《道德经》第六十七章)。哪"三宝"呢?"一曰慈,二曰俭,三曰不敢为天下先。"(《道德经》第六十七章)"一曰慈",是指要慈祥,对人要好,因为只有对人好,关心人,才能得到别人的拥戴,政权才能巩固;"二曰俭",是指要节俭,因为统治者只有节俭了才能向老百姓要得少,老百姓高兴了才能拥戴统治者;"三曰不敢为天下先",是指在利益面前先别人后自己,这样老百姓才高兴,才能拥戴统治者的领导。老子是特别强调变化的,他讲不敢为天下先,目的恰恰就是要为天下先,希望长久地巩固政权。换言之,老子是以不争作为争的手段,以退作为进的手段,目的还是追求个人的最大幸福,这并不违背经济学中所讲的理性人假设。所以大家特别要记住这一点,"不敢为天下先"是手段,"敢为天下先"才是目的,以退为进,相互转化!

2. 无为

"无为"按字面讲就是无所作为的意思,根据《道德经》,无为的本意并不是无所作为,而是讲要按规律办事。换句话讲,要在认识规律、遵循规律的前提下,有所为和有所不为。老子讲"道常无为而无不为"(《道德经》第三十七章),这是说,按大自然的规律办事,就要心存柔弱,不要把自己的意志强加到别人身上,这样才能达到"无不为"的目标追求。"为无为,则无不治"(《道德经》第三章),按大自然的规律办事,就能达到自己的目的。"圣人之道,为而不争"(《道德经》第八十一章),该干的一定要干好——"为",那么不该干的一定不能干——"不争"。

老子不是光强调不干，还强调该干的一定要干好，他说："合抱之木生于毫末，九层之台起于累土，千里之行始于足下。"(《道德经》第六十四章)饭是一口一口吃的，路是一步一步走的，不能妄想一口吃个胖子，该干的一定要扎扎实实地干好，不该干的坚决不能干，这叫按规律办事。当然了，老子讲的规律就是崇尚柔、崇尚弱、崇尚虚、崇尚无私。虽然儒家、道家都讲按规律办事，但道家的按规律办事和儒家的按规律办事，以及法家的按规律办事，其内容是不一样的，它们对规律的认识都不一样。

3. 心静寡欲

老子认为，按规律办事就一定得心静，因为只有心静才能拒绝外边的诱惑，只有拒绝了外边的诱惑，才能做到寡欲，才能做到无私，才能做到不跟老百姓多要，这样才能赢得老百姓的拥护。老子讲，"致虚极，守静笃"(《道德经》第十六章)，"重为轻根，静为躁君"(《道德经》第二十六章)，"轻则失根，躁则失君"(《道德经》第二十六章)，这是说重是轻的根本，静是躁的主宰。只有拒绝了外边的诱惑才能做到寡欲，所以老子讲"见素抱朴，少私寡欲"(《道德经》第十九章)，"不贵难得之货，使民不为盗"(《道德经》第三章)。这是说，寡欲才能向老百姓要得少，老百姓才能高兴，才能支持你的统治，因此老子强调"我无为而民自化，我好静而民自正，我无事而民自富，我无欲而民自朴"(《道德经》第五十七章)。

4. 处下

老子主张要处下，"处众人之所恶"(《道德经》第八章)，要谦虚，明白自己的不足，虚心向别人学习。老子讲："江海所以能为百谷王者，以其善下之。"(《道德经》第六十六章)江海能成为百谷之王，让百川归海，因为它所处的位置很低，它能包容，所以才能成为万物的老师。这是说，以天下人为师，以天下万物为师，才能成为天下人的老师，因此人要谦虚，要明白自己的不足。

5. 愚民

老子为什么强调愚民呢？因为在老子看来，"智"会带来科学技术的发展，科技发展了就会制造新产品，就会刺激人的欲望。人的欲望被刺激了，就会更贪婪，如果通过正常的途径得不到，自然倾向于通过非正常的途径去得到，于是偷盗、抢劫、乱摊派等现象就出现了，这样就会引起社会的混乱。所以老子讲："古之善为道者，非以明民，将以愚之。民之难治，以其智多。"（《道德经》第六十五章）"是以圣人之治，虚其心，实其腹，弱其志，强其骨，常使民无知无欲。"（《道德经》第三章）"绝圣弃智，民利百倍；绝仁弃义，民复孝慈；绝巧弃利，盗贼无有。"（《道德经》第十九章）

6. 上善若水

老子还特别强调上善若水。"上善若水。水善利万物而不争，处众人之所恶，故几于道。"（《道德经》第八章）所谓"上善若水"，指最高的善、最高的德就跟水一样。"水善利万物而不争"，哺育了万物而不据为己有。大自然是变化的，据为己有就违背了变化的规律，因为有"有"就有"无"；"处众人之所恶"的意思是包容、谦虚；"故几于道"，指接近于大自然的规律。

水的特点是什么呢？"居善地，心善渊，与善仁，言善信，政善治，事善能，动善时。夫唯不争，故无尤。"（《道德经》第八章）在这里老子把水的品行人性化了，他认为最善的人应该具备七种水德：居住，要像水一样，选择深渊、大谷这些别人不愿意去的恶劣、艰苦、低下的地方；心胸，要像大海一样宽阔、沉静、能包容；待人，要像水善利万物一样真诚、施仁爱；言行，要像水善利万物一样诚实、讲信用（生活中对人好的一个表现是讲信用）；为政，要像水一样清净、廉洁，治理有条，不贪污；做事，要像水一样，尽自己最大的能力去善利万物；行动，要像"好雨知时节"一样把握和选择时机。老子认为正因为水有这七种美德，所以最接近于"道"——大自然的规律。这里以水论道，以水论人，是老子人生哲学的根本内容。

第三节　老子思想对现代管理的启发

我认为老子的人生哲学对现代管理的启发，主要是两个方面。

第一,领导者的修养。

领导者怎么修养呢? 一要无为,在认识规律、遵循规律的前提下,有所为和有所不为相结合。而要明白该干什么,不该干什么,就一定要谦虚,明白自己的不足,这样才有动力去研究别人需要什么,不需要什么,如此才能创造出一种合适的制度,让别人高兴的同时也使自己高兴。二要心静,所谓心静就是拒绝外边的诱惑。在生活中,一方面要与时俱进,感受到社会的变化,另一方面也应当保持自我,拒绝浮躁社会的各种诱惑,选择了目标就坚定不移地走下去。三是要处下。人得谦虚,要明白自己的不足,虚心地向别人学习,以天下人为师,这样才能最后成为天下人的老师。当然了,这里面也有问题,人不仅要谦虚,还得有自信,即承认自己有认识世界的能力。

在我看来,老子《道德经》最大的意义有两个,一是承认人的弱点和不足,要求虚心认识世界,所谓"虚心使人进步,骄傲使人落后"是也。当然了,它的不足是太强调虚心而忘记自信了。二是要求通过让予部分利益,让群众高兴,调动群众的积极性。

但在如何让利方面,儒家、道家是有矛盾的。道家主张寡欲,认为满足生存以外的财富都应该统统让出去,因为"五色使人目盲,五味使人口爽,五音使人耳聋。驰骋畋(tián,打猎)猎使人心发狂,难得之货使人行妨。是以圣人之治也,为腹而不为目。故去彼而取此"(《道德经》第十二章)。可是儒家的观点不是这样,儒家主张"亲亲""贵贵",反对无差别的、普遍的爱(让利),主张有差别和等级的爱(让利);在让利方面强调让给谁,不让给谁,先让给谁,后让给谁,哪些利益让,哪些利益不能让,让利过程中要注意什么等。因此,尽管儒道两家都讲让利,但是彼此的原则不同。

第二,竞争中以弱胜强的理论。

如何才能做到以弱胜强呢? 主要有这么几点:一是建立高度的命运共同体,通过对顾客好,对员工好,赢得别人的信赖,从而使别人愿意支持自己。二是树立危机意识。承认自己的不足,才有研究别人、让别人高兴的动力。另外,人都有懒惰的天性，只有在危急的状态下，潜力才能迸发出来，所以要树立危机意识。三是扎扎实实打基本功，"合抱之木生于毫末，九层之台起于累土，千里之行始于足下"（《道德经》第六十四章）。针对人们虎头蛇尾的弱点，老子讲要"慎终如始"（《道德经》第六十四章），谨慎地对待结尾，就像对待开始一样。四是扬长避短，避实击虚。要树立最大的竞争优势，必须以自己的优点攻打对方的弱点，大自然有优点就一定有弱点。老子讲"飘风不终朝，骤雨不终日"（《道德经》第二十三章），再大的风也有停息的时候，再大的雨也有停息的时候，大自然尚且有弱点，何况人呢？因此要相信自己，要相信自己弱点中有优点，别人优点中有弱点。那么，发现不了别人的弱点怎么办，或者说找不到怎么办？那就创造条件让他暴露一个，"将欲废之，必固兴之；将欲取之，必固与之"（《道德经》第三十六章）。

国内战争年代，共产党的力量很弱，国民党的力量很强，毛泽东怎么做的？——诱敌深入，通过诱敌深入让敌方骄傲，让敌方的运输线、交通线拉长，暴露弱点，然后我军各个击破。这就是没有弱点创造条件让对方暴露弱点的例子。因为优点和弱点也是相互转化的。

以上就是老子的哲学对我们的启发。

第十九讲 庄子的思想

第一节 庄子生活的时代

庄子（约公元前369年—公元前286年），名周，战国时代宋国蒙（今安徽蒙城）人，道家学派的代表人物，老子哲学思想的继承者和发展者，先秦庄子学派的创始人。

首先我们来看庄子生活的时代。庄子生活在战国中后期，约公元前369年到公元前286年，这是学术界比较公认的一种看法。庄子和另外两个有名的历史人物——孟子和商鞅差不多处在同一个时代。

庄子生活的战国中期正是各诸侯国争霸天下，征战最为频仍的时期，社会兵荒马乱，战火连绵不断，民众愁苦不堪。宋国作为弱国，只能依附于大国，朝不保夕。

处于这样的一个时代，怎么来解决社会民生的痛苦呢？不同的思想家有不同的考虑。

以庄子为代表的道家对社会失去信心。面对兵荒马乱、战火绵绵不断、老百姓生活极度痛苦的社会现状，庄子强烈地批判战争，在批判战争的过程中，由于看不到前途，看不到出路，而陷于迷茫状态，对社会失去信心，感到活着不如死了好，因为这个社会太肮脏，太污浊了。庄子认为："天下有道，圣人成焉。天下无道，圣人生焉。方今之时，仅免刑焉。"（《庄子·人间世》）意思是说，当今既不是有道之时，也不是无道之世，而是遍地刑法陷阱，只能求免于一死的极端黑暗的世界。

如何在这样的时代找个栖身之地，是庄子努力探讨的主要问题。

但是面临同样的社会状况，还有一部分知识分子怎么看呢？他们要担当起知识分子的使命，担当起拯救天下的责任，比如孟子和商鞅。他们都主张以统一的国家来解决社会中的各种矛盾，因此都主张统一，但是双方在统一的途径上有所不同。

孟子生活在东部发达地区，那里经济发达，文化发达，解决矛盾问题的能力更高，倾向于以尽可能民主的、和平的手段（当然了，这当中免不了也伴随着战争）来统一天下，尽可能地减少民生痛苦。

商鞅生活在中西部地区，中西部地区经济落后，与周边游牧民族经常处于战火当中，欲在短时间内崛起，唯有强调暴力的作用，因此商鞅主张通过战争的手段来统一天下。

这就是面临同一个社会问题，不同思想家的不同考虑。我们不能只强调时代的差别，还要强调同一个时代，生活在不同区域的人的差别，还要强调生活在同一个时代、同一个地域，不同的经历，不同的生活状况、生产状况对人的思想的影响。

庄子的思想与对未来充满信心的商鞅和孟子的思想不同。他认为连绵的战火让老百姓痛苦极了。战火连绵的原因是什么呢？都是争夺利益，你争我夺导致的。这个社会特别污浊，让他对未来失去信心。

第二节　庄子思想的内容

由于在现实世界中不可能实现彻底的自由，庄子虚拟了一个精神上绝对自由的世界，这就是《逍遥游》中的世界。现存《庄子》一书的第一篇就是《逍遥游》，所谓"逍遥游",用庄子的话讲,就是不受任何限制,超越了任何条件的一种神游。庄子为什么写《逍遥游》?这是一种对现实状况的反映,他对现实极度失望,找不到出路,而又要活着,那就当安慰自己,到另外一个世界寻求温暖。

我们常讲宗教是痛苦的产物,宗教是人民的麻醉剂,但为什么人民需要这种麻醉剂?痛苦大了才需要麻醉剂,痛苦小了不需要麻醉剂,吃点消炎药也就好了。世界上的三个宗教——基督教、伊斯兰教、犹太教,都产生在中东(地中海东部与南部地区)的阿拉伯地区。这个地方的特点是地势平坦,交通方便。好处是知识的交流方便,因此这里是原始农业、原始手工业、原始畜牧业的发源地。但是天下万事万物,有优点的同时一定有弱点。这个地方的弱点是战争比较频繁,老打仗,直到今天都是战争的火药桶,一旦发生连绵不断的战争,如何安慰自己呢?只能到超自然的未来寻找解脱。这就是这个地方能产生三大宗教的原因。

明白了这个,就能明白庄子——对现实世界失去信心又要活着,只好到虚幻世界寻找温暖,麻醉自己,至少能暂时解脱痛苦。

1. 齐物论

在庄子看来,人们的精神之所以不自由,就是因为受到现实世界中是非、贵贱、贫富、生死、祸福的困扰。人们有了是非、善恶观念,就会产生"成见",产生是非、善恶之争;而有了名利观念,就会时时处处争名夺利。有了新的谁要旧的?有了大的谁要小的?人有追求利益最大化的天性,当然倾向于追名逐利。在庄子看来这就是社会混乱的原因,是人们生活中感到不自由、感到痛苦的原因,没得到相应的富贵,没得到相应的名利,当然感觉痛苦。怎么才能让自己不痛苦呢?那就得重新认识世界。

在这个基础上,庄子提出了一个理论叫"齐物论"。他认为,从"道"的观点来看,万物本来就是不分彼此,一切齐同的。庄子极力论证:是和非、大和小、寿和夭、生和死、有和无,一切都是无所区别的。既然都一样,自然就感受不到痛苦了。

人为什么痛苦？别人住大房子，我住小房子，我感到不如别人，所以就痛苦。那么在庄子看来，一切都是一样的。既然一切都是一样的，哪还有什么痛苦可言？

庄子讲了一个比喻，他说人们都知道西施长得很漂亮，那要看从哪个角度来看，从人的角度来看她长得很漂亮，可是从其他动物的角度来看呢？"她长得太丑陋了，甚至她在河边洗衣服的时候，河里的鱼被吓得到处跑，为什么呢？因为她跟鱼儿长得不一样。"

庄子讲，人都愿意选择干爽的地方居住，可是有的动物，专门选择沼泽地这样湿的地方生活，你觉得很好的，它觉得不好。庄子通过这个比喻来批评儒家，批评墨家，也批评当时的统治者：你觉得是好的，难道就是别人心目中的好吗？你凭什么把自己的意志强加到别人身上，以你的"是"作为全国"是"的标准，以你的"非"作为全国"非"的标准，太不可思议了吧？庄子认为，在你看来好的东西在我看来未必就好，三比二大，三相对于二是大的，可三相对于四就是小的，关键看从哪个角度来看。

庄子还讲，人们都觉得富了好，可是富的弱点是什么？不安全。试想，绑票都绑富人，哪有绑穷人的？人们都觉得穷了不好，可是穷有穷的好处，很安全。因此在庄子看来，算来算去都是一样的。

以姑娘而言，每一个姑娘都愿意自己漂漂亮亮的，可是一旦漂亮了就不安全，会被不良的男人骚扰。那个长得差一点的呢，没人去骚扰她，那不是很安全吗？中国古代有句话叫"红颜薄命"，不是没有道理的。俗话说，"家有丑妻是一宝"，也有一定的道理。每一个人在生活中都有弱点，有了弱点自然就需要别人的帮助。你要别人帮助，就得让别人高兴，人家高兴了才愿意帮助你。漂亮姑娘的漂亮的脸蛋和优美的身段就能让人高兴，别人高兴了不能白高兴，就得去帮助她，因此漂亮姑娘犯不着修养内在的品德，犯不着通过劳动让别人高兴，犯不着在这些方面努力修养自己。但是女人的容貌总是会衰老的，一旦漂亮姑娘的容貌衰老了，不能让更多的人高兴了，谁愿意去帮她啊？而她的素养又没培养起来，从此就开始怨天尤人、牢骚满腹，这就是所谓的"红颜薄命"。而长得不漂亮的姑娘呢，她也需要别人来帮助，可是她的容貌、外表没法让别人高兴，自然不可能指望依靠容貌得到别人的帮助，她只好通过劳动，通过内在的品德修养，通过谦和、尊重别人，让别人高兴，别人高兴了自然愿意去帮她。她在这个方面不断地修养，结果达到了熟能生巧的程度。随着漂亮姑娘容貌的衰老，不漂亮姑娘的优势就明显地表现出来了，这就是"家有丑妻是一宝"的原因。当然了，作为小伙子来讲，没有一个愿意找不漂亮的姑娘的，但如果找了怎么办，怎么安慰自己？唯有道家。一方面不漂亮的姑娘确实有优点，另一方面你也得安慰自己。这就是庄子的理论。

通过这番讲解大家能感受到，人既有优点又有弱点，大家从本质上讲都是一样的。

庄子认为，世界上的万物都是相对的，没有绝对的，事物之间没有什么大小、美丑、善恶、是非的区别。既然富和贫、贵和贱、大和小都是一样的，还为什么去你争我夺？这就是他的"齐物论"所讲的内容，认为所有的事物都是整齐划一的。庄子的观点是不是有相对论成分？在庄子看来，天下的事物没有绝对的是，没有绝对的非，都是是中有非，非中有是。这种相对主义反映在人生观方面就是人生如梦，一切贫富、贵贱、得失、荣辱都不必计较，生不足喜，死不足悲，宠辱不惊。但是我们也可以看到，庄子的这种相对主义，表面上看来是对对立面的双方都加以否定，而事实上却专门否定积极的、前进的、走向胜利的一方。他虽然说生就是死，死就是生，实际上他总是把生看作负累，把死看作解脱。为什么呢？他落魄了，他得安慰自己。

从这里大家也能看到，庄子思想的优点是让我们更好地认识事物，看到是中有非，非中有是，优点中有弱点，弱点中有优点，为我们更好地知己知彼奠定基础。他的弱点是，在强和弱里面专门强调弱，在大和小里边专门强调小，专门强调弱的一方的优点，专门强调强的一方的弱点。应该说，穷确实有穷的优点，穷则思变，穷更安全，但穷的弱点也很多，没钱盖房子，没钱娶媳妇，得了病没钱治，得不到别人的尊重，所以人才会追求富贵，庄子是对社会失望，安慰自己的说法。

相对于庄子的消极观点，儒家认为人是追求富贵，讨厌贫贱的。当然了，儒家主张追求富贵应该通过正当的途径，符合"义"，符合社会常规，主张正当竞争，反对不正当竞争。那么，实在得不到富贵怎么办？儒家认为那就安贫乐道，安身立命。在儒家看来，我尽管不断地努力，但到底得到多少是我个人决定不了的，因此机会合适，那就做到利润的最大化，机会不合适，那就做到损失的最小化。损失的最小化其实也就是利润最大化的另外一个表达。谁愿意安于贫贱啊？所以儒家不主张人安于贫贱，而是主张通过各方面的努力去得到富贵，当然了，要通过正当的途径来得到。假如一时得不到，那就要安贫乐道。在安贫乐道的过程中，"穷则思变"，想办法去改变命运。所以儒家特别强调学习，"君子学道则爱人，小人学道则易使"（《论语·阳货》），认为老百姓明白了道理，能更好地领会领导的意图，工作能力更强，更能把工作做好。

2. 反对生产活动

庄子认为人世间之所以如此丑陋和污浊，都是由人类科学技术的发展和改造世界能力的增强，大大提升了人们对财富的攫取欲望造成的。因此他强烈反对技术进步和经济发展，主张"退隐""不争""率性"。"退隐"，退到原始社会的状态；"不争"，因为大和小、贫和富是一样的，通过"不争"来协调社会的矛盾；"率性"，自由自在地生活，逍遥游。

庄子认为生产活动损害了物性。他认为任何事物，其自然形态都是最完美的，如果人为地加以改变，使之适合人的需要，就损害了物性，即事物的本性。

比如，庄子认为，"马，蹄可以践霜雪，毛可以御风寒，龁（hé）草饮水，翘足而陆，此马之真性也。虽有义台路寝，无所用之。及至伯乐，曰：'我善治马。'烧之，剔之，刻之，雒（luò）之，连之以羁絷，编之以皂栈（马厩），马之死者十二三矣！饥之，渴之，驰之，骤之，整之，齐之，前有橛饰之患，而后有鞭策之威,而马之死者已过半矣"(《庄子·马蹄》)。这是说,马的蹄子生来可以践霜雪,马的皮毛可以防风寒,它们吃草饮水,在野地奔跑,这就是马的本性,可是所谓善治马的人,削其蹄子,剪其毛,给它带上笼头系于马棚中,甚至用鞭子来抽打,这样马就很少有不死的了,这是伯乐的罪过。

伯乐相马是非常有名的故事,按照庄子的这个讲解,任何生产活动,任何对大自然的改变,都损害了大自然的物性,因此,他反对任何改造世界的活动。

庄子认为技术发展,器具日新,使人心多机巧。不断制造新产品,会把人对新产品追求的欲望激发出来,如果是统治者,就倾向于跟老百姓要;如果是被统治者,则倾向于偷盗抢劫。所以,庄子和老子一样,恨透了新产品,恨透了科学技术。庄子对技术高明的人十分憎恨,提出"攦工倕之指"(《庄子·胠箧》),"攦"是折断的意思,"工倕"相传是尧时的能工巧匠,所谓"攦工倕之指"指的是把能工巧匠的手指给折断,不让他搞技术发明,不让他做新产品,不让他刺激人的欲望。前面讲过,在道家看来,应该把歌唱家的喉咙掐断,把舞蹈家的腿打断,把钢琴家的手指折断,就是从这里推演出来的。

3. 反对聚集货财

庄子还认为技术的进步、经济的发展、物质财富的增加是社会产生祸害的根源。因为它刺激了人的欲望,人们相互争夺,战争就爆发了。所以庄子主张"不利货财"(《庄子·天地》),就是不以追求货财、积累货财为利,大家都不追求了,社会就能稳定安详。庄子认为,"掷玉毁珠,小盗不起""掊(pǒu)斗折衡,而民不争"(《庄子·胠箧》)。"掷玉毁珠,小盗不起"的意思是,把珠宝给毁掉,社会上没有珠宝,就没有人去争夺珠宝了,你家里有珠宝,那就有小偷到你家里去偷,你追求他也追求啊,他不能用正当的途径得到,自然倾向于用不正当的途径来得到。这话不是没有道理的。"掊斗折衡,而民不争"的意思是,把度量衡(秤)全弄断,正因为有了度量衡,才出现了短斤缺两的现象。

那么庄子反对聚集货财,是不是向往一种人人自食其力的平等社会呢?其实不然。他向往的是"财用有余而不知其所自来,饮食取足而不知其所从"(《庄子·天地》)的神仙的生活。换句话讲就是,"饭来张口,衣来伸手"的生活。而老百姓呢,"知作而不知藏"(《庄子·山木》),有能力却不知道追求,意思就是四肢发达,头脑简单。四肢发达能干活,头脑简单不知道追求。因此领导者从天性来讲,心目中的理想员工形象就是四肢发达、头脑简单类型的人。能干活,还不知道追求,哪有这种人啊?正因为没有这种人,因此庄子对社会失去信心,感到生不如死。可见庄子反对技术进步、经济发展不是由小生产者的落后狭隘决定的,而是对社会失去信心,极端仇视社会进步的反映。

4. 庄子的理想世界

庄子认为人类社会越发展越堕落。

《庄子·天运》记载,"黄帝之治天下,使民心一",那时的人不知亲疏,因为黄帝治天下的时候社会经济落后,每个人的力量都弱,需要大家的支持。既然彼此相互需要,自然就不分亲疏,团结在一起。经济发展落后,也没有什么私有财产,没人争夺财产。"尧之治天下使民心亲",意思是尧统治天下的时候,生产力发达了,社会有了剩余了,人们就开始分亲和疏,希望把财产留给自己的儿女。"舜之治天下使民心竞",等舜治天下的时候,生产力又有了提高,人们不断地争夺资源,跑马圈地。"禹之治天下使民心变",等大禹治天下的时候,跑马圈地的过程基本完成了,要得到想要的资源只能是打击别人,从别人手中掠夺,于是人和人之间相互打杀,儿子杀老子、大臣杀国君的现象就发生了,这叫同类相残。

庄子理想的世界是"至德之世"——"同与禽兽居,族与万物并,恶乎知君子小人哉"(《庄子·马蹄》)。在生产力不发达的情况下,大家都要共同劳动,还分什么领导者与被领导者,统统都要干活。"同乎无知,其德不离"(《庄子·马蹄》),大家都没知识,没有能力做新产品,都感受不到新产品的诱惑,也就没人去追求。"同乎无欲,是谓素朴"(《庄子·马蹄》),大家都不去追求,当然民风就变得非常淳朴了。

由于返回"至德之世"不可能，庄子只能悲观厌世，认为人生过于渺茫，还是死了好。在《庄子·至乐》一文中，他借一个骷髅的嘴巴说话："死，无君于上，无臣于下"，不受到人间的各种礼节、制度的约束，多么自由啊，"亦无四时之事"，也没有春夏秋冬的劳动烦扰，"从然以天地为春秋，虽南面王乐不能过也"。这就是他说生不如死的原因。庄子对社会极度失望，死自然是最好的解脱。与禽兽住在一起，与万物合而为一，没有知识文化，没有欲望，这样的世界，实质上是对人类社会生活的否定。

庄子是道家的一个非常有名的代表人物，但是庄子的道家和老子的道家是有所不同的，这个不同是时代造成的。

第三节　老子哲学、杨朱哲学与庄子哲学的区别

老子的哲学很大一部分是政治哲学，讲的是帝王南面之术，反映了刚刚从王室流落到社会底层的知识分子对国家命运的关注，反思为什么会败落，能不能再回去，等等。

杨朱是战国前期人，杨朱的思想偏重于"全性葆真"，主要研究养生之道，将个人的形体生命看得重于一切，反映了战国初期下层知识分子已经对政治前途不感兴趣，只想明哲保身、修身养性。假如说老子还想回到统治阶层去，到杨朱的时候已经回不去了，因此强调"为我"。在杨朱看来，他们已经败落下来了，没有能力关心天下大事，还是更多地关心自己，研究怎么养生吧。

庄子既不像老子那样偏重政治，也不像杨朱那样偏重个人形体生命，而是着重探讨个人的精神如何才能获得绝对自由，在于怡养精神，逍遥自在，成为"独与天地精神往来"（《庄子·天下》），不为外物所牵累的天马行空式人物。因为随着封建化国家的统一，隐士的生存空间越来越小，只要在国家的土地上，就当为国家当兵纳税服徭役，在这种情况下，想保存生命都不可能了，只能到另外一个世界寻找解脱。

第四节　老子的"无为"与庄子的"无为"

尽管老子和庄子都讲"无为",但"无为"的内容不一样,老子的"无为"是按规律办事。当然了,他的按规律办事是崇尚柔、崇尚弱、崇尚谦虚、崇尚无私,这是老子的"无为",庄子的"无为"则是彻底的无所作为。

庄子和老子一样,认为道的本性是自然的,天地万物包括人本身也都具有自然的本性。因此庄子认为,治天下只能顺任道性,"故君子不得已而莅临天下,莫若无为。无为也,而后安其性命之情"(《庄子·在宥》)。也就是说,如果君子不得已而坐天子之位,不如不要有所作为,任其自然。无所作为,才会安抚性命之真情。

可见,庄子所说的"无为"比老子的"无为"带有更多的宿命论色彩。如果说老子的"无为"还多少有点以屈为伸、以退为进的意思的话,那么庄子的"无为"则是真正的无所作为了。

第五节　老子的"天人合一"与庄子的"天人合一"

在老子来看,天是自然,人是自然的一部分。但由于人制定了各种典章制度和道德规范,使人丧失了原来的自然本性,变得与自然不协调。人类行为的目的,便是"绝圣弃智"(《道德经》第十九篇),打碎这些加于人身的樊篱,将人性解放出来,重新归于自然,达到一种"万物与我为一"(《庄子·齐物论》)的精神境界。

在庄子的哲学中,"天"与"人"是相对立的两个概念,"天"代表自然,而"人"指的是"人为"的一切,与自然相背离的一切。"人为"两字合起来,就是一个"伪"字。庄子主张顺从天道,而摒弃"人为"。

在庄子看来,真正的生活是自然而然的,不需要去教导什么,规定什么,而是要去掉什么,忘掉什么。既然如此,就用不着政治宣传、礼乐教化、仁义劝导。这些宣传、教化、劝导,庄子认为都是人性中的"伪",都要摒弃。

第二十讲 法家思想

第一节 法家概况

　　法家作为一个学派，萌芽于战国前期的李悝变法，发展于战国中期的商鞅变法、吴起变法，高潮于战国后期《韩非子》一书的出现。秦政权灭亡之后，法家的弱点被社会充分地认识，名声扫地。到汉武帝时，儒法结合，以儒家思想为指导思想来改造法家，使法家在社会中发挥了应有的作用。

　　为什么要以儒家思想为指导思想来改造法家呢？法家的优点是对社会的现实状况研究得特别细、特别透，用现在的话讲，法家特别世故。法家的弱点是太了解现实了，研究未来不足，研究理想不足，太强调眼前了，研究长远不足，当然显得世故。太讲理想不讲现实的人往往显得清高，太讲现实不讲未来的人往往显得世故。世故的人能办事，但是没有理想没有气节，往往被人瞧不起；太清高的人很有理想很有气节，但是不跟生活结合，也就办不成事。因此用儒家思想作为指导思想来改造法家，以做到长远和眼前的结合，理想和现实的结合。另外从儒家的思想核心来讲，也有法家的内容。儒家讲文武之道，在文和武之间寻找平衡点，文中有武，或者武中有文。我认为中庸之道的"中"就是既讲理想也讲现实，强调各方面的结合。

为什么法家产生于战国时期？因为战国时期的形势与春秋时期相比有非常大的变化。

春秋时期，农村公社崩溃，家庭经济有了相当程度的发展。在家庭经济发展的过程中，由于经济基础改变了，上层建筑和意识形态都要随之改变。这是一个新势力在崛起，旧势力仍然存在，还占着比较重要的地位的时期。到了战国时期，随着家庭所有制的普遍建立，各地经济联系增强，社会矛盾增多，要求一种更强大的力量来解决社会矛盾。但是周天子的权威越来越微弱，已经完成不了这个使命，社会需要有一种新的替代周天子的力量，来完成国家的统一，解决矛盾。由谁来统一呢？当时看不出来，也就是说，人人都有机会。每个人都追求利益的最大化，国家也不例外。各国都在通过变法，通过改变制度来最大限度地集中资源、集中权威，渴望由自己来完成统一天下、主宰社会的使命。因此战国年间兵荒马乱，战争不断。

在社会的混乱当中，又孕育着走向秩序的萌芽，这是从大乱到大治的过程，也是儒家"知其不可而为之"的原因，因为它在乱中看到了治的萌芽。社会固然混乱，但乱中总有一个有势力的国家在崛起，它崛起后一定要安定内部，因为谁都不希望自己内部乱，一定要稳定秩序，随着统一国家的建立，秩序的基础也就自然而然地奠定了。

链接

顾炎武曰："如春秋时犹遵礼重信，而七国则绝不言礼与信矣；春秋时犹宗周王，而七国则绝不言王矣；春秋时犹严祭祀、重聘享，而七国则无其事矣；春秋时犹论宗姓氏族，而七国则无一言及之矣；春秋时犹宴会赋诗，而七国则不闻矣；春秋时犹有赴告策书，而七国则无有矣。邦无定交，士无定主，此皆变于一百三十三年之间，史之阙文，而后人可以意推者也，不待始皇之并天下，而文武之道尽矣。"（《日知录集释》卷十三《周末风俗》）

法家代表新兴地主阶级的利益，当然更多地代表着新兴地主阶级下层的利益。要打仗，就要依赖士兵，士兵的主体是农民，为了调动农民打仗的积极性，必须论功行赏。战争需要物质支持，为了支持长期的战争，不能不让农民多种地多收粮；为了调动农民种粮的积极性，又得论功行赏。这样社会上就出现了一大批从底层崛起的地主阶层。

法家学派的主体是政府官员，因此我认为法家和儒家的联系是：法家是由儒家做了官的学生发展起来的一个学派。由于兵荒马乱的环境，官员更强调维持现实社会秩序的良性运转，于是走上了片面强调武力，为武力而武力，为统一而统一的道路，而忘记了武力只不过是稳定天下秩序的手段，其最终目的还是让人民幸福。这些做了官的人，有理想，有抱负，希望通过手中的权力，依靠新的法律制度的建立，强制推动个体经济的崛起和发展。

法家活动的地区主要有两个，一是三晋，二是秦国。三晋和秦国在中国的中西部地区。三晋指的是魏国、赵国、韩国。

法家的特征是主张"耕战"，通过耕和战来实现天下的统一。耕指的是经济，战指的是武力，当然耕和战之间以战为主，耕是服从于战的。通过战争的手段实现天下的统一，这是所有法家代表人物的共同的主张和追求。

法家思想的内容包括：第一，主张"兴兵而伐，则武爵武任，必胜"（《商君书·去强》）；第二，主张奖励农耕，"粟爵粟任，则国富"（《商君书·去强》）；第三，主张彻底打破世袭制，论功行赏，转变社会意识形态；第四，主张管理官僚队伍，建立专制主义中央集权。

在春秋战国年间，变法运动一浪高过一浪，从一个国家不断地向其他国家延伸。最早的变法是公元前445年魏文侯任用李悝进行变法。魏国经过变法崛起了，国家经济发达，国力增强，不断地开拓疆土，给周边的国家带来巨大压力。周边的国家，为了保住自己的既有地位，为了不失去祖先留下的土地，并进一步发展，也必须学习魏国进行变法，于是就有了公元前403年的楚悼王任用吴起变法。公元前403年，赵烈侯起用公仲连为相国，进行政治改革。公元前357年，齐威王继位后不久，起用邹忌为相进行改革。公元前359年，秦孝公任用商鞅进行变法。公元前355年，韩昭侯起用申不害为相，实行进一步的改革。这就是一些不愿意在竞争中被淘汰的国家，为了生存，不得不进行搏斗。这就好像现代化运动，从欧美开始一点一点向亚非拉国家扩散一样。

第二节　法家与儒家的联系

法家是由儒家做了官的学生建立的一个学派。孔子办学的目的就是培养职业官员，让他们担当起改造社会、领导天下的使命，因此他不断地推荐学生到外边做官，但这些做了官的学生一旦走上官员的岗位，就要受到官员的各种规矩的束缚，自然就会违背孔门的宗旨。因此孔子在世的时候，就大骂冉求和子路，说他们做了官后，忘了"组织"的宗旨，儒家主张对老百姓收10%的税，结果他们收比这高得多的税。冉求很委屈地讲，我们也没有办法，是领导让干的。孔子说，你还是很留恋自己的这份俸禄，你可以辞职，你不愿意辞职，说明你留恋这份俸禄。儒家强调合得来则合，合不来则走，是理想的结合，是原则的结合。

孔子有弟子三千（三千非确数，形容很多），这三千弟子当中，主要来自两个国家，一个是鲁国，一个是卫国。在经济发达的鲁国，人们更追求自由、民主和精神生活，因此鲁国的学者，往往是谦谦君子，不爱做官，更渴望自由的精神生活，像子路、颜回等人都是鲁国人。孔子还有一批学生是卫国人，卫国在现在的河南濮阳地区。

孔子为什么招了那么多卫国的学生呢？因为孔子周游列国14年，差不多有将近10年的时间是待在卫国。孔子讲过一句话，"鲁卫之政兄弟也"（《论语·子路》）。鲁国和卫国的政治大同小异，跟兄弟一般，因为卫国的开国国君康叔是鲁国的开国国君周公的弟弟。在兄弟九人中，康叔与周公最亲密，《左传·定公六年》记载，卫公叔文子说："太姒（周文王的妻子）之子，唯周公、康叔为相睦也。"因为是感情亲密的兄弟的关系，加上两个国家临近，一个在山东的西部，一个在河南的东北部，双方联系很密切。由于在政治、经济、文化各方面都比较接近，因此孔子周游列国，自然愿意选择一个很对自己口味的国家。而卫国由于跟鲁国的政治、经济、文化各方面很相近,对孔子也特别欣赏,所以孔子在卫国待了10年,收了很多卫国学生。

卫国学生的特点是性格活泼,愿意做官,愿意通过政府这个平台,来实现领导天下的使命。法家的主要代表人物往往都是卫国人,如吴起、商鞅,甚至被认为是法家始祖的子夏都是卫国人。

为什么卫国学生的性格活泼好动,愿意做官,希望依靠国家的暴力来实现自己的目标追求呢?这主要是因为卫国周边有游牧民族。游牧民族生存环境恶劣,生存能力低下,经常来侵犯农耕民族,卫国为了抵抗,就不能不动用武力。另外,卫国历史上曾经亡过国。由于有国破家亡这个教训,卫国特别渴望在短时间内崛起,要想短时间内崛起,一定需要武力发挥作用,因此卫国学生的性格和鲁国学生不同。

孔子去世后,儒家学派向两个方向发展,一个是曾子领导的洙泗学派,一个是子夏领导的西河学派。这两个学派有明显的不同,一个强调家庭的作用,主张以和平的手段解决社会问题,认为"家和万事兴""修身齐家治国平天下";一个更强调国家暴力的作用。这个不同点与两个地区的特点有关,一个是经济发达、民族自由;一个是经济落后,短时间内要崛起,周边又受到其他国家的压力。

孔子去世后,儒家的分野跟马克思的第一国际后来分成第二国际和第三国际有些类似。第二国际在发达地区活动,强调自由、民主和议会斗争;第三国际在落后国家活动,强调暴力斗争,因为落后国家不具备议会斗争的条件。

所以这里特别讲一下,法家有名的代表人物几乎都是卫国人,卫国可以说是法家人才的大本营。

那么法家思想的大本营在哪里?——在魏国。魏国在今山西、河南地区,后来被秦国打败,迁都到了大梁(今河南开封),也被称为大梁、梁国。

第三节　法家与儒家政治主张的不同

第一，儒家的特点是考虑社会的长远利益，更强调社会成员利益之间的统一性；在文武两个手段之间更偏重文；对人性的看法更偏重用善来遏制恶，叫扬善抑恶，相信"人性善"。法家的特点是强调眼前利益，强调社会成员之间利益的对立性；主张运用国家的力量，以暴力推动封建生产方式的进行，在文武两个手段之间更偏重武；对人性的看法更偏向以恶去恶，以暴制暴。儒家看得远，从长远来讲，人和人之间的关系是山不转水转的关系，相互依赖。从眼前来看，人和人之间是相互争夺利益的关系。由于人的欲望的无限性与资源的有限性之间的矛盾，因此人和人之间是相互争夺利益的关系。看得远与看得近，最后的结果肯定是不一样的，算大账与算小账的结果肯定是不一样的。这是儒家和法家的一个重要的不同点。

第二，在农工商的关系上，儒家主张农工商都很重要，对于它们之间的矛盾，要协调解决；法家则主张重农抑商，"抑"就带有国家暴力的成分了。

第三，在对待财富的态度上，儒家主张"藏富于民"，法家主张"藏富于国"。什么是"藏富于民"呢？——小河有水大河满。什么是"藏富于国"呢？——大河有水小河满。法家之所以主张"藏富于国"，是因为要打仗，国家必须最大限度地集中资源。儒家看得远，更看到人的优点；法家看得近，更看到人的弱点。法家认为老百姓钱多了，就不好好干活了，因此不能让老百姓多掌握钱，法家忘了长远利益的一面。人在一段时间可能有了钱不会花钱，但从长远来讲人人都会花钱，你要教育他会花钱。

第四，在对待人口质量的问题上，儒家重视教育，崇尚智慧；法家反对教育，崇尚民众的愚昧。这里愚昧包含两个方面，一是统治者承认自己有不足，才要研究别人，研究如何才能取得成功；二是被统治者愚昧，水平不高，统治者才更好领导。商鞅说："归心于农，则民朴而可正也，纷纷然易使也，信可以守战也。"（《商君书·农战》）

第五，在对待农业的态度上，儒家有大农业的思想，除了种植业之外，还重视经济作物等辅业的生产,重视生活质量。法家则主张狭隘地单一发展农业,一切服从于粮食生产。

第六,在对待家庭和国家的关系上,儒家强调二者之间的协调,强调"修身齐家治国平天下"(《礼记·大学》),强调忠孝两全,如果实在做不到,发生不可调和的矛盾,则以忠为主。法家则强调二者之间的对立。《韩非子·五蠹》中说:"父之孝子,君之背臣也。"意思是说对父亲孝顺了,就没有能力、没有力量对国家忠诚,因此他说忠臣是家庭的敌人,孝子是国家的敌人。"忠"指的是社会关系,"孝"更多指的是家庭邻里关系。法家强调国家和家庭之间的对立关系,儒家强调和谐的关系,强调忠孝两全。

第四节 法家对儒家的态度

那么法家对儒家的态度是什么样的呢?

法家认为在兵荒马乱的时代,必须强调武力。换句话说,在兵荒马乱、强调武力、法制的时代,儒家的德教完全不适用,已经过时,只有实施重刑才能造福人民,所以法家主张"不贵义而贵法"(《商君书·画策》),要求清除儒家、墨家、纵横家等异端学说的影响,使民众"不贵学"(《商君书·垦令》),专心地从事耕战,这样才能取得争霸战争的胜利。

"不贵学"的意思是统一思想到法家的层面上来,不允许民众有任何思考。老百姓思想单纯了,才能听从国家的号召,不然就会对国家有异心,离心离德。

第五节 对法家思想的评价

1. 法家思想的合理性

第一,它合乎小农经济发展的需要,试图建立起一套与小农经济相适应的或者基本相适应的制度体系。这主要指的是李悝变法时，编了一部《法经》。

只要有了个体经济，就有了相互抢掠的现象。《法经》共六篇，分别讲：盗、贼、囚、捕、杂、具。"盗"是偷盗，讲对偷盗的人怎么办；"贼"是杀人，讲对杀人的人怎么处罚，杀人总是与偷盗联系在一起的，图财害命；"囚"，把犯人关起来，讲达到什么犯罪条件的人才关起来，怎么个关法；"捕"，逮捕，讲对犯了罪的人怎么捕法，需要带什么证件等；"杂"指赌博等，赌博能使自己赚来钱财，但是对整个社会来讲，它是社会财富的流转，并不是社会财富的增加，另外，赌博还能闹出很多社会问题；"具"是判刑的原则，判断轻刑或重刑的原则，并且讲了一些案例，怎么解决这些问题。

这就是讲要稳定社会秩序，建立起一个与小农经济相适应的社会秩序，保护小农的产权，让小农自由地发展。

第二，法家思想合乎兵荒马乱时代的需要，以武力统一天下。儒家不是不讲武力，儒家讲"文武之道"，"武"本身就包含着武力，而在当时的情况下和平的途径解决不了问题，人们都倾向于使用武力。问题是武力使用到什么程度。明清的时候，有儒将的说法。所谓儒将，是指尊崇儒家思想的将领。将领的职责是打仗、杀人，但杀人是为了不杀人，有一种人文情怀。法家的问题是，片面为武力而武力，为工具而工具了；而忘记工具背后的人文精神、人文基础。

第三，法家建立起一套论功行赏、有利于社会底层崛起的制度体系。打仗要靠农民，要调动农民的积极性，一定当论功行赏；打仗要有经济基础，要依靠农业经济，要调动农民种粮的积极性，也必须奖励农耕。因此论功行赏制度使社会底层诞生了一批地主，一批大土地所有者，这是法家的积极意义。荀子讲过一句话："王者富民，霸者富士。"（《荀子·王制》）意思是，国家安定了，得让老百姓富裕起来；当兵打仗的时代，得让士兵富裕起来。你依靠谁就该让谁富裕起来。任何一个政策的出台，都有依靠谁、团结谁、刺激谁三项任务，换句话讲让谁更高兴，让谁一般高兴，让谁最低限度高兴。

依靠谁就要让谁富裕起来，所以革命战争时代，社会各阶层中，军人的地位最高，因为要时刻准备打仗，得让士兵富裕起来，得保证士兵的主体——农民家庭最低限度的安定。在革命战争时代，破坏军婚是个很大的罪名，要保证军人的后方安全，让他无后顾之忧。军人打仗一旦阵亡了，父母由国家养活，儿女由国家养活，老婆由国家安排工作，或者帮助她再组成家庭，所有这一切都为了一个目的——安定军心，解决他们的后顾之忧，让他们一心一意为国打仗，为国献身。这就是"王者富民，霸者富士"这套制度的合理之处。

第四，法家建立了一套考核体系。孔子为什么讲"正名"（《论语·子路》）？有了制度，有了奖赏和惩罚，那就一定得有考核，没有考核，你怎么判定他干得好还是干得坏？如何对他进行奖和罚？"正名"需要建立一套岗位职责体系，有了岗位职责体系才能考核，才能奖励和惩罚。

2. 法家思想的不合理性

第一，为战争而战争，为统一而统一，忘了统一的目的是人民的幸福。

第二，崇尚权威，而对权威的制约不够。要打仗就当制约权威，对权威不加必要的制约，拥有巨大的权力的人就会走向腐败，这就是秦始皇统一了江山，但不到15年就丢了江山的原因。

第二十一讲 商鞅的管理思想

第一节 商鞅其人

商鞅（约公元前390年—公元前338年）是战国中期杰出的政治活动家。据《史记·商君列传》记载："商君者，卫之诸庶孽公子也，名鞅，姓公孙氏，其祖本姬姓也。鞅少好刑名之学，事魏相公叔痤为中庶子……公叔既死，公孙鞅闻秦孝公下令国中求贤者（公元前362年），将修缪公之业，东复侵地，乃遂西入秦。"

商鞅是法家著名的代表人物之一，只要提起法家，人们总是最先想到商鞅，说明他的影响是相当大的。

商鞅生活的时代和地区，是我们在研究商鞅的思想时一定要考虑的。

商鞅出生在约公元前390年，差不多和孟子、庄子是同时代的人。商鞅跟庄子不同，庄子对社会失去信心，强调隐居，追求一种彻底的精神自由。商鞅跟孟子也不同，孟子强调仁政，尽可能以和平的方式来统一天下。商鞅则希望以暴力战争的途径来统一天下。但不管怎么样，商鞅在事业上应该是一个非常成功的人物，尽管他不得善终，但是他的理想得到了相当程度的实现，也是战国中期杰出的政治活动家。

根据《史记·商君列传》记载，商鞅是卫国人。卫国在今河南濮阳地区，是法家人才的大本营，著名的法家人物，李悝、吴起甚至他们的祖师爷子夏，都是卫国人。商鞅是卫国王公贵族的后代,他姓公孙,叫公孙鞅,后来因为他对秦国有很大的贡献,秦孝公把商这块地方赏给他,作为他的封邑,后人又称他为商鞅。卫国在春秋战国以来的社会大变革中,变得越来越衰弱,商鞅作为王公贵族的后代,国家的命运跟他息息相关,因此他能站在国家的角度上,站在政府的角度上,考虑怎样恢复过去的辉煌。

尽管商鞅也是学儒出身,但是由于出身、时代和所处地理环境的不同,决定了他在将儒家理论运用到生活中时,往往得出不同的结论。

商鞅很小的时候,就好"刑名之学"。什么是"刑名"?"名",用现在的话讲,就是岗位职责说明书。孔子说"必也正名"(《论语·子路》)。这是说,随着家庭经济的崛起,社会一下子出现很多新岗位,每个岗位应该干什么,如何制定科学、合理(即大家普遍满意)的岗位职责说明书,就成为整个社会管理的关键。因此孔子说:"名不正则言不顺,言不顺则事不成,事不成则礼乐不兴,礼乐不兴则刑法不中。"(《论语·子路》)那么有了"名",有了岗位职责说明书,就有了它的实际表现,所以"刑名之学"的"刑",也可以用"形式"的"形"来表示,即"名"外在表现。将岗位职责说明书和该岗位从事者的实际表现相对照,就能看出他是遵守岗位职责还是违背岗位职责,是该奖还是该罚,这跟我们今天讲的"名实相合"是差不多的,指的就是考核。

我们现在的社会也特别强调考核,有了岗位,就有了岗位责任说明书,就有了考核,就有了制度。要管理大规模的组织,不靠制度是不行的,因此儒家、法家、墨家,没有不强调制度的,尽管制度的内容不一样。"刑名之学"讲的是一种制度建设,制度建设的目的是人类的普遍幸福。法家太讲工具理性,忘了价值理性。换言之,法家太讲工具的作用,忘了使用工具的目的。

第二节　商鞅变法及商鞅管理思想的主要内容

商鞅很早就离开了自己的家乡,到了魏国,在魏国当时的宰相公叔痤手下做幕僚。

公叔痤对商鞅特别欣赏，后来公叔痤得病了，临去世前，魏国国君去看他，魏国国君问公叔痤，你年龄也大了，病也很重，万一治不好，你对自己这个职位心目中有没有人选？公叔痤就说有一个人，是商鞅。结果魏国国君不置可否，为什么呢？第一，商鞅名声不大，没怎么听说过；第二，就是听说过，也不是很好的名声。因为法家代表人物特别强调丁是丁，卯是卯，毫不顾及别人的感受，因而被社会评价为刻薄寡恩。公叔痤一看，国君不想用商鞅，就又说了一句话——假如你不用他就把他杀掉，国君说我考虑考虑。国君走了以后，公叔痤赶紧把商鞅找来，让他快跑。商鞅不解，于是公叔痤就把事情的来龙去脉给商鞅讲了：我跟国君讲了要用你，我看国君不想用你的样子，我又说要杀你，你赶紧跑吧，再晚就来不及了。商鞅说，我犯不着跑。在国君心目中，我不是个重要人物。如果他感觉我重要，自然就会用我，他不用我就说明我在他心目中不重要，自然也犯不着来杀我。这也符合道家的理论吧，重要了往往不安全，不重要了往往安全。但是不管怎么讲，商鞅在魏国是待不下去了。

这个时候正好是公元前362年，秦孝公继位，为振兴秦国，实现霸业，发出求才布告："国家内忧，未遑外事，三晋攻夺我先君河西地，诸侯卑秦，丑莫大焉……有能出奇计强秦者，吾且尊官，与之分土。"（《史记·秦本纪》）意思是谁能帮助我把丢失了的秦国土地给收复回来，我便裂土分封，与其共享富贵，共享太平。商鞅闻声而至。

商鞅来到秦国之后，与孝公几经磨合，终于得到充分的信任，准备变法。

秦孝公为什么有如此强烈的改革动力呢？

魏国变法后国力增强，不断向外扩张，结果秦国和魏国接壤的很多土地都被魏国霸占了，秦孝公感到奇耻大辱，决心恢复昔日的辉煌，下定决心——谁能让我富强，我就给他很高的待遇，甚至整个国家咱们分而治之。商鞅就是在这种情况下来到秦国的。

商鞅来到秦国以后，经过在秦孝公身边当差的一个魏国人景监的推荐，见到了秦孝公。他和秦孝公的见面，可以说是一波三折，总共见了四次面。第一次见面时，商鞅讲帝道，秦孝公听着睡着了。帝道是三皇五帝的治国之道，讲如何通过和平的、教育的手段治理国家。兵荒马乱的时代，光讲教育是行不通的。第二次见面，商鞅又给秦孝公讲王道——夏商周三代的治国之道，先礼后兵，先教育后惩罚，结果秦孝公又睡着了。秦孝公把推荐人景监大骂了一顿，说，你找了个什么人，还说他的水平高，见了两次面都把我讲睡着了。景监就问商鞅是怎么讲的。商鞅跟景监说，我知道孝公爱听什么了，请再安排一次见面吧。于是商鞅又见了秦孝公一面，这一次商鞅讲的是霸道——春秋五霸的治国之道。春秋五霸的治国方法是以武力为主，或者尽管打仗，但是加上冠冕堂皇的旗号，结果秦孝公越听越兴奋。因为他现在面临的就是兵荒马乱的时代，要在短时间内崛起，就得强调国家政权的力量，而文化建设是长远的事，短时间内是难以有效果的。秦孝公越听越兴奋，对商鞅佩服得不得了。后来又安排了第四次见面，秦孝公对商鞅讲了自己的顾虑，他说，我很欣赏你的学说，我也相信你的学说能让我的国家富强，但是下面的大臣反对怎么办？商鞅讲了一句很有名的话："疑行无名，疑事无功。"（《史记·商君列传》)，意思是说，老是怀疑自己、老是不自信的人，是不能成功的。他还讲了一句话："民不可与虑始，而可与乐成。"（《史记·商君列传》）在事情刚刚做的时候，你想让老百姓和你同甘共苦是不可能的，但你一旦做好了，老百姓就会追随，关键在于你的决心。

　　商鞅说："论至德者不和于俗，成大功者不谋于众。是以圣人苟可以强国，不法其故；苟可以利民，不循其礼。"（《史记·商君列传》）意思是品德很高尚的人，往往和周围的人不协调，或者周围的人看不惯他，说他假正经；成大功者往往不跟众人商量，大家都看明白了，就不能显示出他的高明。只要能让国家富强，那就可以随时改变制度，不要受到传统的束缚。过去的人经常拿这句话来说明"儒法斗争"。其实，根本不是这么回事。这是商鞅要变革，和传统势力的一场斗争，和传统的思想观念的一场斗争。人们已经习惯了某种事物，尽管它有弱点，但是如果变成了一个新的，万一不如旧的怎么办？当时儒家思想在秦国还没怎么传播呢。

于是，秦孝公完全相信了商鞅，就决定把国家政权交给他，由他来主持变革。

公元前356年和公元前350年，商鞅主持秦国的变法。变法分成两步推行，其方向所指就是"耕"和"战"。"耕"和"战"，实质上是一个"战"字，就是一切为了战争，为了最后的统一，为了最后霸业的成功。

那么商鞅是怎么变法的？商鞅的管理思想主要是通过他的变法内容、变法主张体现出来的。

1. 商鞅管理思想的目标

商鞅管理思想的目标是四个——治、富、强、王。治——社会安定；富——经济发达；强——武力强大；王——统一天下。

那么四者是什么关系呢？商鞅认为"强者必治，治者必强；富者必治，治者必富；强者必富，富者必强"（《商君书·立本》），"强必王"（《商君书·去强》），最终是统一天下。武力强大了社会安定，社会安定了人们才能全心全意地生产，才能为武力的强大提供物质基础；国家富裕了社会安定，社会安定了国家富裕；武力强大者一定富裕，要想有强大的武装，没有强大的经济是做不到的；那么经济发达者武力一定强大，武力强大者一定统一天下。这是他的推理。当然，我们可以从这个推理中找出一些漏洞来，富者未必一定强，当时东部的诸侯国经济最发达，不是也没有统一国家吗？在"治""富""强""王"四个字当中，关键是"富""强"两个字，"富"——经济的发达，"强"——武力的强大，经济的发达是武力强大的基础。商鞅认为，"国不富，则与诸侯争权不能相持也，力不足也"（《商君书·农战》）。什么叫富？"所谓富者，入多而出寡"（《商君书·画策》），干得多花得少，剩余多就叫富。商鞅为什么要求把社会资源尽可能集中到国家手里，"藏富于国"？因为国富是武力强大的基础。

2. 实现管理思想目标的途径

商鞅发展经济的途径之一或者说关键的途径是，建立小农经济并保护小农经济的发展。换句话讲，顺应社会大变革的趋势，将农村公社、氏族社会的生产方式变成家庭生产方式，因为家庭生产方式是当时效率最高的生产方式。

其一，关于如何建立家庭生产方式，商鞅的办法是"作为土地、货财、男女之分"（《商君书·开塞》）。当时秦国还特别流行大家庭，一个家庭往往二十多口人，商鞅规定一个家庭有两个儿子以上的，儿子16岁以上的必须分家，不分家就加倍征税，"不分异者倍其赋"（《史记·商君列传》）。很明显，这都是企图以重赋的办法，迫使民户划小，使一夫一妻的个体家庭成为秦国家庭的基本形式。商鞅希望通过经济的手段，让人们觉得居住在一起不合算，不得不分家。分家的好处是有利于建立家庭生产方式。建立了家庭生产方式后，国家直接控制的人民多了，自然力量就强。老百姓一方面可以为国家交税，另一方面可以为国家服徭役。另外从一个大家庭分裂出那么多的小家庭，就要开拓土地，秦国的经济也随之发展起来了。

其二，"粟爵粟任，武爵武任"（《商君书·去强》）。"粟爵粟任"，就是谁种粮种得多，就给他很高的社会地位，给他很高的荣誉，给他很多的土地；"武爵武任"，就是谁能打仗，立功立得多，也给他很多土地，给他很高的地位，让他的才能够发挥出来。这样就培育了地主生产方式，换言之，培养了种粮大户和军功地主。和一般的小农相比，地主是不是可以叫大农？大农和小农相比最大的优点是，大农内部能做到相当有效的分工，能抵御天灾人祸的打击，这也是商鞅领导的秦国能统一天下的原因。秦国的经济力量，至少在与战争经济相关的力量上，比当时的东方六国都要强。当时东方六国是小农经济的生产方式，而秦国是培育大农生产方式（更大规模的小农经济），更能抵御天灾人祸。

其三，发布垦草令，"任其所耕，不限多少"（《通典·食货》），鼓励开荒。因为秦国在西部很落后，周边有很多游牧民族，国家的荒地很多，商鞅鼓励开荒，谁开荒，得到的土地就归谁，这样人们开荒的积极性就增强了，老百姓开荒，对自己有利，对国家也有利。当时商鞅还做了一个规定，"民胜其地者务开"（《商君书·算地》），一个地方的人民比土地多怎么办，那就务必开荒；"地胜其民者事徕"（《商君书·算地》），即按一个家庭能种多少亩土地为标准，土地多于老百姓的地方那就招徕。要打仗就需要有人当兵，要种地还需要有人干活，全国就这么多的人口，打仗还不断地死人，这就反映出耕和战之间的矛盾，当时秦国就出现了这个矛盾——后方和前方在人力问题上的矛盾。于是商鞅发布"招徕令"，凡是东方各国的人，尤其三晋的人，愿意到秦国来的，都给予优惠的条件，用现在的话说叫免税。你能来，给你免很多年的税，国家给你提供种子，提供粮食，找不到老婆的，国家帮你找。有了这些优惠条件就能吸引东方各国的人到秦国来种地，好处是让秦国的人专心致志地从事战争，论功行赏。通过吸引东方六国的人来秦国耕种，一方面使秦国的劳动力得到了有效安排，另一方面使秦国的经济得到了发展，第三个方面就是削弱了六国的实力，人都跑到秦国去了，能当兵打仗的人也少了，种地的人少了。显然这是一举三得的策略。

类似的问题，我国在解放战争时期也碰到过。淮海战役胜利后，陈毅元帅说，淮海战役是胶东人民用小车推出来的。这说明后勤牵扯的人力太大，解放军越是往前进，用的兵越多，需要的后勤支援就越多，打完了仗还需要有人驻扎保卫，后方还需要有人种地，在这种情况下，怎么来匹配这些力量？毛泽东把男女老少都发动起来，强调人多力量大，强调妇女能顶半边天，都是与战争时期人口不足这个矛盾相关的。

其四，严格的户籍制度。农民分了地还不行啊，还得把农民固定在土地上，保证土地能产生更大的效益，这就是严格的户籍制度。商鞅说，"举民众口数；生者著，死者削"（《商君书·去强》），"使民无得擅徙"（《商君书·垦令》）；实行什伍连坐法，使邻里互相监督，目的是提高农民离开土地的成本，将农民紧紧束缚在土地上。

所谓什伍，就是按照五家为一伍，十家为一什的形式将农民组织起来，规定他们不得随便流动，假若要出外办事，必须带着当地官员出具的特别证件。

商鞅还规定，按照什伍法组织起来的农民要建立起相互告发和同罪连坐的制度，告发"奸人"的可以得到和斩获敌人首级一样的奖赏，不告发的要腰斩。如果一家藏"奸"，与投敌的人受同样处罚；其余九家倘不检举告发，要一起处罚。商鞅的规定非常严格，处罚非常重，在某种程度上可以说，将全国变成了一个大兵营。在这种情况下，老百姓出于对自己利益的关心也要相互监督。无疑，通过这种方式，可以有力地把老百姓紧紧地束缚在土地上。

商鞅通过"什伍""连坐"的办法，使老百姓的自我监督和互相监督相结合，把老百姓安定在土地上。这和孟子的"死徙无出乡，乡田同井，出入相友，守望相助，疾病相扶持，则百姓亲睦"（《孟子·滕文公上》）的做法就本质上讲是一样的，都是要把农民稳定在土地上，但是方式不同，一个是温情脉脉，通过邻里之间的相互帮助来渡过难关，从而自觉地稳定在土地上；一个是通过赤裸裸的暴力，通过群体的相互监督逼迫农民固定在土地上。从这里可以看出儒家和法家的区别，王道和霸道的区别。

其五，商鞅还主张实行愚民政策，严格禁止文化下乡，使农民思维单纯，一心一意从事农业生产。儒家主张文化下乡，通过文化下乡的办法，让老百姓看到未来，自觉地克服眼前利益的短视，协调人和人之间在争夺资源问题上的矛盾关系。而商鞅说，文化下乡了，老百姓的眼光就开阔了，明白外边的世界更精彩了，就不愿意种地了，因此坚决反对文化下乡，提倡愚民政策，强调治国要使"愚农不知，不好学问"（《商君书·垦令》），又主张"声服无通于百县"（《商君书·垦令》），即禁止音乐、杂技等文化娱乐活动下乡，使农民耳目闭塞，心思窄陋。他认为，这样做使农民"休居不听则气不淫，行作不顾则意必一。意一而气不淫，则草必垦矣"（《商君书·垦令》）。意思是说，只要有文化娱乐活动下乡，老百姓晚上就要玩到很晚，第二天就不能早起干活；如果没有文化下乡呢？大家晚上早点睡觉，就会和牲口一样就知道干活。商鞅管理思想的暴力性在这儿充分地表现出来了。

发展经济的途径之二是重农抑商，创造促进小农经济发展的外部环境。

在农工商的关系上，商鞅有两个观点。第一，农工商三者都不可缺少，要综合发展，但是要重点发展农业，因为农业是工商业的基础。商鞅认为："百人农，一人居者，王；十人农，一人居者，强；半农半居者，危。"（《商君书·农战》）这是说，一百个人务农，一个人不务农，这样的国家将统一天下；十个人务农，一个人不务农，这样的国家将会强大；一半人务农，一半人不务农，这样的国家就很危险了，将走向衰败。第二，必须抑制工商业的过度发展。农业是国家的基础，在生产力非常落后的古代社会，农业在国民经济中的基础地位尤为突出。在商鞅看来，务农是很辛苦的，而经商的利润则高得多。原因是：越在供不应求的时候，经商获得的利润越高，因此司马迁有"以贫求富，农不如工，工不如商"（《史记·货殖列传》）的说法。农业和商业之间也存在着争夺有限的劳动力和其他资源的激烈竞争，当市场无法协调这一矛盾时，只能依靠国家政权的强制力量。为了保证更多的人力、物力投向农业生产，商鞅主张通过赋税歧视、徭役歧视的办法，提高经商的成本，让中小商人没法经商，从而回到务农的道路上来。在赋税方面"不农之征必多，市利之租必重"（《商君书·外内》），"重关市之赋"（《商君书·垦令》）。在徭役方面使"农逸而商劳"（《商君书·垦令》）。对农尽量"征不烦""民不劳"，使"农多日"，以垦草务农；对商则"以商之口数使商，令之厮、舆、徒、重者必当名"（《商君书·垦令》）。

商鞅希望通过重农抑商的办法，把更多的人规范到土地上去，严格户籍制度，不能随便流动。

发展经济的途径之三是强调国家政权的作用。

商鞅很强调国家政权的作用，这是法家的一贯态度。他主张"国富而贫治"（《商君书·去强》），这是说，国家富裕了，还要像穷的时候一样治理。也就是说，还要节约。这样，国家的剩余就多，就能支持长期的战争。商鞅还主张"国贵少变"（《商君书·去强》）。商鞅是讲变法的，但是他也讲，变法不能无限制地变下去，制度一旦制定，必须保持一段时间的稳定，让老百姓有稳定的预期。如果制度老是变来变去，老百姓没有稳定的预期，就不知道怎样执行制度。另外，商鞅还强调"强国知十三数"（《商君书·去强》）。商鞅特别强调国家政权的作用，国家政权要管理经济，你不了解信息怎么管理经济？"知十三数"即"境内仓口之数，壮男壮女之数，老弱之数，官士之数，以言说取食者之数，利民之数，马牛刍藳（gǎo，刍藳是指喂牲畜的干草）之数"（《商君书·去强》）。用现在的话讲，就是要知道壮男壮女有多少,老弱病残有多少,士农工商各有多少,这个国家的仓库有多少,这个国家的牛马粮草又有多少,通过统计来使国家更有效地管理经济。商鞅认为"不知国十三数,地虽利,民虽众,国愈弱至削"(《商君书·去强》)。总之,还是要"知己知彼",这样才能实现"百战不殆"的目标。

3. 商鞅管理思想的理论基础

商鞅管理思想的理论基础是什么?就是他的人性论。

商鞅讲"民生则计利,死则虑名"(《商君书·算地》),人追求名利,这是任何教育都没法改变的,因此他反对教育,认为教育没用,主张通过严刑峻法,通过制度调动老百姓的积极性。

商鞅有个观点,"以义教则民纵,民纵则乱"(《商君书·开塞》)。所谓的"民纵",即不服从国家的耕战政策。意思是说,想通过教育让人民自觉地从事耕战,那无异于痴人说梦,根本不可能,这是由人自利的天性决定的。商鞅认为,"仁者能仁于人,而不能使人仁;义者能爱于人,而不能使人爱。是以知仁义之不足以治天下也。……圣王者不贵义而贵法"(《商君书·画策》)。他的结论是"治主无忠臣,慈父无孝子"(《商君书·画策》),反对依靠仁义来管理人民。

另外,商鞅特别强调赏罚两个方面的作用,只是在奖励和惩罚之间,商鞅更强调惩罚的作用,这也是中西部地区经济落后,国家奖不起的一种反映,在这样的经济基础上,商鞅不得不更多地强调惩罚的作用。他认为,刑罚是更能驱使人们致力于耕战的手段,提倡"刑于九而赏出一"(《商君书·说民》),并且认为,刑不但有直接效果,还能使人们因害怕刑而更感到赏的可贵。

商鞅还有一个观点,叫"家不积粟,上藏也"(《商君书·说民》),反对儒家的"藏富于民"。商鞅认为老百姓一旦富了,就没有动力干活了,因此治国应该让贫和富相互流动,让穷的变富,让富的变穷,这样才有动力工作,反对小富即安。他说:"治国之举,贵令贫者富,富者贫。贫者富,富者贫,国强。"(《商君书·说民》)"治国能令贫者富,富者贫,则国多力,多力者王。"(《商君书·去强》)如何使贫者富,富者贫呢?商鞅认为"贫者使以刑则富,富者使以赏则贫"(《商君书·去强》)。对于贫者要以刑罚强迫他们努力进行生产劳动，从而变富。对于富者要让他们献出粮谷，以换取赏赐的官爵。得到了官爵，献出了粮谷，也就变贫了。贫了之后，又以刑罚强迫其进行生产劳动。这样，就可以使民在贫富之间变化，劳动不懈，从而使国家有源源不断的财源。可以说，商鞅的本心不主张富民，但是基于他对人性的看法，又不得不提出富民，把富民看成是富国、强国的手段。

应该说，商鞅对社会生活的观察确实相当敏锐，人追求富贵，富了就要追求生活质量，谁还愿意像过去那样累死累活地劳动？

怎么解决这一难题呢？商鞅利用人追逐名利的天性，立了二十等爵位，将人们对长远利益的追求转化成为对看得见摸得着的眼前利益的追求，这是不是很有点职业生涯管理的味道？美国对富人收"累进税"，对穷人还要补贴，这个做法和商鞅的"令贫者富，富者贫"的做法可谓异曲同工。毕竟人富了就追求名，会拿钱、捐钱得一个名，一旦得了名了，又穷了，一旦穷了发愤图强又要干，一旦又不想干了，有更大的名吸引他，二十等爵位在等着，好好干吧，一辈子也干不完。应该说，商鞅的认识有一定的合理性，但是不合理性也很大。因为老百姓是有认识能力的，时间久了就认识到了你的花招。其实，对自己的政策可能出现的问题，商鞅也是有所认识的，不然他就不会那么大力地提倡愚民政策了。他说，"辩慧，乱之赞也""民易为言，难为用"（《商君书·说民》)，"民愚，则易力而难巧"（《商君书·算地》)。意思是说，人只要有了思想文化，就不会无条件地为统治者出力了，所以应该使之愚。"愚农不知，不好学问"（《商君书·垦令》)，"民愚则知可以胜之"（《商君书·算地》)。意思是说，老百姓愚就可以"纷纷则易使也"（《商君书·农战》)。

链接

商鞅的二十等爵位：一公士，二上造，三簪袅，四不更，五大夫，六官大夫，七公大夫，八公乘，九五大夫，十左庶长，十一右庶长，十二左更，十三中更，十四右更，十五少上造，十六大上造，十七驷车庶长，十八大庶长，十九关内侯，二十彻侯。彻侯以一县为食邑，并得以自置吏于封地；关内侯有食邑、封户，只能衣租食税而已；大庶长以下十八等,皆有岁俸。临战,斩敌首一级(颗),即赐爵一级。

4. 商鞅变法的作用

商鞅变法最大的作用是移风易俗,改变了社会风气。《史记·李斯列传》中也指出,"孝公用商鞅之法,移风易俗,民以殷盛,国以富强,百姓乐用,诸侯亲服,获楚、魏之师,举地千里,至今治强"。

那么商鞅是怎么改变社会风气或者说社会风气改变到什么程度?史书上有记载,说:"秦人闻战,顿足徒裼,犯白刃,蹈炉炭,断死于前者,皆是也。是故秦军战未尝不胜,攻未尝不取,所挡未尝不破。"(《韩非子·初见秦》)意思是,秦国人一听说打仗,就特别兴奋,因为又可以立功,又可以分田地,又可以分房子,又可以得到很多财产了,所以东方各国人打仗,往往都穿着非常厚的盔甲,而秦国人打仗丢盔舍甲,拼命奋战。打伤了一个人,给哪些奖励,杀了一个人,奖励是什么,都规定得很清楚。

但是就像孟子说的,人不是动物,动物可以互相残杀,人却不能,这叫率领野兽来吃人,以战争的手段统一国家。商鞅的变法在某种程度上把人变成了野兽,为利益而争夺,残杀同类。

> 据栗劲先生的《秦律通论》(山东人民出版社1985年版)一书的统计,从商鞅变法到秦始皇即位前一年,前后经过109年的时间,秦除了同若干残存的小诸侯国和西戎、巴、蜀等少数民族作战以外,同六国作战共65次,获全胜58次,斩首129万人,拔城147座,攻占的领土共建立了14个郡,未获全胜或互有胜负的仅5次,败北仅4次。

第二十二讲
韩非子的管理思想

第一节 韩非子其人及其时代

韩非子是法家的典型代表人物，一般提起法家人们就会想到商鞅、韩非子。商鞅是实践派，韩非子是理论派。

韩非（约公元前280年—公元前233年），战国时期韩国人，出身贵族，是韩国诸公子之一，曾与李斯一同师从荀况。青年韩非就"喜刑名法术之学"，并且其所处的时代使其有机会广泛和深入地了解以往的历史和先驱者的思想，他继承并综合了春秋战国以来法家代表人物及先人的成就，确立了法家的学术思想体系，为秦的统一及统一后建立帝国奠定了理论基础，因此也被称为"先秦法家思想的集大成者"。

韩非子生活在战国后期的公元前280年到公元前233年。秦始皇是在公元前221年统一天下的，韩非子生活的时代，正是秦国要最后发力来完成统一天下的使命的时候，各个诸侯国出于保全自己利益的本能，拼命地抵抗，因此武力斗争、暴力斗争在这个时候表现得淋漓尽致，这也是黎明前的黑暗时期，是斗争最严酷、最艰难的一段时间。韩非子生活在这样一个时代，自然就容易受到时代影响。

大家可能会说，荀子晚年也生活在这样的时代，为什么荀子在强调制度的同时还强调文化教育这些和平手段的作用？这就要讲到韩非子的出身了。

韩非子出生在韩国，韩国位于今河南省西部地区，是战国七雄中最落后的国家，又临近虎狼之国——秦国。秦国要打六国，自然要先打韩国，韩国是打一仗败一仗，几乎到了亡国的边缘。韩非子是韩国王公贵族的后代，是韩国的诸公子之一，这样的家庭出身，使得国家的命运、政府的命运与他息息相关。他好比是这个国家的一个股份不小的股东吧，他比一般人更关心国家的发展，因为国家倒了他也完蛋了。怎样才能提高国家的力量使国家转危为安，并且进一步发展呢？要在短时间内使国家转危为安、迅速崛起，必须强调政府暴力的作用。

韩非子很小的时候就喜欢"刑名之学"。咱们前面讲了，"名"是岗位职责说明书，"刑"是工作的实质表现。说到底"刑名之学"讲的是考核的重要性及其方法，通过考核进行适当的奖和罚，才能调动起人的积极性，提高组织的执行力。韩非子很小的时候就非常喜欢这套学问。"刑名之学"背后的人文基础是什么呢？——人类的幸福。制度是让人幸福的，不是杀人的。

法家的代表人物有很多，为什么韩非子能完成理论上的集大成任务？韩非子曾经到东方最发达的齐国跟着当时最伟大的学者荀子读过书，换句话讲，相当于现代的"海归"吧。他接受了儒家的博大精深的教育后，再结合中西部地区，尤其是韩国这样的即将面临国破家亡境地的特殊国情，认为要在短时间内崛起，非得强调暴力的作用不可。于是，韩非子自然要把暴力的作用提高到一种无以复加的程度。他接受儒家的教育，但是又在批儒、批墨、批道的过程中建立了自己崇尚暴力、崇尚权威的思想体系。

如果不了解韩非子所处的时代背景，不了解他生活的地域背景，不了解他的家庭背景，就不能更好地贯彻辩证唯物主义的原则——物质决定意识，社会存在决定社会意识。

韩非子口吃得非常厉害，他满腔的话语就只能通过写文章来表达。韩非子经常在心中假想一个对手，他每讲一段话，都先假想别人会反对他什么，然后再来批驳别人。所以，大家看韩非子的文章很漂亮，逻辑推理非常严密，但是你会感到在字里行间充满着一种赤裸裸的暴力的味道。读了《孟子》你会感到心里很舒服，读了《庄子》你会感到特别超脱，读了《韩非子》

你会感到全身起鸡皮疙瘩,就是因为他的这种语言对你的思想产生了影响。

第二节　韩非子的法、术、势理论

什么叫"法"?"法"就是制度,只不过是与刑法、与暴力建立在一起的制度,制度是公开透明的,大组织的管理一定得讲制度。法家讲究无私。无私就是反对徇情舞弊、不遵循法律,这是它的合理性。不合理性是什么呢?人是有感情的,被处分了肯定会不高兴,人极端不高兴了就会破罐子破摔。一个人犯了错误,不能不批评,关键是应该讲究批评的方式方法;制度不能不执行,但要讲究怎样执行,毕竟制定制度的目的是为了人的幸福。

"法"指制度,是与暴力联系在一起的制度,制度是公开透明的。韩非子讲,"法者,编著之图籍,设之于官府,而布之于百姓者也……故法莫如显,而术不欲见"(《韩非子·难三》)。"故法莫如显"的意思就是,法要公开透明。韩非子讲,当时各国都在变法,为什么有成功的,有不太成功的?他认为,秦国之所以能成功,因为秦国的制度更好,完全适应个体经济、家庭经济发展的趋势,建立了一套以家庭经济为基础、与家庭经济的发展需要相适应的法令制度。但为什么秦国在商鞅变法一百多年后,还没有统一国家?他认为仅仅讲制度是不够的,再好的制度也得靠人来执行。制度的背后是考核,假如你考核不出来,那么制度是没有用的。"刑名之学"就是讲考核,按照岗位职责说明书和实际工作情况加以对照,看一看是不是按规章制度办事。

那么韩非子是怎么表达"术"的?"术"从狭隘的方面讲就是考核,他讲:"术者,藏之于胸中,以偶众端而潜御群臣者也。故法莫如显,而术不欲见。"(《韩非子·难三》)"术"是什么呢?"术"是君王、领导者暗中考核臣下的一种办法。老师经常要考核学生,讲课的内容一定是要公开透明的,可是考试的内容不能公开透明吧,考题是隐蔽的,不能让学生知道,这样才能看出学生的真实水平。"术"从狭隘的角度讲是考核,从广义的角度讲,就是人力资源管理,一个完整的人力资源管理。韩非子认为,"术者,因任而授官,循名而责实,操杀生之柄,课群臣之能者,此人主之所执也。"(《韩非子·定法》)"因任而授官","任"是工作任务,

"官"是工作岗位,根据工作任务确定工作岗位,因事设岗而不是因人设岗,根据工作岗位建立健全岗位责任说明书——名,根据它的实质表现和岗位责任说明书进行对照,这就是考核。通过考核决定对他是奖还是罚,做到一碗水端平,最大限度地提高执行力。

光靠"法",光靠"术"也是不行的,还得加强"势"。

什么叫"势"?韩非子讲:"势者,胜众之资也。"(《韩非子·八经》)"赏罚者,邦之利器也,在君则制臣,在臣则胜君。"(《韩非子·喻老》)什么意思呢?"势"就是力量。这种力量在韩非子看来包括两个力量:一个是奖赏的力量,一个是惩罚的力量。韩非子把奖赏称为德,把惩罚称为刑,他也把刑和德(奖励和惩罚)称为"二柄",领导者不就是通过这两个力量来行使自己的权力的吗?领导者的权威是奖励和惩罚。但是韩非子又讲了,在奖励和惩罚中间要记住两个问题:

第一,赏罚必明。该赏则赏,该罚则罚,不能该赏的时候却舍不得赏。现在中国有相当一批老板、领导,明文规定了要奖励多少,结果一看奖得太多了就舍不得了。根据韩非子的理论,你这样做,那么今后再讲话就没有人相信了。你说要奖励大家,这等于是一个口头合同,是一个制度,制度公开透明了,你却不执行制度,那么又怎么让部下执行制度?另外,关于罚,假如一个人应该被处分,但是他跟你感情很好,你很可怜他,就不想处罚他了。那么今后大家都不愿意好好干活了。

第二,赏罚必重,重赏重罚。韩非子在重赏和重罚之间更强调重罚,为什么呢?中西部地区经济相对落后,奖不起。但是韩非子主张通过重赏来树立实现富贵的榜样,通过重罚来建立一个失去富贵的样板。人都愿意追求富贵,讨厌失去富贵,这样一来组织就形成了一种先进更先进,后进赶先进,争先恐后的氛围。这就是韩非子的法术势理论。

在这里还要特别讲一点,韩非子的"术",有一个重要的内容是考核。考核方式有两种,一种是正规的考核——领导检查工作,下级述职。但韩非子说,领导者有看走眼的情况,下级述职有报喜不报忧的情况,因此光靠正规的考核还不够,还要加上非正规的考核。非正规的考核如何进行?领导的微服出访;领导在员工中交几个朋友,通过这几个朋友来了解下面的真实情况;建立群众举报制度,建立顾客举报制度,通过这些方式来了解下面的真实情况;另外,韩非子还强调在必要的情况下建立特务政治,以便得到真实的来自基层的信息。比如明代有锦衣卫,有东厂和西厂。统治者通过这些办法来了解社会的真实情况,再跟官僚系统的汇报相对照,这样才能实施有效的管理。

那么,把韩非子的这些政策反映到经济生活中就是反重人,反私封,坚决贯彻农战政策,主张重农抑商。什么叫"重人""私封"？就是立了功的大臣按照制度应该奖赏,结果奖赏的土地多了,就开始与国家争夺劳动力,就开始为了把自己的封地连成一片而不惜损害国家的利益。假如不通过考核查出来,怎么能够保证国家利益不受损失？因此韩非子说,这就是商鞅变法后一百多年,秦国虽然强大,但是没有统一国家的原因。胜利果实都被大臣得到了,大臣和国家争夺劳动力,使国家的农战政策、重农抑商政策得不到贯彻。在大臣手下,做仆役过得很好,而为国家当兵打仗过得很苦,谁还愿意为国家当兵打仗？

第三节　韩非子的世界观

那么韩非子对历史、对社会发展规律的看法是什么呢？

韩非子主张"法后王",主张"霸道"。有先王就有后王,韩非子心目中的"先王"是尧、舜、禹、商汤、周文王、周武王、周公；韩非子心目中的"后王"是春秋五霸。"先王"是主张教育为主,教育不成再惩罚,先礼后兵。"后王"更崇尚武力,尽管也借着冠冕堂皇的旗号,但冠冕堂皇的旗号配合于武力。韩非子说,我生活的这个时代就必须讲武力,就必须讲霸道。他说:"上古竞于道德,中世逐于智谋,当今争于气力。"(《韩非子·五蠹》)"上古"社会就是原始社会,资源很丰富,但人类得到资源的能力很低,那么多的资源,犯得着你争我夺吗？都会谦让。夏商周时代,环境发生了很大的变化,有大禹治水,大禹是最伟大的能工巧匠,随着科学技术的发展,人类得到食物的能力越来越强,人口也越来越多,必定会发生人的欲望的无限性和资源的有限性之间的尖锐矛盾。韩非子说,当前的时代就属于这个时代,当资源的有限性和人的欲望的无限性之间的矛盾非常突出时,谁还讲礼仪？谁还讲规矩？人们有动力犯错误。韩非子的这个说法应该是很有道理的。"仓廪实则知礼节"(《管子·牧民》),那么仓廪不实呢？"有恒产者有恒心,无恒产者无恒心。"(《孟子·滕文公上》)可见,某个特定历史时期用暴力统一天下也是合理的,儒家讲文武之道也有武的一面。

为了证明自己的这个观点，韩非子提出了中国历史上第一个人口过剩理论。他说，"人有五子不为多，子又有五子，大父未死而有二十五孙。是以人民众而货财寡，事力劳而供养薄，故民争"（《韩非子·五蠹》）。意思是说，爷爷生养了5个儿子，5个儿子成家后各自又生了5个儿子，这样爷爷没去世，就有25个孙子了，全家仅男丁就达31人，若再加上各自的妻子，一共62人。土地还是原来那么多，没有变化，而人口却翻了很多番，这样一来，社会成员之间争夺资源的竞争当然就非常激烈了，即使是骨肉之亲也在所不惜。所以韩非子说，"是以古之易财，非仁也，财多也；今之争夺，非鄙也，财寡也"（《韩非子·五蠹》）。

在韩非子的祖国——韩国，人和土地的矛盾尤其突出。由于韩国是战国七雄中最弱小的国家，一旦别国打上门来，被占领区的百姓不得不向未被占领的地方搬迁，这样一来，人和土地的矛盾就激化了。韩非子讲"当今争于气力"，力量决定一切，就是在这样的时代背景下提出来的。应该说，这种说法有一定的合理性，但是这毕竟有历史特殊性，随着国家的统一，到了和平年代，人们通过和平的方式能得到资源了，就没有人愿意通过战争的方式去争夺了。

第四节　韩非子的社会观

韩非子对人和人之间关系的看法是什么呢？

韩非子认为人和人之间是相互交换的关系——"互市"。他说："人为婴儿也，父母养之简，子长而怨。子盛壮成人，其供养薄，父母怒而诮（qiào，责备）之。子父至亲也，而或诮或怨者，皆挟相为而不周于为己也。"（《韩非子·外储说左上》）这是说，父母和儿女就是相互交换的关系，父母养儿子的时候假如对儿子不好，儿子长大了养父母的时候往往感到心理不平衡；父母对儿子很好，儿子大了不孝顺爹妈，爹妈往往感到委屈。韩非子说，父子之间的感情关系尚且如此，何况没有感情瓜葛的社会成员之间的关系呢？人追求利益的本质是铁定的。

韩非子还认为，君臣是交换的关系。"臣尽死力以与君市，君垂爵禄以与臣市。"（《韩非子·难一》）"市"是交换的意思；"爵"，指荣誉；"禄"，指俸禄。那么老板和工人是什么关系？一个拿资产和别人的才能、品德相交换，一个拿才能、品德和老板的资产相交换，这个说法是很有道理的。但是韩非子把它讲偏了，把这个关系极度地扩大了。认为人和人之间是赤裸裸的利益关系，忽略了人和人之间在利益交换的过程中也会建立感情的事实。有了感情就会做到：尽管你不给我利益，但是我也为你工作。为什么呢？你过去对我好，我不能忘恩负义。

韩非子讲了一个观点很偏颇，他说，做棺材的人都希望人死得越多越好，做马车的人都希望人越富越好。是不是做马车的人品德好，而做棺材的人品德不好？也不是，是因为人不富不能买马车，人不死不能买棺材，利益所在。不能说他讲得没道理，但是讲得很偏颇。

链接

《韩非子·备内》关于上面例子的记载："王良爱马，勾践爱人，为战与驰。医善吮人之伤，含人之血，非骨肉之亲也，利所加也。故舆人成舆，则欲人之富贵。匠人成棺，则欲人之夭死也。非舆人仁而匠人贼也。人不贵则舆不售，人不死则棺不买。情非憎人也，利在人之死也。故后妃、夫人、太子之党成，而欲君之死也。君不死则势不重，情非憎君也，利在君之死也。"

第五节　韩非子的人性观

人性观即对人的看法。韩非子认为人的天性是趋利避害的，因此治国离不开刑、赏两个字。

韩非子说："以过受罪，以功致赏，而不念慈惠之赐，此帝王之政也。"(《韩非子·六反》)意思是，因为有过错而受到惩罚，因为立功而受到奖赏，而不指望靠君主的仁慈赏赐，这才是帝王的政治措施。

韩非子还讲了一句话，"严家无悍虏，而慈母有败子。吾以此知威势之可以禁暴，而德厚之不足以止乱也"(《韩非子·显学》)。意思是，慈祥的母亲手下往往有败家子，严格的父亲的棍棒之下往往有孝子。这话不能说没有生活现实做基础，但是也很容易举出反例来——棍棒底下出逆子，慈母手下有孝子，韩非子的说法也有些偏激。韩非子通过这套理论来证明，在刑和赏之间，要更强调刑的作用，强调严刑峻法。

韩非子还主张以暴力来统治国民。他说，"明主之国，无书简之文，以法为教，无先王之语,以吏为师"(《韩非子·五蠹》)。意思是,把老百姓当成工具,让你干什么就干什么,不要有思考。这就是法家,把人不当成人而当成工具,当成实现自己的目标的工具的观点。韩非子的主张在秦统一后曾得到过短暂的实现。

第六节　对韩非子管理思想的评价

韩非子看到了人和人之间交换关系的本质,孔子也看到了。只要有交换就一定有矛盾。怎么解决矛盾呢?韩非子倾向于暴力的压迫,而孔子倾向于按照义的原则,协调解决,不到万不得已不动用暴力的办法。周王朝为什么能奠定八百年江山的基础?因为德治、文武之道。秦王朝为什么二世而亡?"马上打天下,不可马上治天下。"天下可逆取而必须顺守,即可用暴力夺取政权而不可用暴力维系政权,必须用仁道维系政权。这是因为打江山的时候兵荒马乱的,老百姓的安全得不到保证,尽管制度很严厉,但能保证安全他们也愿意执行。而在和平年代,他们已经安全了,再用严刑峻法就不能接受。另外,秦始皇统一了江山,统一了东方六国这些发达地区。他以一个不发达地区统一了发达地区,他把对付不发达地区民众的一套方法用来对付发达地区的民众是行不通的。经济越不发达越追求物质利益和眼前利益,经济越发达越追求精神生活,追求长远利益,这是从需求的理论来讲秦王朝不到十五年就丢了江山的原因。

对韩非子管理思想的评价,具体来说有以下两条。

第一,韩非子对人性的理解有偏差,他将特殊阶段、特殊地区的人民的情况推广开来,犯了"以偏概全"的错误,须知,严刑峻法思想是特殊时间、特殊地域的特殊产物,是危机状态的产物,运用于和平年代,当然要出问题。持续征战,必然违反民意,而民意不可违。

第二,韩非子用对待一般百姓的办法对待文化层次高的人,犯了不明小人、君子的错误。理想的办法应该是"怀柔",使民安居乐业,吸收领袖人物进入政治中心,但对捣乱分子坚决打击。

第二十三讲
对儒墨道法四家思想的总结

最后我们对儒墨道法四家思想简单地总结一下。

儒墨道法四家思想从表面上看都是思想理论，背后反映的都是制度问题，目的是为未来的社会制定一套具有可行性的制度，探讨的都是大组织的管理问题，是上层和下层的结合问题。

儒家强调上下结合；法家、墨家强调上面直接管理下面；道家强调上面尽可能地不干预下面的事务，民间完全自治。最后历史选择了上下结合的方法。

另外，对于人性的认识方面，儒家和墨家都崇尚智慧，因为人们有知识、有智慧了，才能看到未来，才能自觉地克服眼前利益的短视；儒家和墨家都崇尚仁义，崇尚感情，主张要爱别人，不但管自己，还要管别人，因为资源有限，别人好不了，你也好不了。而道家和法家都崇尚愚，因为只有百姓愚蠢，对领导的要求才低，领导才好管理。同时，这句话也意味着领导也要明白自己的不足，要谦虚，这样才能研究社会，研究别人，才能做好领导。另外，道家、法家都强调无私，这是因为管理大组织必须强调制度的公平，这也是道家、法家理论的合理性所在。它的不合理性在哪里？人是有感情的，对于犯了错误的员工，领导既要敢于批评又要善于批评，要让被批评者不高兴的程度降到最低点。这就是历史最终选择了儒家思想的原因。

最后，还有两个问题需要补充一下。为什么历史上都讲"儒道互补""儒法合流"？

在我看来，"儒道互补"是从个人修养的角度讲的。人都是有进取心的，都竭力追求利润的最大化。儒家提供了如何更好、更长久地追求利润最大化的途径和方法，这就是要有"仁""义"之心，要重视"礼"，要按照中庸之道的方法解决现实生活中的各种复杂矛盾，为此就必须重视对文化的学习，并且要善于学习，这样才能"知己知彼，百战不殆"，做到知和行的统一，理论和实践的统一。如果努力了半天仍然没有进取怎么办？怎么安慰受伤的心？这就需要道家思想。道家是由竞争中的不得志者创立的一个学派，其最大的优点就在于全面、深刻地认识世界，能够在强者的优点中找到弱点，在弱者的弱点中看到优点，这有助于安慰人们在竞争中受伤的心，避免破罐子破摔，也有助于人们全面、深刻地认识世界，从而为扬长避短的中庸之道的实现奠定基础，这就是现实生活中人们讲"儒道互补"的原因。

如何理解"儒法合流"？"儒法合流"是从领导方法、领导哲学的角度去讲的。儒家最大的特点就是看得远，优点是能算大账，弱点是有可能顾了远忘了近，顾了理想忘了现实，显得清高、清疏、好高骛远，这是由人的能力、精力的局限性决定的。法家最大的特点是看得近，优点是对现实社会中的黑暗面剖析得非常深刻，弱点是顾了近忘了远，顾了现实忘了理想，显得过于世故，对社会、对人生充满阴暗心理，这也是由人的精力、能力的局限性决定的。"儒法合流"，一方面是用儒家的长远利益克服法家眼前利益的短视；另一方面也是用法家的务实来弥补儒家清高、清疏、好高骛远的不足，做到理论和实践相结合，知识分子和工农相结合，理想和现实相结合，这样才能最大限度地将组织的规模经济的效力发挥出来。毛泽东曾经说过，共产党人既要戴望远镜，看得远，又要戴显微镜，看得近。唯有如此，才能做到远和近的结合，理想和现实的结合，才能制定出正确的方针、政策。

在人类社会进入21世纪的今天，作为世界上最大的发展中国家，中国要成功地实现现代化，融入国际社会大家庭，就必须实现传统文化的现代化，外国文化的本土化。

所谓传统文化的现代化，是从时间的发展的角度立论的，要求建立在农业社会基础上的中国文化必须与时俱进，必须要与工商社会的发展同步，必须能够解释现实社会问题，这样才能使古老的理论继续绽放出灿烂的光芒。

所谓外国文化的本土化，是从空间的相互联系的角度立论的，要求在吸取建立于工商社会基础上的西方文化时，必须重视对中国政治、经济尤其是传统文化的研究，这样才能够用中国人的语言、思维揭示社会化大生产的发展规律，才有助于中国现代化事业的成功进行。

东西方文化的关系方面，我认为反映社会化大生产发展规律的西方的管理文化是中国未来前进的方向，而中国传统的管理文化是我们走向未来的出发点。因此，仅仅学习西方的管理文化不能引导中国走向光明的未来，仅仅学习传统的管理文化同样不会引导我们走向光明的未来，只会使我们沉浸在传统的辉煌中不能自拔。因此，只有既学习西方的管理文化又学习中国传统的管理文化，才能使我们找到联系现实和未来的桥梁。

最后，我愿意用孔子的"温故而知新"来结束本书的内容，这是中庸之道的又一个具体运用，它要求我们既要温故，还要知新；既要研究传统文化，还要保持对未来新技术、新产业、新知识发展的关注，这样才能够使我们最终搭建起联系未来和现实的桥梁，从胜利走向胜利。